·名家讲堂·

十五堂中国哲学课

周桂钿 著

北京师范大学出版集团
BEIJING NORMAL UNIVERSITY PUBLISHING GROUP
北京师范大学出版社

图书在版编目(CIP)数据

十五堂中国哲学课 / 周桂钿著. —北京：北京师范大学出版社，2013.9（2015.7重印）

（名家讲堂）

ISBN 978-7-303-16672-5

Ⅰ. ①十… Ⅱ. ①周… Ⅲ. ①哲学—研究—中国

Ⅳ. ①B2

中国版本图书馆 CIP 数据核字（2013）第 137569 号

| 营销中心电话 | 010-58805072　58807651 |
| 京师心悦读微博 | http://weibo.com/bjsfpub |

SHIWUTANG ZHONGGUO ZHEXUEKE

出版发行：北京师范大学出版社 www.bnupg.com

　　　　　北京新街口外大街 19 号

　　　　　邮政编码：100875

| 印　　刷：北京易丰印捷科技股份有限公司 |
| 经　　销：全国新华书店 |
| 开　　本：148 mm×210 mm |
| 印　　张：11 |
| 字　　数：250 千字 |
| 版　　次：2013 年 9 月第 1 版 |
| 印　　次：2015 年 7 月第 2 次印刷 |
| 定　　价：38.00 元 |

策划编辑：谢雯萍	责任编辑：谢雯萍
美术编辑：袁　麟	装帧设计：红彬林文化
责任校对：李　茵	责任印制：陈　涛

欲窮千里目
更上一層樓

桂鈿同志

任繼愈
壬申

总　序

在"文化大革命"前，我考上了大学，学的是马克思主义哲学。"文化大革命"以后，我改学中国哲学。35岁考上中国社会科学院研究生院，导师是钟肇鹏先生。38岁毕业到北京师范大学哲学系，从事中国哲学的研究与教学。从此确立了自己的职业与事业，也算是"三十而立"吧。

我先从《论衡》入手，用学马克思主义时学到的方法，研究王充哲学。我同意学术界的观点，认为王充是唯物主义哲学家，不同的是学术界普遍认为王充是气（或元气）一元论者。我认为气和元气都是天地派生的，而天地又是无始无终的，应归结为"天地本原论"。对王充的天论，我结合汉代天文学作了一些研究。在陈遵妫先生的指导下，我研究了一些中国天文学史的问题。以后出版《天地奥秘的探索历程》和《中国古人论天》，都与此有关。

由于与王充的关联，我开始研究董仲舒哲学，受到美国王安研究院的资助，集中精力研究，发现董仲舒讲天人感应，不是讲神学目的论，而是借天讲政治，是政治哲学。徐复观先生在《中国艺术精神》中认为庄子的道就是艺术精神。因此，庄子哲学就可以认为是艺

1

术哲学。同时，我将王充哲学定为求真的科学哲学。于是，董仲舒哲学就是求善的政治哲学。我用此三分法取代原有的两个对子：唯物论与唯心论，形而上学与辩证法。班固《汉书》中称董仲舒为群儒首，为儒者宗，是汉代儒家的代表，他上承孔子，下启朱熹，是中国历史上三大儒家之一。

我从董仲舒哲学研究转入儒学研究，特别重视儒学治国平天下的政治哲学的研究，出版《中国传统政治哲学》、《中国儒学》，并参加国际儒学联合会工作，任学术委员会主任。

中华文化是丰富多彩的，儒学不是一枝独秀，而是百花园中突出的一枝。特别是董仲舒和先秦诸子百家，重新建构汉代新儒学，于是有"始推阴阳，为儒者宗"的说法。朱熹则融会儒、释、道，建构宋代新儒学——理学。由此可见，一时代的思想大家，必定是已有思想的集大成者。

中国追求真、善、美的智慧，《四库全书》中的经、史、子、集，都包括在国学之内。国学最突出的是政治智慧。这种智慧是哲学家、政治家和史学家合作的结晶。政治哲学以社会历史为试验室，政治兴衰成败的前因后果都保存在历史中，中国有数千年连续不断的历史，是世界罕见的文化瑰宝。中国的重史传统与政治智慧是合二为一的，就在国学当中。中国哲学、中国儒学和中国国学犹如大海，其中有无数珍宝，我这里只是一勺海水而已。从这一勺也许可以品味到一点中华文化的特殊性，或者能为中华文化的复兴产生微薄的正能量。

我年过七旬，思考哲学问题已经半个世纪。我的体会，实事求是，是哲学的生命线。求是，就是追求真、善、美。从世界历史的宏观角度，考查理论问题，作出自己的判断，目的在于求是。如果有别的目的，就像医生看病那样，本来坚持救死扶伤治病救人才是白衣天使的圣洁使命，如果为了谋取不义之财，将患者的健康和生命当作敲诈的工具，那就失去圣洁，成为无耻之徒。方法是精神决定的，精神扭曲了，方法也就会出偏差。作为医生，不以治病疗效看水平，而以发表论文为标准，就会出现虚假数据和抄袭现象，有悖于职业道德。我的恩师钟肇鹏先生以"求是"名斋，所出版论文集，题为《求是斋丛稿》。中国传统的"是"包含真、善、美，方指正确的方向和方法。我于七十岁生日写下治学感言：

　　财金双刃剑，名位一缕光。

　　求是终无悔，读书始有方。

周桂钿
2013 年 4 月于三枣红楼

引言

　　学习哲学能使人聪明。恩格斯说："理论思维仅仅是一种天赋的能力。这种能力必须加以发展和锻炼，而为了进行这种锻炼，除了学习以往的哲学，直到现在还没有别的手段。"①通过学习哲学可以锻炼人的理论思维。"一个民族想要站在科学的最高峰，就一刻也不能没有理论思维。"②中国战国时代大儒孟子说，人本来就有仁、义、礼、智四个善端，他所说的"智"这个固有的善端，就相当于恩格斯说的理论思维这个"天赋的能力"。恩格斯说这种能力"必须加以发展和锻炼"，孟子也认为"善端"需要不断地"求其放心"(《孟子·告子上》)，将丢失的本心找回来。明代王阳明说："圣人之学，心学也。"③所谓心学，就是认真读圣贤书，结合自己的思想深入思考，提高自己的思想品德与文化素养。这也就是孔子所谓"为己之学"。因此，哲学是深刻的，有大用的。要有高素质，不能没有哲学，要做

---

　　① 《马克思恩格斯选集》第3卷，465页，北京，人民出版社，1972。
　　② 同上书，467页。
　　③ 《象山文集序》，载吴光等编校：《王阳明全集》卷七，245页，上海，上海古籍出版社，1992。

大事业，也不能没有哲学。学哲学，用哲学，是成功人士的共同经验。

哲学的内容是什么？冯友兰先生说是"人类精神的反思"。人类精神是丰富多彩的，大体上可以概括为三大类：真、善、美。因此，哲学按研究内容来分，可以分为求真的哲学，求善的哲学与求美的哲学。

求真的哲学，根据科学成果，通过逻辑分析，探讨宇宙本原。西方哲学以这种求真的科学哲学为主流，因此，恩格斯认为唯物主义哲学家要与科学家结成联盟。中国传统哲学以求善的政治哲学为主流，研究讨论的主题主要是社会治理的问题，讨论人性也是与治理社会相联系的。政治哲学是以历史上政治兴衰成败作为借鉴，以当代人的性情作为根据进行研究的。因此，中国古代哲学家往往与政治家结成联盟。政治哲学与历史哲学是密切相关的。按韩愈的说法，周公以前，政治家与哲学家合于一身，所以古代圣王既是哲学家，也是政治家。周公以后，政治家与哲学家分离，政治家是君，哲学家是臣，研究理论比较深入，实行需要政治家的配合。孔子周游列国，就是为了寻找合作的政治家。管仲与齐桓公，商鞅与秦孝公，李斯、韩非与秦始皇，陆贾、叔孙通与刘邦，贾谊与汉文帝，董仲舒、公孙弘与汉武帝，魏徵与唐太宗，王安石与宋神宗等，都是哲学家与政治家配合的例子。二者合则双赢，离则共悲。

哲学理论，共性是深刻。表现形式主要有两种：一是深奥难懂；一是通俗易懂（思想深刻又通俗易懂，所以又说是"深入浅出"）。通过严密的逻辑，从概念到概念，推导出一套抽象理论，当然就显得很深奥。如果用生动的故事来阐述深奥的道理，当然就通俗了。语言通俗了，道理还是深刻的。关于这一点，孔子、董仲舒与司马迁都有共同的看法。司马迁撰写《史记》，就是从董仲舒那里听到孔子关于撰写《春秋》的宗旨是："我欲载之空言，不如见之于行事之深切著明也。"（《史记·太史公自序》）我想撰写抽象的政治哲学理论，不如将理论体现在史事叙述中那样深刻形象。司马迁也将自己的政治见解融入史事中，"究天人之际，通古今之变，成一家之言"（《汉书·司马迁传》）。这"一家之言"，就是司马迁的政治哲学。

有的人认为哲学是没有用的。为什么没有用？这是现代教育的一大弊病。教育应该培养高素质的人才，而现代教育培养的是从事一种职业的专门人材。例如会计专业就是培养当会计的人材，当会计所需要的知识都列入课程，与此无关的知识就不在课程之中。又如机械专业，所设置的课程都与这个专业有关系，而伦理、文学、传统文化、历史，都与该专业无关，因此都不设课。人被培养成具有专门用处的材料，所以叫人材。中国传统培养的是人才，是素质比较高的、有独立思考能力、有广泛适应能力的通才。孔子讲："君子不器"（《论语·为政》），就是说所要培养的君子不要像器具那样只有某一种用处。现在所谓"专家"，就是专门从事某一方面技能有突出成绩的专门家。他可能在其他方面，例如管理能力、政治眼光、经济头脑和文化素养等方面，未必达到普通人的水平。

关于用，是很复杂的问题。有直接的用，也有间接的用。面包可以吃，这是直接的用。麦子可以磨成面粉，再做成面包吃，这是间接的用。把麦子撒在地里，有没有用呢？那是为了收获更多的麦

3

子。如果有人不理解农民为什么撒麦子，那是要被农民笑话的。可以用于衣、食、住、行的，都是有用的。满足物质需要是用，满足精神需要也是用。听音乐不能充饥，下围棋也不能御寒，观察天文，考古发掘，都不是直接服务于吃和穿，但是，这些也都是有用的，是社会所需要的。

哲学有什么用呢？它能锻炼人的理论思维能力，会使人更聪明一些。这不是很有用吗？千金难买聪明！打篮球有什么用？为了锻炼身体，使人健康长寿。健康长寿也是千金难买的呀！学哲学与打篮球相似，都是为了提高能力。差别在于一个是智力，一个是体力。一切思想理论的作用在于启迪智慧，使人更加聪明。不重视智慧的培养和思维的锻炼，只想生搬硬套，再好的思想理论也会被糟蹋了。理论没有直接的用，也不会产生直接的物质成果，都不解决衣食的问题，虽然如此，却都是有大用的。正如庄子所谓"人皆知有用之用，而莫知无用之用也"（《庄子·人世间》）。无用之用，是谓大用。同样道理，世界上各种正当职业，都是对人类有用的。科学研究，大家都知道有用。但是，开始研究具体科学问题时，往往还不知道研究这个问题到底有什么具体的用处。例如，居里夫人研究放射性物质，当时根本不知道它有什么用处。研究出来后，既可以制造原子弹杀人，也可以用于治病救人。以后还会发现它的其他用处。而这些却是居里夫人所不知道的。发明电的人也一样不了解我们今天的生活中是如何用电的，更不知道有电灯、电话、电视、电脑。总之，科学研究不可能都预先知道它的用处。开始往往对有什么用处并不很清楚。明确用处以后，才去研究，创新性就会受到严重影响。

急功近利，不利于科学研究，还容易导致弄虚作假。

　　总之，哲学道理是深刻的，形式可以是通俗的，形象生动的。本书的内容就是中国传统的智慧，撰写追求的目标有三：一是通俗；二是有趣；三是有用。不知能否达到这个目标，以及达到什么程度，只好由读者评说。

目　录

第一课　天与人

1. 天人之际

　　司马迁提出"究天人之际，通古今之变，成一家之言"(《汉书·司马迁传》)。究天人之际，是探讨世界的奥秘以及与人的关系。通古今之变，是研究社会历史的演变过程，寻找其变化规律。前者是从空间角度研究，后者是从时间角度研究。二者结合，就是时空观。在中国古代，时间称为"世"或"宙"，空间称为"界"或"宇"，时空观就是现在所谓的"世界观"或"宇宙观"。成一家之言，就是说，形成自己的思想体系或哲学体系。司马迁的《史记》从记述史学看，是创立纪传体的史学巨著；从思想体系来看，也是哲学巨著；从文学角度来看，它还是一部传记文学的杰出代表。

　　中国古代哲学家几乎都讲到天，以及天与人的关系。古人认为人头顶上的这块空间，就是天。至于天是什么，有什么作用，则有许多不同的看法，归纳起来，主要有三大类：神灵的天、自然的天与哲理的天。朱谦之认为文化的根本类型，在知识生活上表现为四种：即宗教、哲学、科学、艺术。他认为：印度文化为宗教文化，中国文化为哲学文化，西洋文化为科学文化。那么，我们也可以把中国古代的天论分为宗教的天、科学的天与哲学的天。

1.1　宗教的天

　　远古时代，生产力水平低下，科学不发达，人们对于自然界缺乏认识，以为自然物与人一样也是有精神的，这就产生了自然神。经过一段时间，自然神逐渐融合，形成系统，产生了一个至高神，这就是上帝，后改称天或天命。天命论认为天是最高的神灵，它主宰整个世界，包括自然界与人类社会。天主宰一切，天的命令是不可抗拒的，人只能服从于天命。这是第一次把世界统一于天命。也就是说，世界第一次有了统一性。如果探讨世界的统一性，才是哲学，那么，中国历史上第一个哲学形态就是天命论。

　　古人认为人间最高的统治者是奉天命来统治人世间的，是天的儿子，故称为"天子"。这样，天子就借着天威而有了至高无上的权力和威望。人们都崇拜天，也崇拜天子，天下也就形成安定有序的社会，大家也就可以过着安居乐业的生活。但是，天子也是人，也有七情六欲，他如果穷奢极欲，也会给人民带来巨大的灾难。因此需要给他的精神加上某种压力，使他不敢胡作非为。天命论的思想家又提出，人民是天生的，天让天子来保护人民，为人民兴利除害，保证人民的幸福生活。天子如果不能保护人民，那就没有资格在那个位置上，就要换别人来当天子。天子如果残害人民，就是犯了弥天大罪，天就要使他败亡，严厉地惩罚他。天命论者又说，人民听到的，天也听到了；人民看到的，天也看到了。人民的耳目与天的耳目是相通。统治者在人民面前的一举一动、一言一行，上天都看得一清二楚，听得明明白白。他们又说："民之所欲，天必从之。"（《左传》昭公元年引《泰誓》语）人民有什么愿望、要求，天就一定使它实现。人民有什么愿望，天子就有责任想办法使它实现，这就叫顺天命，就会兴旺发达。否则，就是违背天命，就要受到上天的谴责、惩罚。这些思想归结为一句话："皇天无亲，唯德是辅。"（《左传》僖公五年引《周书》文）皇天没有亲人，对所有的人都没有亲疏的差别，只辅助那些有道德的人。什么样的人才是有道德的人呢？做了事情，能使人民得到好处，人民高兴，这就是有道德的人。德，就是得。因此，有道德的人就是能为人民兴大利除大害的人。这就是商、周时代到春秋战国的天命论。它在中国早期一千多年的历史中占重要地位，成为这一时期的主流思想。

在战国的中后期和秦代，天命论受到严重的冲击，权威性大大削弱。因此，汉代思想家认为需要对天命论进行改造、重组，再造出适合新时代的新的神灵的天，这个天就是天人感应中的天。天人感应论认为天是"百神之大君"，是一切神的领袖，是法力无边的，无所不能的。天与人隔着阴阳五行之气。这些气是天与人进行精神沟通的中介物。人的精神通过气传到天上。天的意志也会通过气传到人世间。天的意志在哪儿呢？据说这种信息是依托在自然现象上，需要研究才能破译。例如，发生日食。日为太阳，日食就是阳受到阴的严重侵犯。这样就要寻找阴蚀阳的根源。君为阳，臣为阴；强臣逼迫皇帝，就是阴蚀阳。男人为阳，女人为阴；皇后干预政治，也是阴蚀阳的现象。要寻找使上天不满意的根本原因，加以改变，就符合上天的意志，皇位就可以巩固。否则，就可能被上天换掉。公元前181年发生一次日食，当时是吕后当政。她认为日食就是上天对她擅权的警告，使她虚惊一场。又如公元46年，南阳地区发生地震，东汉光武帝立即下诏书，自己承担罪责，并下令南阳地区免收税租，以减轻罪责。气候反常，当然也是上天意志的表现。另外，所有怪异现象都可以解释为上天意志的表现。《三国演义》第一回就写建宁二年大青蛇蟠于御座上，建宁四年地震加海啸，光和元年母鸡变成公鸡。"种种不祥，非止一端"，就是说这些都是凶兆。皇帝问为什么有这些灾异？蔡邕就根据天人感应的道理，认为是妇人与宦官干预政治所致。上天一再警告，皇帝一旦觉悟，改正错误，就能转危为安。蔡邕讲的这一套道理，就是天人感应论的运用。

皇帝有至高无上的权威，他摆着大架子，似乎比别人都更聪明，不容易听进别人的批评意见。官员借用自然灾害和一些怪异现象，拐弯抹角地给皇帝提意见，因为这里有神秘的"天意"，皇帝还是会认真听取，并考虑改正的。这里有借"天意"以纠正皇帝过失的深意。

所谓天人感应，并不是所有的人都可以随意与天相感应的，一些祭天的仪式是必不可少的。从这个角度来看，皇帝更有资格与天感应。传统说法，只有皇帝有资格祭天。祭天活动就是人与天沟通的一种最重要的形式。中国只有首都北京有天坛。天坛就是皇帝祭天、祈天的场所。祈天，希望上天赐予"风调雨顺，国泰民安"，主要祈求丰收。天坛主建筑称"祈年殿"。汉代开始流行天人感应说，到明清时代还有天坛祈年殿，说明这种学说的影响是深远的。天坛的建筑有许多讲究，祈年殿就是典型的例子。祈年殿是圆形建筑，象征古老的"天圆地方"学说中的天圆。殿内有四根大柱，代表一年四季和四方，东方为春，南方为夏，西方为秋，北方为冬。四柱之外有十二根大红柱，代表一年的十二个月，再向外还有十二柱，代表一天的十二个时辰(一个时辰等于两个小时)。两个"十二"相加，等于二十四，又代表二十四节气。加上中间的四大柱，为二十八，又是天上的二十八宿星座。四大柱上面还有八根短柱，与八卦对应。八与下面的二十八柱，总数为三十六，正是天罡的数。祈年殿的基础是三层圆台，每一层圆台的周边都由望柱和栏板包围。望柱上刻的花纹是不一样的，最下层是云纹，中层是凤纹，最上层是龙纹。说明龙凤在云天之上，龙比凤高，象征男尊女卑。天坛因为是皇帝祭天的地方，所以非常神秘，不许老百姓靠近。现在它已经成了传统文化的象征，游人参观的人文景观，也是一处世界文化遗产。

1.2 科学的天

我们现在说天是自然的，似乎是不言而喻的，很容易的。在中国古代，天命论和天人感应说在统治者的推崇下成为社会主流思想时，要说天是自然的，没有意志的，不能赏善罚恶，那是非常不容易的。

最初，最高统治者天子是奉天命来治理人世间，他有至高无上的权威。殷纣王政治搞乱了，周武王带领军队向朝歌进军。眼看大势已去的殷纣王提出疑问："我身上不是有天命吗？他们怎么可以推翻我呢？"思想家对这个问题作出这样的解释："皇天无亲，唯德是辅。"殷纣王缺德，天不辅助他；周文王有德，皇天就辅助他，因此他就取得了胜利，要取代殷纣王，成为上天支持的统治者。这就是古代所谓"天命"。这就从理论上论证了西周政权的合法性问题。在这种情况下，上天赏善罚恶的观念开始流行。春秋战国时代，天命赏善罚恶的观念受到两个方面的冲击：一是天文学的发展；二是哲学的发展。

在天文观测的过程中，天文学家掌握了大量的天文资料，认识到天的运行是有规律的，有些现象是偶然发生的，都与人事无关。荀子归纳这类思想，写出《天论》一文。他首先提出："天行有常，不为尧存，不为桀亡。"常，就是规律。尧是圣王，是最伟大的正面人物；桀是暴君，是最坏人物的代表。尧、桀是人的好坏两极。荀子认为天的运行是有一定规律的，不因为好人当政或坏人当政而有所改变。好好治理，社会就安定；随心所欲，天下就会大乱。与上天没有任何关系。一个人只要勤劳节用，那么，天就不能使他贫困。相反，如果懒惰又浪费，那么，天也不能使他富裕。营养充足又能适当活动，身体自然健康，天不能使他患病；如果营养不足，或者懒得活动，就难免患病，天也不能使他健康。坚持按社会法则办事，就能平安生活，天也不会给他降灾祸；如果胡作非为，那么，天无法使他免祸。这就是荀子所说的"天人之分"。天有它的客观规律，人可以有自己的作为。天命论认为"民之所欲，天必从之"。荀子说：天不因为人们讨厌寒冷而取消冬季，天怎么会随从人们的欲望呢？因此，人们不必祈求上天，只要按天的运行规律，努力奋斗，充分发挥自己的能动性、积极性，就能为自己创造美好幸福的生活。总之，荀子把天视为自然之天，没有意志，不会赏善罚恶，也不会顺从人民的欲望，只是有规律地周期性地运行着，例如昼夜更替，寒暑变化等。

汉代，论天有三家，这三家进行了热烈争论。最古老的盖天说认为天像一个大的圆盖子，地像四方形的棋盘，这就是天圆地方说。现在我们可以看到北京天坛的主体建筑是圆形的，地坛的主体建筑是方形的，就是从"天圆地方"来的。盖天说后来有了发展，内容也更加丰富。它认为天体离地面八万里，以北极为中心，不断地旋转着，每日旋转一周。日月五星都附着在天体上，随其他天体旋转，同时自己也做快慢不同的运行。天体由东向西运行，日月五星由西向东运行。因为速度比天体慢得多，因此我们看到日月都随天体由东向西旋转。中国古代以日在天体上一天移动的距离为一度，这样定一周天为三百六十五又四分之一度，天每日旋转一周，日每日只运行一度，月每日运行十三度多，日一年运行一周天，月一个月运行一周天。盖天说还设计一个"七衡图"。七衡图，画在天上，有七个同心圆，它们的中心就是北极。夏至日，日在第一衡即内衡，就是最小的一个圆圈，是日在离周朝都城最近的时候。这时日影最短，昼长夜短。日逐渐向外运行，秋分时，日在第四衡，即中衡，昼夜长短相当。继续向外运行，到了最外的一圈，即外衡，第七衡，那是冬至日，离周都最远，日影最长，夜长昼短。外衡直径为四十七万六千里，又假设日光射程为十六万七千里。日在外衡时，可见天体为直径八十一万里的圆面。盖天说经过复杂的计算，得出结论：在北极下面的地方，六个月见日，六个月不见日，见日为昼，不见日为夜，那么那里一年只有一昼夜。到夏季还有没融化的冰。生物有朝生暮获的品种。朝暮相隔实有半年之久。中衡下地，不论日在外衡还是在内衡，日与地面的距离都比较近，都比日在中衡时与周都的距离近，因此，那里的气温都比周都的春秋季节高，那里冬季还长着夏季的植物，许多落叶植物也不落叶。庄稼一年可以收获两次。北极下地，正是西方所说的地球的北极圈。中衡下地，正是西方所说的地球赤道地区，属于热带。两千年前的中国古代的七衡图，与西方的五带说一一相应，只是中国画在天上，西方画在地上。

　　盖天说认为天与地都是拱形的，"天像盖笠，地法覆盘"，天地都是中央高，四边低的。天地距离八万里，天的最高处北极比天的最低处高两万里。地也是这样，地的最高处（昆仑山）比天的最低处还低六万里。日在天上，在任何时候，都比地的最高处还高出六万里以上。西汉时代有人做过这样的试验：在高山上，以一满盆水为准，中插一标尺。当日从海面升起时，日影在标尺的水面之上，说明日所在处比山顶低。这种现象，盖天说无法解释。当时另一种天说——浑天说可以解释这种现象。

　　浑天说认为天地结构像一个鸡蛋，地像蛋黄，处于中央，静止不动。天体像蛋壳，以三十六度斜轴为中心，绕地旋转。这个轴的北端为北极，南端为南极。所以北极出地三十六度，南极入地三十六度。浑天家还做过实验：制造一个浑天象，圆球状，上面点缀着星星，放在地下暗室中旋转，有人在地面观察天象。浑天象上某星出现，向地面报告，地面上观察的人就能看到某星从东方升起。每天都可以得到这样的验证。因为日随天体从地下转过去，因此日有时在地下，这就可以解释上面讲到的日影现象。还可以解释因为地与日月的相对位置的变化而产生月相的盈亏，日食和月食的现象，还能对日食和月食作出预报。浑天说能指导制订比较精密的历法。它比西方的地心说合理性稍多一点。西方地心说用几十个本轮、均轮来计算日月运行情况，既复杂又不准确，现在已经被放进历史博物馆了。而浑天说用一层天计算日月运行情况，既简单又准确。现代球面天文学基本上采用了浑天说的原理。浑天说所讲的天体旋转运动，曲折反映了地球的自转运动。浑天说认为天体(恒星天)由东向西旋转，即左旋，日月五星从西向东旋转，即右旋。这样可以解释日的运行与四季变化的对应关系，曲折地反映了地球的公转运动。

　　任何科学都是以假说的形式发展的，因此它都有一定的合理性，也都存在某种缺陷，都要被后来新的假说所取代。浑天说也不例外，它一方面认为地像蛋黄，处于中央，这说明地是圆球体；另一方面又说北极出地三十六度。这好像地是平面体。二者似乎有矛盾。另外，它认为南极在地下三十六度，离南极三十六度内的星辰，终年隐没于地下，是人们看不见的。唐代天文学家到南海观察天文，见到许多星星都是古代天文书上没有写的，星图上没有标出的，也没有名称，都在三十六度以内。老人星原来在天边，很低。从南海看，它也在很高处。天文学家到北方却发现另一些浑天说解释不了的现象。北极星快到头顶上，那里的夏季，黑夜很短，天黑时煮羊胛，羊胛还没煮熟，天已经亮了，黑夜大概只有两三个小时。浑天说认为日出地面，全天下都亮了，日入地下，全天下都进入黑夜。也就是说天下的昼夜是一样的，为什么北极附近的夏季黑夜那么短呢？唐代人发现了这种奇怪现象却没有人深入研究，失去发展的重要机会，致使浑天说在中国古代天文学界统治达一千五百年之久。当西方传入近代天文学以后，浑天说才逐渐被取代。

中国汉代还有一种天说：宣夜说。它认为天既不是大圆盖，也不像大蛋壳，而是充满气的无限空间。日月星辰都飘浮在空中，由气托举、推动着在无限的空间中自由浮动，没有规律性。这样它对于制订历法没有指导意义。天文学的实际用处主要在于制订历法，因此它在天文学界很快就"绝无师法"，没有人用它了。但是，它在汉代以后，却有很大影响，给气一元论提供了科学依据。它受到现代科学家的高度重视。英国科学家李约瑟博士认为这种学说与西方所有的宇宙模式相比，都毫不逊色。

天文学的发展，对天命论是严重的冲击。但是，天文学家对于天象的观察、研究，都很认真，很客观，而对于如何解释天象的变化和怪异现象，则无能为力，还经常受世俗迷信的影响。汉代张衡是杰出的天文学家，是浑天说的主要代表，在天文、机械、地震以及文学艺术诸方面都有创新和优秀成果，是多才多艺的非常杰出的科学家，但在讲到日月运行时，受到当时社会思潮的影响，他也说日月运行，"历示吉凶"，认为日子是有吉凶的，办什么事情，都要选择黄道吉日，才能顺利成功。科学家在自己研究的领域内，是名副其实的行家，在研究的领域之外，他们的见解往往不那么高明，甚至不及一般群众。因此，要批驳形而上学的僵化观念，破除世俗迷信，只靠科学家是远远不够的。

1.3 哲学的天

对于天命论，天文学成果只是沉重的冲击，哲学家的批判才是致命的打击。在天人感应说十分流行的时代，东汉王充对天命论与天人感应的批判细致入微，系统严密。

天人感应说认为天创造万物，天能听取人的说话也能看见人的行动，还能与人进行思想交流，能享受人祭祀时所用的牺牲，如此等等。天活像一个有血有肉的人格神。

王充认为天道是自然无为的，所谓天生，实际上就是自然，自生。因为是自然的，天下无数的草木和禽兽昆虫才可以同时并生。天命论者认为这些东西都是天为人而创生的。宋国人用木材刻一片树叶，花了三年时间。列子说：如果天地三年做成一片叶子，那么天下有叶子的植物就很少了。鸟兽的羽毛要制作起来，似乎更困难一些。那么天下生物那么多，天哪能有千千万万双手来制造万物？

即使有意识，也无能为力。父母生子，子在母腹中逐渐长成，父亲无能为力，母亲也无能为力，婴儿就在腹中自然长成。天地间万物也是自然形成的，天地没有创造的意识。

人吃粮食和鱼肉，有人说天为人而生了谷类、鱼类和兽类等。人用棉花纺纱织布，做成衣服御寒，有人说天为人而生了棉花。总之，天为人而生了万物。王充反问道：蚊虻吸人血，是不是天为蚊虻而生了人类呢？蚯蚓吃土，难道是天为了蚯蚓而生地？实际上，万物自然而生，人类选取好吃的吃，好用的用，并非天故意为人类而有意生万物。

古代有很多关于人的精神感动上天的传说，这些传说表达了人们一种良好的愿望。后来被天人感应说引为例证。因此，王充从求真的角度，实事求是地对这些传说进行分析，来批驳天人感应说。

例如，有的人说：荆轲为燕太子丹去谋刺秦王，精神感动上天，因此出现"白虹贯日"。王充认为，天有几万里那么巨大，人只有几尺长，微小的人怎么能感动巨大的天呢？就像用筷子撞大钟，麦秆敲大鼓那样，不会发出响声。有的人说，人通过精诚感动上天。王充说：用绳子悬挂一个水果在空中，轻轻一碰，就会摆动，用口对它使劲吹气，也会稍稍动一点。但是，如果站得很近，虽然用很强烈的意念，用精神，却不能使水果产生一点点摆动。这说明人的精神力量是微小的，怎么能感动那么巨大的天呢？

天人感应说认为人通过气感动上天。但气也像水那样，一尺长的鱼在水中拍打，水波会传出几丈远，一里以外的水面就毫无动静。几尺长的人在气中折腾，信息之波最多可以传出十里远，百里之外，就没有任何信息了，几万里之外的天就更不会有什么动静了。因此说人的精神能通过气来感动上天，是没有根据的。

有的人说，大声喊冤，上天听了会表示同情。例如，邹衍无罪，在燕国被拘捕。夏天五月，邹衍仰天长叹，天就为他降下霜。王充表示怀疑，天离地八万里，人的叹息是否能传到天上去？天是否有耳，能听到人的叹息吗？人坐在高台上，台下有蚂蚁叫，人是听不见的，天怎么能听得见在万里以外人的说话声呢？

人与人因为距离远，语言不通，还需要翻译，才能进行思想交流。天与人异类，人说话，天怎么能知道是什么意思呢？一火星烧不热一大锅水，一小块冰不能使厨房寒冷，邹衍的叹息怎么能使天"陨霜"呢？天气变化是有规律的，不会因为个别人的冤情而改变。为什么夏季五月会降霜，王充作出正面解释：邹衍时代用的是周历，周历五月相当于夏历三月。燕国在北方，原来就比较寒冷，三月降霜是常有的事，并不奇怪，与邹衍叹息没有关系。汤被囚于夏台，周文王被拘于羑里，孔子厄于陈、蔡，这三位圣人遇到困难，上天都没有什么表示，邹衍至多是一位贤者，仅仅一次叹息，天就专门为他"陨霜"，哪有这种道理？

有的人又说，天会赏善罚恶，谁做了好事，上天就会降下祥瑞，予以支持；谁做了坏事，上天就降下灾异，表示谴责。圣人当政，应该说做了很多好事，但是，夏禹时有大水灾，商汤遇到七年大旱。对于个人来说，孔子的学生有七十二贤人，其中颜渊早夭，子路被杀，子夏失明，他们都做了什么坏事，受到如此报应？为什么恶人命不短，善人命不长？天为什么不能让善人常享一百年高寿，让恶人早夭恶死？实际上，许多恶人如日杀无辜的盗跖却能长寿。

又有人说，牺牲祭祀，可以祈祷上天保佑。王充说：天有几万里那么大，该吃多少东西才能饱？你供上一头牛，不抵给一个人一粒米饭，怎么能吃饱呢？天吃不饱，是否愿意出力保佑你呢？

许多人都把天说成像一个人，但是，天哪有口、鼻、耳、目？哪有手足？天也没有肠胃、心思，更不会吃饭，不会思考，不会听人的话，也不会看人的行。王充认为天就是一块固体，像地一样，是一个极大的自然物，根本没有意识。有的人说天是气，气当然也没有耳目心思，像一缕青烟，像一阵春风，也是不会思考的，更不能赏善罚恶。

王充经过详细分析研究，认为天或者像一块巨大的固体，或者是弥漫无际的气，无论是哪一种情况，天都只能是无意识的。因此，他说"天道自然"，与人不会产生精神感应。天的自然性会对人产生一定的影响，如昼夜、寒暑的变化，如雷电风雨的降临，人都要想法对付：黑夜，用火照明；寒冷，用棉保温；盖房屋以避风雨；筑堤坝以防水灾；等等。而人对天是无能为力的，不能变夏天为冬天，也不能变冬天为夏天。因此，天人的自然感应只能是单向的。

王充以后的两千年中，科学技术有了巨大的发展进步，现在人类影响自然界的能力有了很大提高，特别是破坏性能力。例如大批砍伐树林，水土流失严重，使一些地区沙漠化；人类发展工业，产生大量的废物、废气、废水，严重污染空气、水域和环境，使大批鱼、鸟等生物大量减少，甚至濒临灭亡。人虽然至今不能改变太阳系的环境，也不能改变地球的运行轨道，但对地球的面貌有了很大的影响力。因此，在地球上，天与人的自然感应已经不是单向的，而是双向的。人类应该保护自然环境，已经提到议事日程上来，这是人对天的影响的一种积极表现。

总之，天人之际是人类长期关注的问题，现代社会对此又有了新的研究课题。天人关系是人类研究的永恒课题，科学发展的不同阶段，这个课题的内容也会不断更新，不断丰富。

2. 天人合一

中国汉字的多义性与中国传统哲学概念的模糊性，是中国哲学的特色，也增加了研究的难度。学者的研究或者争论，与此多有关系。有的学者不太了解这一情况，在多义中只取一义，或者根据自己的想法，将本来模糊的改成精确、清晰的，结果失去原意。对于"天人合一"，就有这种情况。先将"天"确定为神灵的天，"人"确定为人类，再把"合"理解为两种不同的东西相加与结合，于是就得出"天人合一"是不可能的，也是不成立的。进一步推翻所谓"天人合一"是中国传统思想的精华之类的说法。全部论证过程似乎都是很严密的，其实有许多理解不符合中国传统的思维方式，存在着明显的误解。

在中国传统哲学中，"天"是多义的，主要可以归结为两种意义：一是自然的天，一是神灵的天。

自然的天也有几种意义：

一是与"地"对应的天，即"天地"中的天，包括日月星等天象以及气候、气象等。如《荀子·天论》："列星随旋，日月递照，四时代御，阴阳大化，风雨博施。"列星指天上的所有星星，主要指恒星。所有恒星随着天旋转。日月交替着照耀天下。四季轮换着出现。阴阳变化存在于天地之间，风雨在广泛领域中产生作用。这些都是天的表现。"夫日月之有蚀，风雨之不时，怪星之党见，是无世而不常有之。"日食月食，风雨不及时，新星突然出现，虽然是非常的现象，却是每一个时代都会有的。《黄帝内经·阴阳应象大论篇》说："积阳为天，积阴为地……清阳为天，浊阴为地。"阳气积累成天，阴气积累成地，天地是阴阳二气形成的。地面以上的一切现象都包括在"天"这个概念内。

二是与"人为"对应的天，指一切不是人为的自然现象，包括与地对应的天的全部内容，还包括地面上自然发生的一切现象。如《庄子》所说的"牛马四足，天也"。牛马有四条腿，是自然的，这也是天，即天赋的意思。《荀子·天论》："天行有常，不为尧存，不为桀亡。""皆知其所以成，莫知其无形，夫是之谓天。""不为而成，不求而得，夫是之谓天职。"这些说法中的"天"都是天然即自然的意思。

三是与"人"对应的天，是天地的简称，指整个自然界。如《黄帝内经·生气通天论篇》说："夫自古通天者生之本，本于阴阳。"这个天就包括"天地之间，六合之内"。司马迁所谓"究天人之际"，这个天就包含"人之外的一切都是天"的意思。

四是天有时也包括人在内，相当于现在所说的宇宙。如董仲舒讲的"天有十端"，十端是天、地、阴、阳、木、火、土、金、水、人。这个天就是无所不包的，这一句话中，两个"天"的内涵是不一样的。这种情况在西方哲学中不太可能出现。如果不能理解中国哲学中这种模糊性，那就可能误解一些古代的思想。张载讲"太虚即气"，太虚又名为天。这个天也是整个宇宙空间。

宋明以后的哲学家讲的天多数是自然之天，很少讲神灵之天。只有陈亮还学着董仲舒的口气给皇帝上书，大讲天人感应，希望皇帝听他的说法，实行他的政治主张。

神灵的天，主要包括天命论和天人感应论中的、相当于西方所谓"上帝"的天，即主宰宇宙的至上神。这个神灵的天是全能至善的。有时也将善德归于天，于是有伦理的天。天主宰自然界，决定自然界的一切变化，于是，又将自然变化说成是灾异，是天意的表现。自然灾异的天，伦理的天，应该都从属于神灵的天。

天，在古人那里，是非常明确的概念。只是见解不同，产生了歧义，引起了争论。按刘禹锡的说法，从最大的意义来分：一种叫"阴骘之说"，一种叫"自然之说"①。前者就是神灵的天，在暗中主宰人世间；后者就是自然之天，没有意志，不能赏罚，与人间祸福没有关系。现代引入西方分析方法以后，天的意义就更加复杂了。

---

① 刘禹锡：《天论上》，载《柳宗元集》第二册，443～445 页，北京，中华书局，1979。

　　"人"也是多义的，有的指最高统治者"天子"，有的指一般个人，有的指某一部分人，有的则指全人类。

　　"合"的意义也有多种。我们就将它放在下面具体论述中加以解释。

2.1　天人一德

　　天人合一的说法在《易传》中就有了。《周易·乾卦·象言》：

　　　　大人者，与天地合其德。

　　这个"大人"，是大人物，指统治者。在这里，天人合一中的"一"是道德。与天地合其德，说明天地是有道德的。如何理解"大人"与"天地"的"合其德"呢？主要难点在"合"字上。什么叫"合德"？道德是如何"合"的？《易传》又说："天行健，君子以自强不息。"根据"天行健"，君子应该"自强不息"。行健，就是自强不息。君子就在这一点上与"天"合德。这个德就是积极进取。天有这个德，君子也应该有这个德。这就是"合德"。孔子说："唯天为大，唯尧则之。"（《论语·泰伯》）这里讲天的特点是"大"，只有尧能够"则之"。"之"就是"天"，就是"天之大"。"则"如何理解？按朱熹的说法："则，犹准也。""言物之高大，莫有过于天者，而独尧之德，能与之准，故其德之广远，亦如天之不可以言语形容也。"①则，就是标准。尧能符合天的标准，尧的伟大，也像天那么大。尧与天在"大"这一点上是一致的。很显然，这是一种比喻性的说法。这就是一种"合德"。这个大的"天"，不能说就是神灵的天。必须指出，中国古代思想家在讨论哲学问题时，一个概念可以有多种用法，并非总是一种内涵。这是常见的现象，也是中国哲学研究中的常识。

尧是圣王，是"大人"，也是"君子"。他可以与天"合德"，也能像"天行健"那样"自强不息"。天有高尚的德，圣王能够效法天之德。这就是大人与天的合德，也就是天人合一的一种形式。"天行健"是从天文学引申出来的，不是迷信。古代天文学认为"天体"（指恒星天）一日由东向西运行一周，速度非常之快，称之为"天行健"。这种形式是从比喻开始的。先是以天之"大"来比喻尧的"伟大"，然后引申出"合德"的思想。以天之大来比喻尧的伟大功绩，天是否就有了神性呢？未必！

关于比喻，以自然现象来比喻人事，在古代是相当普遍的。例如《老子》第八章：

上善若水。

王安石注："善者可以继道而未足以尽道，故上善之人若水矣。"用水来比喻"上善之人"，"上善之人"就像水那样。水是什么样子？《老子想尔注》："水善能柔弱，像道。去高就下，避实归虚，常润利万物，终不争，故欲令人法则之也。"水是柔弱的，是向下流的，流

———————

① 《四书集注》，135 页，长沙，岳麓书社，1985。

向空虚的，经常滋润万物，始终不与别人竞争。有这些品德，值得
人们学习。

　　　　水善利万物而不争，处众人之所恶，故几于道。

　　王安石注："水之性善利万物，万物因水而生。然水之性至柔而
弱，故曰不争。众人好高而恶卑，而水处众人之所恶也。"

　　　　居善地。

　　王安石注："居善地，下也。"

　　　　心善渊。

　　王安石注："渊，静也。"

　　　　与善仁。

　　王安石注："施而不求报也。"

　　　　言善信。

　　王安石注："万折必东也。"

　　　　正善治。

　　王安石注："至柔胜天下之至刚。"

　　　　事善能。

　　王安石注："适方则方，适圆则圆。"

　　　　动善时。

　　王安石注："春则泮也，冬则凝也。"①

　　　　夫唯不争，故无尤。

　　最后一句，王安石没有注。《老子想尔注》："唯，独也；尤，大

------

① 容肇祖辑：《王安石老子注辑本》，北京，中华书局，1979。

也。人独能放水不争，终不遇大害。"①放，是仿。人只要能模仿水"不争"的品德，就会始终不遇大灾难。这些都是说水的特性有"善"的意味，人如果能模仿水的特性，就会有善的品德。实际上就是人们用水的特性来比喻善。

《管子·水地》中对水的描述就更加系统全面了。它说："夫水淖弱以清，而好洒人之恶，仁也；视之黑而白，精也；量之不可使概，至满而止，正也；唯无不流，至平而止，义也；人皆赴高，己独赴下，卑也。卑也者，道之室、王者之器也，而水以为都居。准也者，五量之宗也；素也者，五色之质也；淡也者，五味之中也。是以水者，万物之准也，诸生之淡也，违非得失之质也，是以无不满无不居也。集于天地而藏于万物，产于金石，集于诸生，故曰水神。"在这里，水就有了仁、精、正、义、卑等高贵的品德。仁义是儒家的思想精华，精、卑是道家的思想核心，特别是卑，是"道之室、王者之器"，是道家的哲学家与政治家的宝贝。"正"则是当时许多思想家所共同推崇的内容广泛的概念。水的"准"、"素"、"淡"，也都是非常重要的性质，"集于天地而藏于万物"，天地万物都少不了水，所以称得上"水神"。在这里虽说"水神"，并非神灵，而是神妙的意思。

古人也将玉视为珍贵的东西，不仅由于坚硬，而且由于玉的一些性质类似许多品德。《管子·水地篇》载："夫玉之所贵者，九德出焉。夫玉温润以泽，仁也；邻以理者，知也；坚而不蹙，义也；廉而不刿，行也；鲜而不垢，洁也；折而不挠，勇也；瑕适皆见，精

---

① 饶宗颐：《老子想尔注校证》，11页，上海，上海古籍出版社，1991。

也；茂华光泽，并通而不相陵，容也；叩之其音清搏彻远，纯而不杀，辞也。是以人主贵之，藏以为宝，剖以为符瑞。九德出焉。"玉有仁、义、勇等九德，实际上也是比喻。

　　水与玉都是没有神灵的，因此所谓"德"也都是比喻性质的。宋明时代的理学家一般不讲神灵之天，他们所讲义理的天，也都是在比喻的意义上使用的，不能说天有义理，就变成不是自然之天了。

　　古人先将人的品德赋予自然界，然后提倡人们向自然界学习，效法自然。先从具体事物说起，如水、玉等，然后扩大到天上去。就是要人们顺天、则天。这种思想引入医学，就特别有意义。例如在《礼记·月令》中专门叙述一年四季的气候变化，气候变化是天，人事也要随着更替，是顺天。冬天穿棉袄，夏季必穿纱，就是人随着天的变化而变化。另外，《月令》还讲春天是万物生长繁殖的季节，人们不应该上山砍树伐木，也不要打猎捕鱼，同样道理，对于犯人也不能在春天行刑。砍树、捕鸟、网鱼，都要在秋冬季节，处置犯人也是在秋冬季节，所谓"秋后问斩"，就是这个道理。古代战争也是选在秋冬季节，那是农闲时期。如果在农忙时期发动战争，将会严重影响农业生产，影响收成。在《黄帝内经》中说："夫四时阴阳者，万物之根本也。所以圣人春夏养阳，秋冬养阴，以从其根，故与万物浮沉于生长之门。逆其根，则伐其本，坏其真矣。故阴阳四时者，万物之终始也，死生之本也。逆之则灾害生，从之则苛疾不起，是谓得道。"（《黄帝内经·四气调神大论篇》）四季与阴阳都是天的表现，是万物的根本，也是人的根本。圣人知道这个道理，因此，顺应天的变化，在春夏季节注意养阳，在秋冬季节注意养阴，这样就可以少生病。这些思想在《吕氏春秋》的"十二纪"中，在《淮南鸿烈·时则训》中，都有所体现。《吕氏春秋·孟春纪》："命祀山林川泽，牺牲无用牝。禁止伐木，无覆巢，无杀孩虫胎夭飞鸟，无麑无卵，无聚大众，无置城郭，掩骼霾髊。"春天，祭祀山川时，不用母畜，怕它有孕。禁止伐木，不要破坏鸟巢，"孩虫胎夭"与麑、卵，都是幼小动物，都在保护之列。"无覆巢"，也是怕摔了尚未能飞的雏鸟。"无聚大众"，不要搞大型聚会，怕影响春耕生产。"无置城郭"，不要修建城墙，也是怕妨碍农业生产。霾，同埋。高诱注："白骨曰骼，有肉曰髊。"掩骼霾髊，就是掩埋骸骨。一方面表示仁恩；另一方面也是为了卫生。《淮南鸿烈·时则训》也有类似的内容，它说："牺牲用牡，禁伐木，毋覆巢杀胎夭，毋麑毋卵，毋聚众置城郭，掩骼薶骴。"薶骴，同"霾髊"。说明这些思想在中国古代，特别是在先秦两汉时代是很流行的。儒家与道家都根据这种思想，提出保护环境的问题，提出应该保护生态资源，不要竭泽而渔。用现代的说法，就是要求人类与自然环境处于和谐的关系。

天有好生之德，圣王则天，也是有好生之德的。《新序·杂事五》载：

> 汤见祝网者置四面，其祝曰："从天坠者，从地出者，从四方来者，皆罹吾网。"汤曰："嘻！尽之矣。非桀其孰为此？"乃解其三面，置其一面，更教之祝曰："昔蛛蝥作网，今之人循序，欲左者左，欲右者右，欲高者高，欲下者下。吾取其犯命者。"汉南之国闻之，曰："汤之德及禽兽矣。"四十国归之。人置四面，未必得鸟；汤去三面，置其一面，以网四十国，非徒网

鸟也。

"祝网者"置网四面，就是想把鸟一网打尽，其实未必都能网到鸟。这是亡国之君夏桀的错误做法。汤网开三面，只留一面，专门捕那些"犯命"的鸟，让多数鸟都可以逃走。这是爱心的表现。连对禽兽都有这种爱心，那么对人当然会更好了。于是，汉江以南的四十个小国都归顺汤。在过去，当政者的道德有强大的感召力。也可以将这种情况说成是圣王与天同样有好生之德。现在可以说有了新的意义，一方面，这对于保护生态平衡，保护自然资源，都是有意义的。另一方面，在处理人与人的关系中，在处理国与国的关系中，都要采取比较宽容的态度，维护和而不同的和谐状态，不要把别人逼上绝路。欺人太甚，也会遭到强烈反抗的。有的强国经常采取经济制裁和武力威胁的办法，强迫别人服从自己，接受自己的价值观，严重侵犯别国的主权，也是不得人心的霸道行为。

2.2 天人一类

中国古代有三个哲学思想体系影响最大，它们是八卦、五行、阴阳。在这三个思想体系中，天与人都是一一相对应的。

《周易》中的八卦是乾、坤、震、巽（xùn）、坎、离、艮（gèn）、兑。它们对应自然界的是天、地、雷、风、水、火、山、泽；对应人事的是父、母、长男、长女、中男、中女、少男、少女；对应人体的是首、腹、足、股、耳、目、手、口。这样，天为父，地为母，天人就对应上了。因此，最高统治者皇帝就称"天子"。"天子"是天人一类的最有代表性的典型说法。

阴阳说也是将天与人一一对应。在医学经典《黄帝内经·金匮真言论》中说："夫言人之阴阳，则外为阳，内为阴；言人身之阴阳，则背为阳，腹为阴；言人身脏府(腑)之阴阳，则脏者为阴，府者为阳。肝、心、脾、肺、肾，五脏皆为阴；胆、胃、大肠、小肠、膀胱、三焦、六府皆为阳。……此皆阴阳、表里、内外、雌雄相输应也，故以应天之阴阳也。"(《黄帝内经·金匮真言论》)男为阳，女为阴，气为阳，血为阴，君子为阳，小人为阴，如《周易·泰卦·象言》曰："内阳而外阴，内健而外顺，内君子而外小人，君子道长，小人道消也。"《周易》还将阴阳与道德对应起来，如说："立天之道曰阴与阳，立地之道曰柔与刚，立人之道曰仁与义。"[①]柔、仁与阴对应，刚、义与阳对应。总之，中国古人将人事与阴阳对应，这是很普遍的现象。

最早提出五行说法的《尚书·洪范》中将人事的貌、言、视、听、思与五行中的水、火、木、金、土一一对应。到战国后期，建立起以五行为框架的宇宙模式，把当时人们所能掌握的内容都尽量装入这个体系。例如把一年四季(四时)和方位、五色、五味都与五行对应，四季与五行对应是有困难的，但是，他们先将土挂在季夏之末，如《吕氏春秋》；有的则在夏季中设一个长夏来与土对应，如《黄帝内

---

① 《周易·说卦》，81页，北京，中华书局，1980。

经》。到了汉代，要提高土的地位，就将土与四时对应，使土在五行中具有了特殊的地位。所谓"土者，五行之主也"。"五行莫贵于土"，与土对应的那一系列，也都鸡犬升天了，"五声莫贵于宫，五味莫美于甘，五色莫贵于黄"（《春秋繁露·五行对》）。

人与天的关系是非常密切的，甚至是一一对应的。西汉政治哲学家董仲舒将天人关系归纳成一句话：

以类合之，天人一也。（《春秋繁露·阴阳义》）

按类来分，天与人是一类的。这就是我们所说的天人一类，这也是天人合一的一种形式。董仲舒为此还作了许多新的论证，例如说人是天生的，"为人者，天也"。因此人像天，与天同类。再从形体上看，天有十二个月，人也有十二块大骨节，天有三百六十日，人也有三百六十块小骨节，天有五行，人有五脏，天有四时，人有四肢。有数量关系，天人一致；没有数量的，按类分，天人也是对应的。这就是他说的"人副天数"。

天人是同类，根据同类相感的原理，天与人可以产生双向的精神感应。天有无上威力，有爱心，能够赏善罚恶。当天子犯了错误时，天会降下灾害，谴告他；他如果还不纠正错误，天又会降下怪异来吓唬他；他如果还不改正，那么，天就会使他灭亡。董仲舒认为这说明天对天子是特别爱护的，才这样一再提醒，天子应该按照天意办事。

董仲舒从天人一类中引申出这种说法，是为了给有至高无上权力的天子以制约，不让他胡作非为，因为权力不受制约，就要产生腐败。天人感应过去受到的批判最多，现在冷静地思考一下，它也有一定的合理性。天是整个自然界，人当然是这个自然界的产物，与自然界有一致性，也是无可非议的。董仲舒的那些类比，显然牵强附会，但这对于当时还没有民主制度，对于皇帝还缺乏制约机制的情况下，树立天的威信，给皇帝加上精神枷锁，无疑有益于社会的安定。人类长期生活在这样的环境中，已经适应了，成为习惯了。顺天、则天，在这里也会得到支持的。实际上就是适应大自然，也就是与大自然和谐的问题。

西方人强调征服大自然，促进了科学的发展，但是，现在科学发展的结果，居然带来负面影响，造成了环境的严重污染，破坏了生态平衡，威胁到人类的生存。中国传统的阴阳论强调阴阳平衡，五行学说也是强调平衡，人与天即人与大自然，也要平衡和谐。这些和谐的思想，对于养身，对于治国，对于处理国际关系，对于保护环境，维护生态平衡，都是有价值的，有现实意义的。

2.3 天人一性

《孟子·尽心上》说：

> 尽其心者，知其性也，知其性则知天矣。存其心，养其性，
> 所以事天也。

人如果能尽心，就能知性，知自己的本性。知性，也就会知天了。历代学者对于心、性、天有不同的理解，对这句话的解释也就各不

相同。东汉赵岐是最早给《孟子》作注的人。赵岐注云:"性有仁、义、礼、智之端,心以制之。唯心为正,人能尽极其心,以思行善,则可谓知其性矣。知其性则知天道之贵善者也。"又说:"能存其心,养育其正性,可谓仁人。天道好生,仁人亦好生。天道无亲,唯仁是与。行与天合,故曰:'所以事天也'。"①这里说的是仁人能够存心养性,以思行善,行善就是好生。天也是贵善的,也是好生的。因此,仁人与天道是一致的,贵善好生的本性是一致的。

北宋二程(程颢、程颐)认为:"天人本无二,不必言合。"②这好像是反对天人合一的说法,而实际上他们的主张,天人完全是一回事,不需要讲"合"。他们把天人合一,合得更加彻底。程颢认为"合天人","天人无间"③,完全是一体的,用不着再说什么"合"。他还说:"人和天地,一物也,而人特自小之,何耶?"人与天都是"一物",一个东西。如果在人之外,"别立一天",那就是"二本"了。他说:"仁者以天地万物为一体,莫非己也。认得为己,何所不至?若不有诸己,自不与己相干。如手足不仁,气已不贯,皆不属己。"所谓"仁者",应该是道德高尚的人。这种人必须将天地万物与自己视为一体,所有的事都是与自己有关的。如果对一些事不关心,认为与己无关,那就是麻木不仁。二程讲到天人合一的地方甚多。如说:"一人之心即天地之心","圣人即天地也","学者不必远求,近取诸

①　《十三经注疏》,2764 页,北京,中华书局,1980。
②　《二程集》,33 页,北京,中华书局,1981。
③　同上书,15 页。

身，只明人理，敬而已矣，便是约处。……至于圣人，亦止如是，更无别途。……故有道有理，天人一也，更不分别。"①他们认为人的道理与天地的道理是一致的，圣人的想法与天地的道理是一样的，因此，在道理上，在本性上，人与天地是一致的，所谓"天人一也"。

2.4　天人一气

庄子讲"通天下一气耳"，人就是气聚合而成的，因此，与万物没有什么不同，与天也是一致的。王充讲，人"禀气而生，含气而长"（《论衡·命义》），"用气为性，性成命定"（《论衡·无形》）。人的"性"是由天的"气"决定的。人性与天性就有了一致性，或者说天与人在"性"上是有一致性。也就是说，天与人在"性"上可以合二为一。"天不变易，气不改更。"人禀天气而生，也一样不会改变。张载提出，天是太虚，"由太虚，有天之名"（《正蒙·太和篇》）。又认为太虚充满着气，"太虚即气"。"太虚无形，气之本体，其聚其散，变化之客形尔。"人与万物都是气聚合成的客形，人死以后，又回到气的本来状态。万物也是这样，毁坏以后，回到气的本体。"客感客形与无感无形，唯尽性者一之"（《正蒙·太和篇》）。"客感客形"是指天地万物与人这些看得见的形体，"无感无形"是指看不见摸不着的没有

①　《二程集》，13～33 页，北京，中华书局，1981。

形体的气，这两者怎么能统一起来呢？张载认为只有能够"尽性者"，才能将二者统一起来。张载认为看不见的太虚(即天)充满着气，看得见的万物和人都是气聚合成的，那么，天与人在气这一材料方面就是一致的。"天人合一"(《正蒙·乾称篇》)，这个"一"就是气。他在《乾称篇》中还说"天人一物"、"一天人"、"万物本一"等，都是天人合一的思想的不同表达。二程讲天人合一，合于"性"；张载讲天人合一，合于"气"。所合不同，能合则一。在这里，所谓"天人合一"，不是两种东西的相加，是两种现象统一于一个本质。如果没有中国哲学这种思维方式，或者不理解这种思维方式，可能对此感到费解，或者根本无法接受。张载合天人于气，明确提出全宇宙只有气，万物的本质就是气，人与万物也都是气聚合而成的，一旦消亡，再回到气。如果用公式来表示，那就是：

气⟷万物(人)

综上所述，天是复杂的，多义的，人也是复杂多义的，天人合一，也有多种不同形式。主要是讲天人的一致性，统一性，天人可以统一于气，也可以统一于理，统一于道，统一于高尚的道德。天人合一，也讲天人感应，讲天与人能够进行精神方面的相互感应。因此，天人合一，既包含神秘的神学目的论的内容，也包含人与自然和谐关系的意思，其中也有人应该顺应自然界的养身之道。如果只讲一个方面，或者不讲某一个方面，显然都是片面的。

现在，神灵的天与精神感应的"天人合一"已经过时，不再适用了。自然界与人类和谐统一的"天人合一"正是现代所需要的，应该加以新的解释，用于现实，解决现代社会的一些实际问题。正如季羡林先生在首届北大论坛(2001年11月2日)上发言所说的,西方工业文明给人类带来很多福利,也造成严重的问题,如气候变暖、淡水缺乏、动植物物种灭绝等,西方以自然界为征服对象,征服的结果,受到大自然的报复。只有东方文化能够挽救人类。中国人讲"天人合一",大自然与人类的和谐统一,印度也讲人与宇宙的统一。走遍几大洲几十个国家而又学贯东西的世纪老人,能讲出这些话,不值得我们深思吗?现在有些人不能从宏观上把握世界历史,受到当前的事实所局限,羡慕暴发户,对于自己没有信心,对于本民族的文化没有信心,难道不能向季老先生学习一点什么吗?天人合一的现代价值就在于人类与自然界的和谐统一。

东西方文化有互补作用,可以取长补短。我们不必那样自卑。最近,德国哲学家伽达默尔说,二百年以后,全世界学习汉语,也像现在学英语那样,一方面,由于中国语言的特点;另一方面,也由于中国文化的长处。"他说二百年以后很可能大家都学习中文,犹如今天大家都学习英文一样。这种预感的根据可能是由于中国语言的形象性。……他不知不觉地又重复他的预测,二百年内人们确实必须学习中国语言以便全面掌握或共同享受一切。"①这位一百零一岁的西方大哲学家也不是随便说的。

---

① 洪汉鼎:《百岁西哲寄望东方——伽达默尔访问记》,载《中华读书报》2001年7月25日第5版。

3. 人定胜天

　　人定胜天，是在社会发展、科学进步的基础上提出来的口号。它表明人类开始从自然力控制下解放出来，从天命论的束缚下解放出来，标志着人类自信心的提高，是思想革命与观念更新的象征。这在人类历史上是很有意义的口号。

　　有的人以为，人定胜天，就是像两军对垒那样，将对方打败或者消灭，于是提出怀疑：人怎么能消灭天呢？人怎么能战胜自然规律呢？例如春夏秋冬四季变化，人是无能为力的；昼夜更替，人也无法改变。在这种认识下，对"人定胜天"的合理性提出质疑。我以为这是需要给予解释的。

　　为了正确理解中国古人关于"人定胜天"的思想，首先要知道中国古人讲的"天"是多义的，"人"也是多义的，在"人定胜天"中，这个人应该主要是指群体的人，有时也指个人。最关键的是对"胜"的理解。什么叫"人胜天"？大概有以下几种情况：

3.1 期待自然与人力奋斗

自己奋斗是人为，自然恩赐是天。有的地方，天气正常，农业就有收成；一旦遭旱灾或涝灾，就没有了收成，人们就说那里是"靠天吃饭"。强调人为，反对消极等待天命，这就是人胜天的思想。战国时代的荀子在《天论》中说："强本而节用，则天不能贫；养备而动时，则天不能病；修道而不贰，则天不能祸。"加强生产，而且节约开支，天就不能使他贫穷；营养充足，而且适时活动，天就不能使他生病；遵循社会法则不违背，天也就不能使他遭祸。相反，"本荒而用侈，则天不能使之富；养略而动罕，则天不能使之全；倍（背）道而妄行，则天不能使之吉"。不积极生产又要挥霍浪费，那么，天也不能使他富裕；营养不充足又懒得活动，天不能使他健康；不遵守社会法则，胡作非为，天也不能使他吉利。前者是靠人自己争取幸福，后者是放弃自己的努力，依赖天。前者胜后者，这就是人胜天的一个内容。因此，荀子提出的口号是："大天而思之，孰与物畜而制之？从天而颂之，孰与制天命而用之？……故错人而思天，则失万物之情。"错，就是措，即放弃的意思。放弃人自己的努力，指望上天恩赐，那是不符合事物发展的实际情况，也就是说在实践中总是要失败的。这是提倡靠人自己的努力，争取幸福。改变求天恩赐、靠天吃饭的观念，打破天命论的精神束缚。这个说法就是人胜天。这在当时有很大的思想解放作用，应该肯定。

3.2　利用自然为人类造福

　　荀子在《天论》中说："天行有常，不为尧存，不为桀亡。"又说："日月、星辰、瑞历，是禹、桀之所同也，禹以治，桀以乱，治乱非天也。"所有天象，圣王禹治天下时与暴君桀治天下时都同样存在，但是，治世与乱世却不相同。也就是说治世与乱世，产生于不同的治理，与天象无关。"天不为人之恶寒也辍冬"，讲的是一个意思：天的运行是有客观规律的，不因当政者的好坏善恶而改变，也不以任何人的意志为转移。即使全天下的人都厌恶寒冷，天也不会因此而取消冬季。

　　人不能改变自然规律，但可以利用自然规律为自己创造幸福。荀子提出："应之以治则吉，应之以乱则凶。"也就是说，认识天的规律，加以正确利用，就可以为人类造福。相反，如果不能正确利用，还违背规律，那就要失败。例如，天发大水成灾，鲧用堵塞的办法，结果失败。禹用疏导的办法，"决九川，距四海"，开辟九州的名川，将洪水引入大海，最后取得抗洪防灾的胜利。唐代刘禹锡说：船在小河里行驶，行止快慢都是人掌握的。快速平安，是驶船者技术高；搁浅或翻船，是驶船者水平低。不论船行如何，人们知道都是人为决定的，不是上天决定的。为什么？刘禹锡认为，"理明故也"。所谓理明，就是人掌握了客观规律。只要"理明"了，人就可以掌握自己的命运，不受天的影响。另外，他认为，四季变化是天的作用，人不能改变它，但人可以利用它。例如春季阳气上升，是作物生长的时候，人就开始种植；秋季阴气上升，是作物结果的时候，人就从事收获。种植与收获，是人胜天的表现。

人类能够砍树盖房，采矿冶炼，制造金属工具，这也都是人类根据金与木的天性进行的合理利用。这些都是在另一种意义上的"人胜天"。

在战争中，有所谓"知彼知己，百战不殆"。在与疾病斗争中，也需要知彼知己，了解疾病发生的原因，同时了解自身的免疫功能，这样才能在防治疾病中打胜仗。战胜疾病，也是人胜天的重要方面。

3.3　社会秩序是人胜天的结果

社会秩序需要人为。要维护社会秩序，就需要法度。天不会制订法度，只有人会制订法度。

按天的自然规律，强者胜弱者，青年胜老年。例如大暑天去登山，山上只有一棵树，青年登山快，到顶上就坐在大树底下乘凉。老人走得慢，到山顶时，树下已经坐满人，他只好在树阴外继续挨晒。这是自然的。强胜弱，众暴寡，大欺小，这都是自然状态，古人认为这也都是天即自然的。

人能够制订法度，确定是非，规定礼义，进行赏罚。"义制强讦，礼分长幼，右贤尚功，建极闲邪：人之能也。"（刘禹锡《天论上》）人制订的义，就是要抑制强者，保护弱者。人制订的礼，就是要分别长幼，尊老爱幼；尊重贤人，奖励有功劳的人。建立法则，排除邪恶。这些有利于社会安定和进步的制度，都是人的作用，也是人定胜天的一种表现。

社会稳定，法度健全，是非明确，立功得赏，违法受罚，为善得福，作恶得祸，赏罚祸福都是自己行为的报应，与天无关。这也是人胜天。人类之所以能够建立有正义的有秩序的社会，就是因为人类能够制定法律、制度，还能够提出各种伦理规则、道德规范，从各种方面来约束人们的行动，以保证多数人的正常生活。就是人胜天的重要内容。

3.4　人类文明是人胜天的成果

人类所创造的文化成果，人类文明，应该说都是人胜天的内容。鸟会飞，人能够造出飞机，飞得比鸟高而且快；鱼会游，人能够制造船，游得比鱼快而且远。人造的火车跑得比任何野兽都要远，所拉载的东西比任何动物都拉得多而且重。一座大坝，一个大堤，一条大路，一座城市的建筑，一颗卫星上天，一个电视节目的播放，一本小说的发行，甚至一首歌曲的流行，都可以看到人类的伟大力量，也都是人胜天的形式。所谓"巧夺天工"，就说明人能够创造出比自然更加美好的东西来。自然界有优美的海滨，雄伟的山峦，壮观的瀑布，奇特的岩石，变幻的极光等许多奇丽景观。人可以在自己的范围内进行种种改造，建设优美的小环境。经过精雕细刻，将自然界的美景浓缩在小画面中，呈现出人胜天的景象。

3.5 坚持不懈，世代相传，是人定胜天的保证

自然规律需要艰苦探索，不断探索。探索出成果以后，也还需要继续探索。已经成功的探索往往还包含着错误，需要新探索来纠正，来发展。探索是无止境的，往往不是一代人所能完成的，八代十代的探索也是常有的事。有的规律是探索了很长时间才认识的，例如制造一种药物，进行多次试验都失败了，坚持试验，做了六百零六次才获得成功。后来将这种药命名为"六零六"。发明这种能够治疗梅毒病的药的德国人欧立希因此获得诺贝尔奖。这个试验次数作了记录，才知道有六百零六次。更多的试验没有记录次数，就不知道次数。例如，现在全世界科学家研究治疗艾滋病的药，试验可能已经超过六千次六万次了，至今还没有成功制造出特效药。西方的地心说和中国的浑天说在历史上作为天文学界的统治思想达一千多年，经过几十代人的反复证实，最后还是被新的学说所推翻。这说明自然规律需要不断探索，不能因为有了几次成功，就以为万事

大吉了。

科学探索是无止境的。人类只有在这种意义上才可以说"人定胜天"。"人定胜天"是在坚持不懈、世代相传中逐渐实现的。因此，一时没有掌握某种自然规律，暂时不能控制某种自然现象，并不能证明人不能胜天。人类文化是人胜天的主要内容，不断发展先进文化，就是人定胜天的保证。这个发展总是在继承的基础上提高，不继承人类几千上万年形成的传统文化，发展就没有基础。但如果停留在基础上，就不可能有新的文化大厦。一句话，人类的文化发展是没有止境的。

3.6　人定胜天的条件

自然界选择了人类，不是因为人类有什么尖牙利爪，而是因为人类有两个长处：

一是能群，就是能够结合成群体，互相配合，团结一致，战胜自然灾害，保护并发展自己；

二是人会动脑筋，有智慧，能够制造工具，发明创造，不断提高改造世界的能力。

从人类发展的历史来看，所谓人类的发展实际上就是人类不断改造自然的历史。人类只要能够保持这两大优点，就可以立于不败之地，就可以在未来继续发展。从这种意义上说，人类必定能够在自然界保持胜利者的地位，也就是"人定胜天"。

当然，如果有那么一天，人类放弃这两个长处中的任何一个，那么，人类就可能很快灭亡。人类一旦不动脑筋，不会思考，失去智慧，那么，就会败于很多动物，或者在自然灾害面前无能为力，最后遭灭顶之灾。这种可能性不大。但是另一种可能性严重地存在着，那就是人类内部的矛盾斗争。这种斗争在一定的限度内也能促进社会的发展，但如果无限制地激化人类内部的矛盾斗争，那么，最后也会灭了自己。古人讲的"能群"，就是现在讲的能够和平共处，能够协调关系，团结一致。没有这一条原则的维系，人类将可能自我毁灭。

3.7 人定胜天不等于优胜劣汰

西方人经常讲征服自然。中国传统讲顺应自然，并发挥自己的能动性，为人类创造幸福。西方讲优胜劣汰，以强凌弱。中国传统强调保护弱者，认为强者要以弱者为基础，大同理想中就将"鳏寡孤独废疾者皆有所养"列为一个目标。对于自然界，中国传统也强调开发要节制，不能无限制地盲目开发。孟子说："不违农时，谷不可胜食也；数罟不入洿池，鱼鳖不可胜食也；斧斤以时入山林，材木不可胜用也。谷与鱼鳖不可胜食，材木不可胜用，是使民养生丧死无憾也。养生丧死无憾，王道之始也。"（《孟子·梁惠王上》）大意是：

不误农时进行耕作，粮食就吃不完；不用太密的网在池塘里捕鱼(网眼大四寸，捕长一尺以上的大鱼，让小鱼逃走)，这样，就经常有鱼鳖吃；按时进入山林砍伐(春夏是草木生长季节，不准砍伐树木，到秋冬季节，草木凋零，那时才能进入砍伐)，这样就有用不完的木材。有吃不完的粮食与鱼类，又有用不完的木材，百姓养生送死就没有什么遗憾了。这就是实行王道的开始。孟子提倡王道理想。他认为实行王道首先要保证百姓生活的物质需求。要保证物质需求，就要保护生产资源与生活环境，保证自然资源的可持续发展。中国几千年以来就有保护环境的传统。

　　人类已经成为自然界的强者，地球上的所有生物都不能与人类抗衡。人类的过度发展，逐渐地侵占了许多生物的生存空间，使它们已经灭绝或者濒临灭绝。由于它们的灭绝，破坏了生物链，破坏了生态平衡，也就影响到人类的生存环境。人类已经看到环境的变化给人类带来严重的危害，如果不加以保护，环境就会被严重破坏，成为人类无法生存的环境，那么，人类也将会因此而灭亡。有了危机感以后，再回头看中国哲人数千年前的论述，可以得到新的启发。

　　中国古人的"人定胜天"，不是一味以征服自然，而是注重顺应自然，利用自然，同时保护自然。西方明智者早已知道，人类每一次征服自然的结果都要受到自然的报复。人类再用自己实力征服自然的报复。人与自然就长期处于这种对立状态中。人类征服自然的能力空前地发展了，受到自然的报复也就空前地严重了。这种状况发展下去，必然导致人类的灭亡。因为自然界不可能灭亡。而中国传统是要求人类与自然共生共存，和平共处。因此，如果将中国传统的"人定胜天"理解为西方的"征服自然"、"优胜劣汰",那么可能是一种误解。这种误解可能抹杀了东西方文化的差别,抹杀了东方文化的优秀成分。

人胜天,表明人类在自然界是强者。中国古人批评过"强者胜"(《淮南子·汜论训》)的说法。在人类社会,强者如果不能代表大多数人的利益,不能代表社会向前发展的方向,不真正实行道德,就会遭到多数人的反抗,最后归于失败。在自然界也是一样,强者要以弱者为基础,强者如果盲目发展,不断消灭弱者;没有了弱者,强者也就不能存在了。人类如果无限制地捕杀各种动物,采集植物,最后资源枯竭,人类也就失去生存空间,有可能成为当代的恐龙,在地球上灭绝。因此,在这里人类也要遵循客观规律,保护生态平衡。只有这样,人类才能继续生存下去。揭示自然规律,遵循自然规律并加以利用,人类才能立于不败之地。

第二课　古与今

古今之变，要研究的是社会历史的变迁。社会是如何发展的，有什么规律，决定力量是什么。这是非常复杂的，也是很难研究的。中国古人认为研究天人关系和研究古今之变都是最大的和最高的学问。对于社会的存在，最重要的基础是什么，中国先圣认为先有物质，后有精神。社会秩序要靠制度来维护。制订制度要根据人的性情。社会的发展，制度要不断改革，来适应新社会。因此制度的变化不是个人的意愿，而是社会发展的客观需要。这些内容非常丰富，以下只作简单介绍。中华民族是重视历史的民族，有极其丰富的历史资料与史学理论，是世界文化瑰宝。

1. 食足知礼， 先富后教

　　《管子》一书的第一句话就是："凡有地牧民者，务在四时，守在仓廪。国多财则远者来，地辟举则民留处，仓廪实而知礼节，衣食足而知荣辱。"（《管子·牧民·国颂》）管子就是管仲，是春秋时代第一位霸主齐桓公的相，齐桓公称霸，他出了大力。《管子》不是管子个人所著的书，而是战国时代齐国管子学派的论文汇编，不是一时一人之作。其中有些内容保存了管子的语言和思想，大部分的内容只是后学的新发展的思想。《管子》成书于战国时代，到汉代已经很流行，流行以后就不会有新编的内容。因此，《管子》书的内容应该说在汉代就已确定。这一段话反映了管子的思想。大意是：凡是统治者，务必要按四时节令，做好粮食储备。国家富裕就可以吸引远方的人民来，土地开垦就可以留住人民。仓库粮食充实，百姓丰衣足食，他们就会重视礼节，知道荣辱，社会就会形成文明的风气。这是最早的关于物质基础决定人的精神状态和道德品质的明确说法。

推崇管子的孔子也认为管理人民要先物质后精神。《论语·子路》："子适卫，冉有仆。子曰：'庶矣哉！'冉有曰：'既庶矣，又何加焉？'曰：'富之。'曰：'既富矣，又何加焉？'曰：'教之。'"孔子到卫国去，他的学生冉有驾车。孔子说："人真多呀！"冉有问："人已经很多了，该怎么办？"孔子说："使他们富起来。"冉有问："富裕了又该怎么办？"孔子说："对他们进行教化。"古代的教化，包括政治说教、文化教育、伦理道德教育、美学艺术教育等多角度全方位的素质教育。孔子先富后教的思想有他的合理性。一个人温饱没有解决，就没有心思接受教育。要稳定人心，也是要先解决生活基本条件。这是对社会现实的根本理解。

孟子也认为，人民"有恒产者有恒心，无恒产者无恒心。"（《孟子·滕文公上》）这个恒产在以农业为主的社会中就是土地。为了保证每个人有土地，就必须由统治者对土地进行划分管理。孟子说，实行仁政，就必须从划分土地开始。土地分多少呢？孟子倡导井田制：九百亩地按井字分为九块，中间一块是公田，周围八块各一百亩为私田分给八家人耕种。这一百亩地可以养活八口之家，使他们"仰足以事父母，俯足以畜妻子，乐岁终身饱，凶年免于死亡"(《孟子·梁惠王上》)。有了生活保证，人民就不想移到别处去。如果生活没有保障，有饿死的可能，为了生存，他们就会逃荒出走，迁移到别处去。趋利避害，这是人的本性。生活有了保证，人民都富裕了，怎么办？孟子也重视教育。他说："饱食暖衣，逸居而无教，则近于禽兽。"(《孟子·滕文公上》)生活富裕了，如果不进行教育，那么，人将失去人性，变成像禽兽那样。孟子所讲的教化的内容都是人际关系的问题，例如他说："父子有亲，君臣有义，夫妇有别，长幼有叙，朋友有信。"(同上)儒家所提倡的关系都是相互的，不是单向的。例如君臣关系，"君之视臣如手足，则臣视君如腹心；君之视臣如犬马，则臣视君如国人；君之视臣如土芥，则臣视君如寇雠。"(《孟子·离娄下》)处理好这些关系，就是为了稳定社会秩序。但是，有时候为什么会天下大乱呢？韩非提出一个著名的见解：因为天生万物不能满足人类的需求。

韩非说："古者丈夫不耕，草木之实足食也；妇人不织，禽兽之皮足衣也。不事力而养足，人民少而财有馀，故民不争。是以厚赏不行，重罚不用而民自治。今人有五子不为多，子又有五子，大父未死而有二十五孙，是以人民众而货财寡，事力劳而供养薄，故民争，虽倍赏累罚而不免于乱。"(《韩非子·五蠹》)丈夫就是男子。男人不耕地，草木的果实足够人们食用；妇女不织布，禽兽的皮毛足够做衣服穿。不必劳动，天生的物品足够供养。那时人民少而财富有馀，所以人民不争。不实行厚赏重罚，人民自然很安定。现在不同了，一个人有五个孩子不算多，每个儿子又有五个儿子。祖父还没死，已经有二十五个孙子。因此人民多而财富少，劳动强度大，供养还不充足，所以人民争。虽然加大赏罚的力度，也不能避免动乱。由于人口增长快速，自然物供不应求，就产生竞争、动乱。这一理论与马尔萨斯的人口论有相似之处。韩非子认为人民的争与不争，是由人民生活的贫富决定的。他还认为，人际关系也跟物质条件有关。例如，粮食少时，自己的弟弟都不让多吃；粮食多时，不太亲近的客人也一定要热情招待。不是"疏骨肉爱过客"，而是粮食多少不一样。古代让天子的位子，不是道德高尚，而是那时的天子只是特别劳累，没有什么享受。后来的天子位尊权大，操生杀之权，掌赏罚之柄，锦衣玉食，声色犬马，极尽人类所有欲望，享受天下所有美好的事物。因为利大，后来的人都极尽武力，穷尽智慧，来争夺天子的位子。韩非认为这不是道德高低的问题，而是当天子的利益多少决定的。因此，"罚薄不为慈，诛严不为戾"，惩罚宽严只是根据实际情况而定的。

东汉哲学家王充对于治乱问题也提出类似的看法。他说世界混乱是指盗贼众多，人民造反，战争连年。为什么会这样呢？他说："由谷食乏绝，不能忍饥寒。"由于很多人忍受不了饥寒交迫，才起来参加战乱。为什么会出现饥荒？王充认为是由于天气不好，产生水旱之灾，粮食歉收。粮食的多少，决定了社会的治乱。这些说法也认为物质条件对人民生活和社会秩序有重大影响，甚至有决定性的作用。

恩格斯说：马克思创立唯物史观，"历史破天荒第一次被安置在它的真正基础上；一个很明显而以前完全被人忽略的事实，即人们首先必须吃、喝、住、穿，就是说首先必须劳动，然后才能争取统治，从事政治、宗教和哲学等等，——这一很明显的事实在历史上的应有的权威此时终于被承认了。"①应该说，在马克思以前，中国古人已经有了先吃穿而后才从事政治、宗教和哲学的活动的思想。古代概括为"民以食为天"。天就是最大最重要的意思。用马克思的话表达为：经济基础决定上层建筑，社会存在决定社会意识。总之，马克思主义的唯物史观，在中国古代思想家那里已经有了一点萌芽。

2. 损益因革，变古易常

中国古代思想家大多数都认为人类社会是发展变化的，但不一定都在进步。孔子说："殷因于夏礼，所损益可知也；周因于殷礼，所损益可知也；其或继周者，虽百世，可知也。"(《论语·为政》)礼，就是古代的制度；因，就是继承；损益，就是减少和增加，就是修改。殷朝继承夏朝的制度，作了修改，这是可以知道的；周朝继承殷朝的制度，也作了修改，也是可以知道的。以后如果有继承周朝

---

① 《马克思恩格斯选集》第 3 卷，北京：人民出版社，1972。

的，即使过了百世，要修改制度，也是可以知道的。这就肯定了社会制度必须不断改革。孔子又说："周监于二代，郁郁乎文哉！吾从周！"（《论语·八佾》）周朝因为借鉴了前两代的制度，所以更加文明。他认为周朝的制度最好。说周朝制度最好，是肯定夏殷周三代的社会制度是发展进步的。周以后的制度应该比周朝更进步。但是，他还经常讲到尧舜，表示非常赞赏。难道那时候还会比春秋时代更文明？那不是倒退了吗？尧舜是远古时代，他已经很不清楚了，这只是他虚拟的理想社会。是为了批判现实而虚拟的。他也讲应该恢复周朝的制度，是否周初以后的几百年中倒退了呢？春秋时代天下大乱，一是礼崩乐坏，制度乱了；另外各诸侯国经常战争，使人民陷入水深火热之中。社会不是每天都在前进，经常有后退的情况。不了解这种情况，以为每天都在前进，那是极幼稚的想法。孔子赞扬古代，是对现实不满的一种表示，也是对现实的一种批判方式。如果认为他批评现实就是复古倒退的观点，这是严重的误解。

　　韩非在《五蠹》中详细叙述了人类发展史：上古之世，人类少，禽兽多，人民斗不过禽兽虫蛇。这时有圣人出来，创造了在树上搭巢的办法，来躲避禽兽虫蛇。人民很高兴，就拥护他当王，这就是"有巢氏"。人民吃了鲜鱼与蚌蛤之类的水产品，腥臊气味伤害肠胃，引起多种疾病。这时有圣人出来，创造了钻燧取火，用火除去腥臊气味。人民很高兴，就拥护他当王，这就是"燧人氏"。以后又有许多圣人不断地克服困难，创造各种文明，使人类的生产更加先进，生活不断提高，精神更加文明，社会也因此逐渐进步。西汉政治思想家陆贾在《新语》中也讲了历代圣人不断发明创造，使社会不断进步、完善。东汉哲学家王充有更为详细、具体的论述。他将汉代与过去最文明的周朝进行比较。周朝的地方才五千里，而汉朝的地方有几万里；周朝时还是戎狄的地区，汉朝将这些地区的人民变成文明的良民，同时从宾客变成同胞，有了美丽的服装，衣、食、住、行都有了很大的进步。政治方面，周武王诛杀殷纣王时还相当残忍，殷纣王自杀后，周武王还把他的头割下来挂在旌旗上示众，而罪行比殷纣王更严重的秦二世和王莽，汉朝统治者对待他们都没有这一类残忍的做法。汉朝统治者对于有谋反嫌疑的人也没有采取严厉的措施。特别是对于受灾的人民采取从丰收地区调拨粮食进行赈济办法，雪中送炭，使灾民顺利渡过难关。王充认为这些政绩是三皇五帝都难做到的，从综合情况进行全面比较，周朝也不如汉朝。这也是明确的社会进步论。柳宗元在《封建论》中认为秦代的郡县制比周代的封建制有了很大的进步。儒家赞扬周朝，批评秦朝，都是非常强烈的。柳宗元能够从理论与历史事实上论证秦制好于周制，也是有相当的勇气。

社会的发展通过改革来实现，改革需要有改革家。改革家对于历史与现实都有深入的了解，并有改革社会的信心、决心。但是，由于改革开始总是违背世俗群众的意愿，又必然损害既得者的利益和掌权者的利益，当然会受到他们的反抗和迫害。多数改革家在上下夹攻中，下场都比较悲惨。但是，他们的勇气与献身精神令人钦佩，强烈地鼓舞着后人。

商鞅是战国前期的改革家，秦国相。他提出变法的理论："有高人之行者，固见非于世；有独知之虑者，必见敖于民。愚者暗于成事，知者见于未萌。民不可与虑始而可与乐成。论至德者不和于俗，成大功者不谋于众。是以圣人苟可以强国，不法其故；苟可以利民，不循其礼。"高明人的行为，总是要受到世俗的批评；有独到见解的人，必定被普通的人认为是倨傲的人。愚蠢的人对于明显的事情也不知道怎么回事，智慧的人对于没有发生的事就已经预见到。不能与人民商量事业的开创，可以与人民共享成功的快乐。讨论最高道德的人不跟世俗一致，要建立大功的人不跟群众一起谋划。所以，圣人如果可以使国家富强，不一定要效法传统的做法；如果可以使人民得到利益，不一定要遵循习惯的礼节。"三代不同礼而王，五伯不同法而霸。智者作法，愚者制焉；贤者更礼，不肖者拘焉。"夏、商、周三代实行不同的制度，都一样成为天子；春秋时代的五霸实施不同的法律，都一样称霸一时。智慧的人制定法律，愚蠢的人受到制约；贤人改革制度，不肖的人受到拘束。"治世不一道，便国不法古。故汤、武不循古而王，夏、殷不易礼而亡。反古者不可非；而循礼者不足多。"(《史记·商君列传》)治理社会不只是一种道，有利于国家就不必效法古代。因此，商汤和周武王不遵循古代的制度，都一样当了天子；夏桀和殷纣王不变革制度，都一样灭亡。因此可以推出，改革古制，无可厚非；遵循旧礼，不算高明。这是有代表性的法家改革理论，司马迁精选这些内容，也是很有见地的。历史事实是，秦孝公利用商鞅变法，奖励耕战，富国强兵。再经过六世的不懈努力，最终由秦始皇吞并六国，一统天下。以一个不起眼的小诸侯国到登上九五之尊，一统天下，充分说明改革所带来的效益，也说明改革家的事业成功以及对于社会的贡献。改革既要改变世俗的观念，又要摧毁贯彻变法的障碍，没有爱民之心与献身精神，就没有成功的希望。

商鞅后来被车裂而死，因为他变法时得罪了太子的老师，当太子继位以后，就开始整商鞅，最后置他于死地而后快。吴起也是改革家，为了楚国的富强立了汗马功劳，由于得罪了一批贵族，当楚王刚刚死去，贵族们就群起而攻之，吴起在寡不敌众的情况下，扑在楚王尸体上，贵族用乱箭射死吴起，有的箭射在楚王尸体上，新继位的楚王把射箭者杀了，也算为吴起报了仇。秦始皇时的两位改革思想家：韩非与李斯，帮助秦始皇打天下都立下汗马功劳，也都没有好下场：韩非被囚，死于狱中；李斯父子，车裂而死。韩非知道国王有特殊的脾气，就像龙的脖子下有逆鳞，谁触了它，谁就会倒霉。他写了著名的《说难》，说明要劝说国王是非常困难的，而且也是万分危险的。他自己却因此而丧生。后人总结为"伴君如伴虎"。被梁启超喻为"完人"的王安石也是中国历史上著名的改革家。他在经济、政治、军事、文化和意识形态诸方面都进行了一系列的改革，为了推动改革，为改革造舆论，他提出："天变不足畏，祖宗不足法，人言不足恤。"（《宋史·王安石传》）这"三不足"是何等有气魄呀！天有无上的权威，皇帝都怕它几分，他却不畏惧。祖宗的规矩是历代皇帝都要遵循的，他却敢不效法。众口可以铄金，所谓"人言可畏"，他却毫不畏惧。王安石有胆识，有自信，有大无畏的精神！他还算幸运，两度当宰相，寿终正寝。清朝末年，西方列强一再入侵，腐败政府割地赔款，丧权辱国。有识之士为了国家民族的存亡大计，提出改革弊政。康有为写了《孔子改制考》和《大同书》，为近代的改良和改革都造了舆论。

总之，社会是发展的，改革就是必然的。根据社会实际，为了国家和人民的长远利益所实行的改革，大方向都是对的。是否成功，还有许多别的因素。秦、隋两朝都有许多大方向正确的改革，却很快亡国，而汉、唐继承改革成果，成为盛世。王莽也作了很多改革，主要是以当时盛传的周朝制度为目标，实行复古改革，不合时宜，所以失败。这是中国历史上的复古改革的特例。

3. 势非圣意， 理在民心

人类社会是发展的，发展究竟有什么规律？什么是历史发展的决定因素？历史的前进方向是什么？这些都是中国古人探讨的问题。

最远古时代，中国盛行天命论，认为历史是由天命决定的。当时所谓社会历史，就是以最高统治者天子作为代表。而这个天子角色是由谁来承担，便成为时代的标志。所谓历史发展就是天子的更替。因此，最初的历史发展理论就是天命决定论。

春秋时代道家提出道的理论，认为历史发展是沿着道发展的。道是神秘的法则，至今也说不清楚道究竟是什么。战国时代的邹衍提出"五德终始说"。认为社会的发展是按五行相克的顺序互相更替的。而代表五行的也是最高统治者天子。例如代表木德的是夏朝统治者，代表金德的是商朝统治者，如此等等。大概从先秦到两汉，许多思想家都认为历史的发展是有决定因素的，但不知道这个决定因素是什么。孔子说是命，道家说是道，王充称为数或时（王充《论衡·治期》："国当衰乱，贤圣不能盛；时当治，恶人不能乱。世之治乱，在时不在政；国之安危，在数不在教。贤不贤之君，明不明之政，无能损益。"），这些都是指客观必然性，是不以人的意志为转移的。

他们的这种探索，首先，否定了天命；其次，韩非提出供不应求与王充提出粮食收成的丰歉都已经从物质的角度进行有价值的探讨，特别是柳宗元《封建论》中的研究成果更具有理论意义，封建制变为郡县制，是一种"公天下"的制度。应该说这是中国古人对公平、公正、民主的追求。怎么会产生封建制？柳宗元说："封建，非圣人意也，势也。"就是说封建制的产生不是圣人的意志创造的，而是"势"决定的。这里提出"势"的概念，是很有意义的。势，可以理解为一种社会发展的趋势、形势、潮流。势，虽然还是没有明确的界定，但是比命、数、时的说法，神秘性少了一些。

明末清初的思想家王夫之经过深入研究，认为势虽然不是理，却与理有很密切的关系。他说："势之顺者即理之当然者。"顺应势就是合理的。"在势之必然处见理"，从形势发展的必然性中可以了解到理。合理的才能成为社会趋势，从趋势中可以看到社会内在的理。对社会发展研究到这种程度，已经有了相当的深度，理论水平已经达到难得的高度。王夫之又认为理就是天，天就是"人之所同然者"。

人的共识，就是天理。如果不管人民，大谈天理，那都是空谈。因此，"革命者，应乎天，顺乎民，乃以永世"。顺天应民的革命才能成功，统治才能巩固。这里的革命就是改革的意思。"民心之大同者"，"人之所同然者"，实际上就是"民心"。孟子说："得民心者得天下。"经过许多研究，最终还是回到了孟子的民心论。因此历代统治者都要随民心的变化调整自己的治国方略，随时改革具体的政策，来争取民心。一旦失去民心，社会就会动乱，统治者的统治就出现危机，处理得好还可以维持，处理不好，就只好下台滚蛋。中国古人以为这是"天意"，实际上是"民意"。

4. 重史传统

中华民族有重视历史的传统。中国的学术主要形成于春秋战国时代，往前可以推到五千年前的三皇五帝，近可以推到夏商周三代，商代有甲骨文，周代有许多典籍，主要有《尚书》和《周易》、《周礼》等。重点还是春秋战国，因为那时是乱世，形势逼着思想家思考乱世是如何发生的，如何才能建立治世，如何建立正常的社会秩序，让人民可以安居乐业等问题，提出各种不同的看法，形成不同的学派，并且进行广泛的争论，被史学家称为"百家争鸣"的思想活跃的学术春天。对后代影响比较大的有儒家、道家、法家、阴阳家、墨家、名家。这些家由司马谈列出，被司马迁收入《史记》。

道家创始人是老子，老子生平如何，在西汉时代就已经弄不清楚了，司马迁在撰写《史记》时，列了三个"老子"：一是李耳，"周守藏室之史也"；二是老莱子；三是周太史儋。这三个老子，至少有两个与史有关系。老子思想与他掌握大量历史资料有关系，他从大量历史资料中总结概括出来的道理，自然是很深刻的。孔子问礼于老子，老子说："子所言者，其人与骨皆已朽矣，独其言在耳。"(《史记·老子韩非列传》)人与骨都已经烂了，只有言论在。这个言论，就是历史的内容。

孔子也是重视历史的。他整理古代文化典籍，作为教材，教授弟子，为中国传统文化的传承作出了巨大贡献。最重要的应该是《春秋》。孔子根据鲁国史记资料改编成《春秋》，将自己的政治理论贯穿在历史叙述中。例如记载诸侯结盟的时候，以大国居先。记载战争的事，受到侵略的国家放在前面，而发动战争的国家排在后面。宋襄公征齐，为什么却把齐摆在后面呢？因为齐桓公死后，竖刁、易牙争权不葬，宋襄公去征伐，是正义的。孔子对此作出肯定的评价，以此表示。这表明，孔子是反对战争的，但也不是一概反对，对于正义战争，还是支持的，肯定的。又如《春秋经》庄公二十九年载："春，新延厩。"《公羊传》："新延厩者何？修旧也。修旧不书，此何以书？讥。何讥尔？凶年不修。"《春秋经》上的话很简单，只有三个字："新延厩。"厩是马棚，延是延长，指扩建。新指最近的事。也就是说：新近扩建马棚。《春秋经》的规矩，只写新的建筑，修缮旧房，一般不写。修旧马棚在这里为什么要写呢？这是一种批评。为什么批评呢？批评什么呢？批评的是"凶年修旧"，受灾的年份去修旧。这里表达孔子的政治思想：凶年不修旧。受灾年份，不去修理旧房子，为了节约民力，不要增加人民的负担，不要劳民伤财，这是爱民的表现，也是孔子为政以德的具体体现。不懂历史的人根本不理解"为政以德"的意义。

　　孔子非常重视他的《春秋》。他说："后世知丘者以《春秋》，而罪丘者亦以《春秋》。"（《史记·孔子世家》）就是说，《春秋》是孔子的代表作，表扬他和批评他，都会根据这本书。明君贤臣会从中受到启发，得到教诲，成功立业，光宗耀祖。乱臣贼子害怕《春秋》中的批评言论。孔子周游列国，没有诸侯任用他，他只好回到鲁国，将鲁国史记改写成《春秋》。他说："我欲载之空言，不如见之于行事之深切著明也。"（《史记·太史公自序》）就是说，我只是讲理论或道理，还不如把这道理体现在史事中那样更加深刻切实显著明白。换句话说，孔子愿意通过撰写历史来表明自己的政治见解。《公羊传》就是通过解释《春秋经》的话，将孔子隐含在简短记事中的政治法则阐发出来。这叫"微言大义"。就是说在简短的话语中包含深刻的道理。《公羊传》以及董仲舒、公孙弘等传扬《公羊传》的学者，努力通过阐发"微言大义"，为当时的中央集权制度服务，得到统治者的重视、推崇，使儒学跃居于独尊的地位。西汉时期，统治者独尊儒术，主要尊的是公羊学。

　　在《公羊传》和公羊学者董仲舒的影响下，司马迁撰写《史记》，也是将自己的政治主张以写史的方式表达出来。司马迁在《史记·太史公自序》中讲述孔子六经,特别强调《春秋》。他说:"故有国者不可以不知《春秋》,前有谗而弗见,后有贼而不知。为人臣者不可以不知《春秋》,守经事而不知其宜,遭变事而不知其权。为人君父而不通于《春秋》之义者,必蒙首恶之名。为人臣子而不通于《春秋》之义者,必陷篡弒之诛,死罪之名。……故《春秋》者,礼义之大宗也。夫礼禁未然之前,法施已然之后;法之所为用者易见,而礼之所为禁者难知。"有国者,就是统治者,当政者。他们不能不知道《春秋》。因为不知道《春秋》,就不会发现有的人进谗言进行挑拨,也不知道有人在背后搞阴谋诡计。当官的不知道《春秋》,固守原则却不知道这些原则适用什么范围,突然遭到事变也不知道如何灵活应对。普通百姓不了解《春秋》的精神,也会犯各种不同的错误。《春秋》是礼义的大宗。礼是防止人犯错误,法是惩治犯罪的人。法的作用是容易看见的,而礼的防止犯罪的作用却不容易知道。礼的教化,现在的说法是,道德教育。礼法互相配合,才能治理社会。因此,《史记》是一部史书,也是一部政治学著作。

以后的史书,都是本着"善可为法,恶可为诫"的原则来撰写的。唐代魏徵主编《群书治要》,就是将各种书中关于重要的政治内容抄出来汇编成书,供当政者参考。宋代司马光主编的《资治通鉴》更是如此。资,帮助。治就是治国、治理社会。通是全部。鉴是借鉴。书名的大意是:帮助治理的全部可以借鉴的资料。这是在以史为鉴的思想指导下编撰的。

中国人的学术重视史学是有原因的。中国学术形成于春秋战国乱世,思想家重视治理社会的理论,即政治哲学。政治哲学要与政治家相联系，政治哲学的正确与否，以什么作为讨论的根据呢？以历史上的兴衰成败。唐太宗说"以史为鉴，可以知兴替"，就是这个意思。因此，中国的政治哲学，与历史哲学联系特别紧密。西方主流派是科学哲学，哲学家要与科学家相联系，重视科学实验的成果，以及逻辑学的运用。探讨的主要是客观世界，宇宙本原。因此，中国历代政治家都重视历史，不断改朝换代，每一个盛世都要修史，撰写前代的历史。两千多年来，不断修史，形成了世界上独一无二的"二十四史"，这是世界上非常珍贵的文化瑰宝。

　　文化是历史的积淀，历史悠久，文化底蕴就深厚。有深厚底蕴的人，就与众不同，读史使人明智。许多人以钱财为评价标准，发财了，就是成功人士。司马迁不这么看，他说："本富为上，末富次之，奸富最下。"（《史记·货殖列传》）本富指生产致富，这是最好的。末富指加工业、运输业以及商业致富，属于第二等。最下等的是奸富，就是通过歪门邪道致富。以这种原则来分析世界历史，我们就会发现，国家与个人一样，有的国家，是通过掠夺其他国家发展起来的，也属于最下等的"奸富"。掠夺发财的一些人，看到中国和平崛起，就担心害怕，以为中国富强了，也会去掠夺他们。这叫"以小人之心，度君子之腹"，是狭窄浅薄的表现。有些卑鄙的人，用花言巧语欺骗别人的钱财，弄得别人家破人亡，自己得了不义之财，去高消费，挥霍一空。有人以为他是有本事的。"善有善报，恶有恶报，不是不报，时候未到，时候一到，一切都报。"这些人常常得意以后，就招灾惹祸，受到应有的惩罚。没有一技之长，突然暴富，财路不明，不要急着羡慕他们。有的国家暴富，未必就是他们的制度好，世界上的钱物为什么都到那里去？他们的收入为什么比其他国家的人民要高出许多倍？凭借国家实力，对别国进行巧取豪夺，用来滋养本国人民。如果别的国家也发展起来，那么，他们就不可能这么富裕。因此，他们就怕别国也富裕起来。在这种思路下，怎么能相信他们会帮助别国摆脱贫困。受骗者有之，受害者有之。典型的是原来苏联总统戈尔巴乔夫在接受《环球人物》记者采访时说："我给中国朋友的忠告是：不要搞什么'民主化'，那样不会有好结果！千万不要让局势混乱，稳定是第一位的……"谈到苏共垮台，他说："我深刻体会到，改革时期，加强党对国家和改革进程的领导，是所有问题的重中之重。在这里，我想通过我们的惨痛失误来提醒中国朋友：如果党失去对社会和改革的领导，就会出现混乱，那将是非常危险的。""我们在没有做好准备的情况下，使苏联社会大开放。在残酷的国际竞争下，国内工业受到致命打击。极少数人一夜暴富，敛财数额之巨仅次于美国的大亨，而赤贫的人数却远远超过了苏联时期。在这个方面，中国处理得很好。中国沿海省份和地区发展速度快，中西部相对发展较慢。中国领导人现在号召开发西部和东北地区的政策完全正确。"他认为对中国，对世界来说，邓小平都是一位伟大的历史人物，是 20 世纪的一位伟人，一位世界级的政治家，"他所创造的经济改革经验在全球具有广泛的学习和借鉴意义"①。戈尔巴乔夫对记者强调：他所谈的一切都是肺腑之言，是多年来对往事的严肃思考。一位大国总统经过多年严肃思考，总结出

---

① 《报刊文摘》2006 年 5 月 22 日摘录《环球人物》第 5 期报道。

的教训是非常深刻的。他被所谓"民主化"骗了，实行大开放，全国大乱，经济失控，贫富两极分化，过去一切努力都付之东流。

邓小平之所以成为伟人，与中国深厚的文化传统分不开。他在经济改革方面是成功的，在政治改革方面也有重要成果，取消领导干部终身制，并且带头实行。他提出"一国两制"方针，顺利解决了香港和澳门回归的问题。这已经成为世界各国处理类似问题的典范。

"一国两制"，中国古已有之。周朝实行封建制，周朝建立之初，将土地分成若干块，分给功臣和亲属，建立起许多诸侯。这些诸侯除了每年要向周天子述职之外，具有相对独立性，有自己的财政、赋税、军事以及系统的官僚机构。诸侯还是世袭的，自己当了一辈子，死后还可以由子孙继承。到春秋战国时代，各诸侯自己独立，逐渐脱离周天子这个中心，利用武力进行相互吞并。战国时代，秦国战胜各国诸侯，统一天下。秦王朝吸取历史教训，取消封建制，实行郡县制。不久天下大乱，经过几年血与火的较量，刘邦夺取政权，建立汉朝。他同时实行封建制与郡县制，实行郡县制，又分封了一些诸侯。这是较早的"一国两制"。戴逸教授说："康雍乾盛世的制度创新意义重大。政治制度改革作用明显。这是封建专制发展得最完善的时期。雍正年间军机处的设立，加强了中央集权。母后、外戚、宦官、藩镇的专权在清朝康雍乾时期都没有。在处理民族问题上，清朝才是真正地巩固了疆域。清朝在中央设立理藩院管理民族事务，在少数民族地区，设立的行政机构又不一样，实行的是一国多制。比如在西藏设驻藏大臣，在新疆、东北设将军制，在西南地区改土司制为流官制，在蒙古设盟旗制，在维吾尔族地区设伯克制。这都是因地制宜，不把内地的一套全部用到少数民族地区。它们的形式与内容都不一样，但目的都是集中权力使得中央政治便于管理。汉、唐在西域设置军事机构都护府，而不是类似清朝的行政机构。"①满族入主中原时，康熙创造了统一战线政策，受到毛泽东的充分肯定②。统一战线政策，也是一种多样一体的组织形式。民国初期，故宫内保留一个封建小朝廷，宫墙内外也是两种截然不同的社会制度。中华人民共和国成立之初，西藏保留当时的农奴制，全国各地实行社会主义，也是两种社会制度并存的局面。1959年达赖叛乱，才取消农奴制度。但是，邓小平解决的是香港回归问题。香港是特殊的政权方式，在一百多年前，清朝政府腐败，在帝国主义的压迫下，订下割地赔款的屈辱的不平等条约，把香港交给英国人管理。现在要收回主权，就必须处理好与英国政府、香港人民的关系，从这种特殊情况出发研究出一套方案。邓小平提出"一国两制"方案，三方都能接受，不费一枪一弹，妥善处理了香港回归的难题，而且为国际提供了处理类似问题的成功经验。孔子提出"和而不同"的思想，为一国两制或一国多制提供了理论依据。可见，中国重史的传统，给现代中国人留下无穷的智慧。应该弘扬重史的传统，是当代人的责任。

西方有所谓历史哲学。中国历史悠久，史料丰富，史论深刻。

---

① 洪波：《盛世的沉沦——戴逸谈康雍乾历史》，载《中华读书报》2002年3月20日《文史天地》专栏。

② 《毛泽东话康熙》，载中共中央党校主办《学习时报》2004年2月16日第8版。

有些人却认为，中国没有历史哲学。我们看到西方的所谓历史哲学是很肤浅的，中国有丰富多彩的记叙历史和史论体系。我们应该研究出自己的有中国特色的历史哲学。关于历史发展的动力问题，中国古人有命定论、天命论、圣人史观、贤人史观、民心史观、理势史观，等等。现将贤人史观的部分内容作简要介绍(见本书第十三课"民本与任贤")，便可明白其中大意。

第三课　阴与阳

阴阳，是中国传统哲学中的重要范畴。它作为哲学思想渗透于中国人民生活的方方面面，也在思想家、哲学家、科学家的心目中占有重要位置。

1. 阴阳论

阴阳的本义是很简单的：一座山，向南的山坡，明亮、气温高，称为阳；向北的山坡，昏暗、凉爽，称为阴。对于河岸来说，北岸向日为阳，南岸背日为阴。后来，人们就把宇宙间明亮的、活跃的、向上的、温热的、激进的、强壮的、雄的，都归于阳，而把昏暗的、稳定的、向下的、寒凉的、保守的、柔弱的、雌的，都归于阴。从大的方面说，天为阳，地为阴。天上的日为太阳，月为太阴。地上的火为阳，水为阴。对于生物来说，能够跑动的动物为阳，不能跑动的植物为阴。对于动物来说，天上飞的为阳，水中游的为阴。水生动物，能游动的鱼类，是阴中之阳，不能游动的蚌蛤类，是阴中之阴。阴中又分阴阳，阳中也分阴阳，因此有阴中之阴，阴中之阳，阳中之阴，阳中之阳。对于同一类动物来说，公的、雄的为阳，母的、雌的为阴。植物也有阴阳之分，叶片朝上的为阳，朝下的为阴；外皮为阳，内质为阴；长于地面的枝叶为阳，长于地下的根茎为阴。总之，中国古代思想家把宇宙一切事物都归于阴阳，非阴即阳。

要具体地判定什么属阴，什么属阳，还要作具体的深入的研究。因为阴阳是相对而言的，同一个事物，相对于某一事物为阴，相对于另一事物则为阳。同属于阴的事物，能够互相感应，例如月是太阴，也可以说是阴的祖宗。它对于水会产生感应，这就是月对海潮的引导作用，对水生动物，对妇女，都会感应，所谓"月也者，群阴之本也。月望则蚌蛤实，群阴盈；月晦则蚌蛤虚，群阴亏。夫月形乎天，而群阴化乎渊"(《吕氏春秋·精通》)。《淮南鸿烈》也有类似说法。如说："月者，阴之宗也，是以月虚而鱼脑减，月死而蠃(螺)(蚌)膲。""故阳燧见日则燃而为火，方诸见月则津而为水。"(《天文训》)妇女的月经也是随月变化的。过去，阴阳论更多的是用于算命和看风水，基本上属于迷信范围。现在看来，中国古代医学对于人体的阴阳研究还很有价值，因此要特别提出来讨论。

2. 人体的阴阳

中国医学理论有"八纲"、"四诊"。"八纲"是阴阳、表里、寒热、虚实。表、热、实为阳，里、寒、虚为阴，阴阳是总纲。"四诊"：望、闻、问、切，也都要注意到阴阳的谐调。

以阴阳角度来分析人体，男为阳，女为阴。背为阳，腹为阴。人在直立行走之前，与一般牛马相似，腹朝下为阴，背朝上为阳。上身为阳，下身为阴。上下以何为界，一般说有两种意见：一是以膈为界；一是以人中为界。人中在鼻唇之间，这样似乎上太少，下太多。它之所以称"人中"，即人体之中，据说因为以上都是双窍，如眼睛、耳朵、鼻孔，以下都是单窍，如口、前阴、后阴。人体表皮为阳，皮下为阴。身躯为阳，内脏为阴。内脏又分五脏六腑。五脏的功能在于藏，为阴。六腑的功能在于传输，为阳。情绪上，激动、兴奋为阳；悲观、低沉为阴。性格上，急躁、容易发怒为阳；慢性、反应迟钝为阴。病症上，发烧为阳，发寒为阴；脸色潮红为阳，脸色苍白为阴；亢进为阳，衰减为阴。肌体为阴，功能为阳；血为阴，气为阳。

中国医学认为人体是一个有机的完整的系统，这个系统是由经络联系起来的。经是脉的干线，又称经脉。络是脉的分支和附线。经是纵线，络是横的或斜的，绕于经。经脉主要有手足的三阴三阳，共十二条。它们是：手太阴肺经、手阳明大肠经、足阳明胃经、足太阴脾经、手少阴心经、手太阳小肠经、足太阳膀胱经、足少阴肾经、手厥阴心包络经、手少阳三焦经、足少阳胆经、足厥阴肝经。这是人体中的大循环，各经都是首尾相连的，连接体表与各脏腑器官。还有两条重要的脉，叫任脉和督脉。任脉由会阴向前上，经腹、胸的中线，上到口唇，督脉由会阴向后上，沿脊柱上行，入脑到头顶，再到上齿。任督相连，形成人体的小循环。

西方医学以解剖学为基础，解剖又是对尸体的解剖。所以，用西方医学的解剖方法，没有发现经络，而经络是以活体的功能为基础，尸体没有功能，解剖尸体是找不到经络的。过去有些人用西医的血管、神经来解释经络，实际上是很难说通的，只能牵强附会。只有西方医学观念的人，就无法理解中医的经络，甚至把自己不了解的东西，简单地扣上迷信的帽子，予以否定。经络学说典型地反映了中国医学的特色，在几千年的养生和治病中反复得到验证，是现代西医所否定不了的。

3. 追求平衡

在正常的情况下，阴阳自然平衡。动物和植物平衡，就是生态平衡。植物少了，动物多了，空气中的氧气含量就会减少，食草动物就会大批饿死。男女出生率也是大体平衡的，如果有重男轻女的观念，再加上现代的 B 超技术，就可能破坏这种平衡，那么，几十年之后，男多女少，就会有一大批男子汉打光棍，到那时，娶妻将成为难题。当然，古代由于战争，大批男子阵亡，也是会严重破坏这种平衡的。阴阳平衡理论，可以给生态提供一种理论依据。

对于人体健康来说，主要调理阴阳，使之平衡。人体除了上述阴阳之外，还有一些理论，如以血、精、津、液为阴，以血为主，包括所有体液，都属于阴；以功能为阳。阴阳是互根(生)的。例如气与血的关系，无血就不能生气，无气，血就不能流动。没有器官就没有功能，没有气，器官就失去活力。阴阳又是相对的，所谓"清阳出上窍，浊阴出下窍；清阳发腠里，浊阴走五脏；清阳实四肢，浊阴归六腑"(《黄帝内经·素问·阴阳应象大论》)。阴阳又互相消长，阴胜则阳病，阳胜则阴病。热盛伤津，就是阳盛伤阴。阴虚阳亢，阴盛阳衰。这种消长，物极必反，重阴必阳，重阳必阴，阴主寒，阳主热，寒甚则热，热甚则寒，所以说"寒生热，热生寒，此阴阳之变也"（《黄帝内经·灵枢·论疾诊尺》）。

阳气盛，产生热病，机能亢进，人也兴奋，消耗体力较大。阳虚，出现寒病，血液流动缓慢，水液泛溢于脏腑与身体之间，形成水肿。阴气盛，产生寒病，出现四肢冷、泄泻、水肿等症状。阴气亏，生内热，手心足心热，午后潮红，消瘦，盗汗，口燥咽干。阴阳失衡，都会引起头痛。一般说，阴虚补阴，阳虚补阳，还有阴病治阳，阳病治阴。这些思想是十分复杂辩证的，很多内容是经验与阴阳学说相结合而产生的诊治法则。因此，它不像数学那样可以关门推导的。诊断是通过望、闻、问、切所得到的各种信息，进行综合整理，作出诊断的。治病就是调理阴阳，使之平衡。

在阴阳学说中，动为阳，静为阴，外为阳，内为阴。内外兼顾，动静结合，也是协调阴阳的内容。《庄子·达生》讲述了这么两个人：一个是鲁国的单豹，在山洞里练气功，指内功，到了七十多岁，气色还很好，脸还像小孩那样红润，不幸被饿虎吃了；另一个是张毅，练武功，身强体壮，到处活动，才四十岁就得了内热病死了。《庄子》评述说：单豹练了内功，虎从外吃了他；张毅练了外功，病从内进攻他。这两个人就是不能内外兼顾，才有这个结局。练内功是静，练外功是动，这里也是阴阳问题。内外兼顾，动静结合，阴阳才能平衡。

三国名医华佗对他的学生吴普说："人体欲得劳动，但不当使极尔。动摇则谷气得消，血脉流通，病不得生，譬犹户枢不朽是也。"（《三国志·魏书·方技传》）人体需要运动，但不应当运动到极限。

运动身体，使胃里的食物能够消化，又能使血脉流通，不会生病，也像户枢不会腐朽那样。华佗发明五禽之戏，就是五套模仿动物动作的体操，他说：坐在那里，工作疲乏了，就站起来做一套体操，有一点小汗出来，身体就感觉轻松了，肚子也饿了，想吃东西。这是保养身体的好办法。吴普按照这种方法保养身体，到了九十多岁，耳聪目明，牙齿完好。

北京西山大觉寺，大雄宝殿前有一块匾上写着"动静等观"。这反映了中国阴阳平衡的传统思想。印度佛教讲坐禅入静，是主静的；西方强调动，认为"生命在于运动"，是主动的。北宋哲学家周敦颐在《太极图说》中讲，"动极而静"，"静极复动"，"一动一静，互为其根，分阴分阳，两仪立焉"。动静，就是阴阳，互为其根，就是互相派生，就是互相依存。两仪就是天地。阴阳动静的变化，才生出天地万物。1977年考上大学的一个班，很多男生早晨起来跑步锻炼，晚上加班学习，因为这是难得的学习机会，只是年龄偏大，营养又不足，过一年，他们很多人得了肺结核病，住进了传染病医院。而一些睡懒觉，早晨不起来锻炼的女同学却满面红光。运动，要根据营养情况、工作情况来定，并不是在任何情况下运动都是有益的。从动静结合来看，有一些重体力劳动者，在睡前饭后的余暇时间，就不适宜参加激烈的活动，以听音乐、聊天、下棋打牌这类娱乐为好。整天坐办公室读书写字的文化工作者在八小时之外，参加一些体育活动，是十分必要的。现在，许多同学生活水平高，营养多，却不锻炼，一个个胖得发愁，个别女同学还想靠吃减肥药来使身体苗条，而懒得参加体育活动，这是错误的路子。从华佗所说来看，知识分子的运动不宜太激烈，以小出汗为宜。很多长寿的知识分子，自称没有参加什么体育活动。运动是长寿必备条件，但过度运动又有害健康。适当运动有利于养生，则是大家所认可的。

中国古代医学认为，疾病产生有两大类：一是外伤，一是内伤。外伤主要指跌打损伤，指皮肉和筋骨受到物理伤害，也指由于风、寒、暑、湿、燥、火六种邪气侵入体内引起的。例如中暑、火烧伤、开水烫伤、风寒感冒，都属于这一类。这一类的疾病与气候关系密切。因此，中医诊病用药，都特别考虑季节气候这个大环境的因素。同样感冒，冬天和夏天，用药是不同的。另一类是内伤，内伤应该可以细分两个方面的因素：外因指劳累过度，用力过猛，饮食不时，房事不节等违背生理规律造成内脏或气血损伤的疾病；内因指七情过激引起的各种伤害的疾病。七情是喜、怒、忧、思、悲、恐、惊。一般人都有喜怒哀乐这类情绪，当然不会生病，情绪过激才会导致主要内脏功能失调而产生疾病。喜则伤心，怒则伤肝，思则伤脾，忧则伤肺，恐则伤肾。情绪会引起五脏生病，反过来，五脏有病，也会影响情绪的变化。肝病者，令人善怒。心气虚则悲，实则笑不休。肾病者，意不乐。男女更年期，生理调整，引起情绪波动，也是十分明显的。中医重视情绪，是一大特色，也是一大优点。病的外因为阳，内因为阴，因此，病因也分为阴阳。《黄帝内经·灵枢·百病始生篇》说："喜怒不节，则伤脏。脏伤则病起于阴也。"情绪过激损伤内脏，内脏损伤引起各种疾病，就是"病起于阴"。

劳累过度所引起的疾病，很少引起人们的注意。《黄帝内经·素问·宣明五气篇》载："五劳：久视伤血，久卧伤气，久坐伤肉，久立伤骨，久行伤筋。是谓五劳所伤。"经常长时间看电视，用电脑，或者看书，就会伤血。伤血是与伤目、伤肝一致的，而伤肝又会引起其他疾病。久卧伤气，肺功能受到严重影响，血液供氧不足，会导致一系列疾病。这五劳，有四项是静止状态，有一项是运动状态。持续时间太长的任何静止状态，都会出现疲劳。这种疲劳，就会导致生病。这里讲的也还是动静需要结合，阴阳才能平衡。

关于饮食问题，按时定量是很重要的。按时以不过饥为原则。两次饮食间隔大约四个小时以上，使肠胃系统保持虚实相间的状态，这种虚实也是阴阳平衡。饥饿太虚，过饱太实，均会生病。定量则是复杂的问题，这要根据个人的体质、从事的工作、活动量以及平时生活水平、本次进食的食品营养成分等诸多方面来定。定量一般以不过饱为原则。生活比较富裕的，食品营养较高的，一般吃六成饱即可。如果活动量较大，那就可以吃到七八成饱。少吃，以下一顿吃饭前不感觉饥饿为准，如果下一顿饭前感到饥饿，那就说明这一顿吃太少了。

社会发展了，生活富裕了，进食过多成为普遍的重要病因，先是肠胃消化功能不堪重负，营养过多，引起血脂、血糖、血压升高，导致心血管疾病，以及五脏六腑的各种病。这些大都是富贵病。

体内的阴阳平衡，需要人们自己在生活的各个方面进行调整，这些调整主要包括喜怒有节，劳逸结合，动静等观，饥饱适度。这些调整主要靠自己掌握，自己要掌握好这些"度"，是需要提高道德修养的。个人的心理平衡也是阴阳平衡的重要内容，甚至是最重要的内容，不容忽视。

在中国古代，协调人事关系，也是阴阳平衡的内容。周代立三公(太师、太傅、太保，是最大的官)，职责在于"燮理阴阳"，后代说宰相或丞相也是要"燮理阴阳"的。燮理，就是协调，使之和谐。例如古代社会成员分成四类：士、农、工、商。工、农是生产者，他们的产品要在市场上进行交易。农产品价格高了，工人生活水平就下降了。工业品的价格高了，农民生活水平就下降了。所谓器贵伤农，谷贵伤工。工农的矛盾需要协调。古代私人可以铸钱，铸钱可以发财，钱铸得越多越贬值，参加生产粮食和物品的人少了，物品也少了，价格就越贵，形成了当时的"通货膨胀"："钱益多而轻，物益少而贵"(《汉书·食货志》)。钱与物的比例也要适当。这些也需要协调。政府要用经济实力对市场进行宏观调控，对于关系国计民生的如粮食、盐、铁等，"贵则卖之，贱则买之"(《汉书·食货志》)，平抑物价。这样可以保护生产者的利益，使大商人不能靠投机倒把，牟取暴利。此类事情的协调，古代也称"燮理阴阳"。战争时代，武官地位提高，和平时期，文官权力增大。文武官员的关系，也需要丞相来"燮理阴阳"。总之，中国传统重视追求平衡，在各个方面都以平衡为目标，阴阳平衡则得以广泛运用。

4. 阴阳论与对立统一论的异同

阴阳论与对立统一论的相同之处在于它们都把宇宙万物分为相对的两个方面，这两方面既对立又统一，相矛盾又相依存。这是主要的方面。两论也有一些小差异，经过仔细分析，有以下几点：

第一，阴阳论讲双方都具有一定的属性，对立统一论则没有。例如，男为阳，女为阴，火为阳，水为阴。一对男女才构成阴阳关系。对立统一论讲双方没有具体的属性，只要双方在某种意义上有对立的关系即可。例如，两个男人也可以构成对立统一关系，双方也可以都是女人，只要他们有联系。

第二，对立统一论认为，大小、高低、红白、内外、前后、左右、难易等这些概念都构成矛盾双方。而阴阳论认为这些在抽象意义上不构成阴阳关系。具体到人体，内外、前后都可以构成阴阳关系。地位高低，如君为阳，臣为阴，父为阳，子为阴，也构成阴阳关系。

第三，阴阳论认为对应双方不会发生转化。例如一个家庭，丈夫为阳，妻子为阴，在任何时候也不会转化。对立统一论认为矛盾双方在一定条件下会产生转化，一旦转化，双方的地位、性质、作用也都有所改变。

　　第四，阴阳论强调不断协调对应双方的关系，不使矛盾激化。对立统一论认为矛盾双方对立的关系，始终处于斗争状态中，斗争是不可避免的。

　　第五，阴阳论追求的是对应双方的和谐关系，即阴阳平衡。对立统一论认为对立双方通过斗争达到转化，转化才能促进事物的变化、发展。它追求的是不平衡，转化，有很强的变革性，相比之下，阴阳论比较趋向于保守、稳定。

　　第六，阴阳论认为同属于阴的两种东西可以互相感应。例如月可以感应水，也能感应女人。同属于阳的两种东西也可以互相感应，所谓"火就燥"，干燥的木材容易引起燃烧。而对立统一论不讲感应，只讲有关系的双方构成一对矛盾。

　　第七，阴阳论认为阴与阳的结合会产生一种新东西，这种东西叫做"和"。"和"是最利于事物的条件。例如热水为阳，冷水为阴，都不好，两者相合，形成温水，就比较好。夏天太热，属阳，冬天太冷，属阴，都不利于万物的生长。春秋两季气温不冷不热，是阴阳平衡的"和"，最利于万物的生长。而对立统一论认为对立双方不能调和，也不能融合，更不能合成什么新东西。

　　第八，对立统一论与西方的生存竞争、优胜劣汰的传统观念相对应；阴阳论与中国讲中庸、和为贵、和而不同的传统观念相一致。不同文化产生不同的哲学思想，哲学思想的不同也会创造出不同的文化。

　　总之，阴阳论与对立统一论是大同小异的，反映了中西不同的文化背景，各有自己的特色和优点。毛泽东在《矛盾论》中，把两者结合起来讨论，是就它们的大同方面来讲的，没有探讨它们的小异方面。

第四课　生与克

1. 最初的五行

　　《尚书·洪范》首先提出五行说。《洪范》开头就讲周武王打败商纣王，俘虏了箕子。周武王向箕子征求治国的意见，箕子介绍了洪范九畴，即治国的九项原则，其中首项就讲到五行。据此，五行可能产生于商周时代，距今约有三千年了。《洪范》载："初一曰五行……五行：一曰水；二曰火；三曰木；四曰金；五曰土。水曰润下；火曰炎上；木曰曲直；金曰从革；土曰稼穑。润下作咸，炎上作苦，曲直作酸，从革作辛，稼穑作甘。"五行是指水、火、木、金、土。并指出：水的性质向下渗透，味道作咸；火的性质向上升腾，味道为苦；木的性质有弹性，弯了能直，直了能弯，味道是酸；金的性质是可塑性，可以任意改变它的形状，味道为辣；土的性质可以种庄稼，味道为甘。这里没有讲到五行之间的任何关系，只讲到各自的性与味。古代典籍中，还有多处提到五行，如说黄帝时代的五行，夏启时代的五行，荀子讲子思、孟子学派的五行，没有具体讲五行的内容，一般都不是最早的出处。因为这个五行有的指水火木金土，有的则指仁义礼智信，也许还有别的什么内容，所以讲五行未必就是水火木金土。有的虽然也讲水火之类，但没有明确说五行，例如《左传》说的六行，多一谷，那就不是真正的五行。总之，最早的五行说，必须有"五行"这两个字，其次还要详细列出具体内容(水火木金土)，并对它们的特点作最简单的论述。按这一要求，只有《尚书·洪范》具备这些条件。因此，我们认为这是五行的最早的出处。

2. 五行相胜

有了五行以后，才可能研究五行之间的相互关系。后代的思想家开始研究五行之间的关系。人们首先知道的是水与火的关系，水能灭火，逐渐认识到五行相胜的关系。这个相胜，不是两者之间的互相胜，而是五者之间的循环相胜。具体地说，就是水胜火，火胜金，金胜木，木胜土，土胜水。这个胜，就是战胜的意思。有时又称为克，就是克服的意思。水胜火，容易理解。火胜金，就是火能把金熔化。这个金是指一般金属，不一定指黄金。金胜木，金属制作的刀可以砍伐树木。木胜土，是说木在生长过程中，它的根能够深深地钻入土地中。土胜水，用土筑成堤坝，可以拦住洪水。对这些相胜的关系的认识都是古人在生活和生产实践中获得的，或者还是聪明人总结出来的。后来他们又发现，这种相胜关系并不是绝对的。因此，古人又提出"五行无常胜"。例如水可以胜火，如果一车的干柴燃烧起来，拿一杯水能扑灭吗？这叫"杯水车薪"，无济于事。如果用锅装水，火在下面燃烧，水不但灭不了火，火还可以把水烧干。所谓"无常胜"是说在一般的情况下，水能胜火，在特殊的情况下，水不能胜火，有时火还能胜水。《孙子兵法》、《墨子》都讲五行无常胜，说明在春秋时代，人们已经熟知五行相胜的道理，并且已经知道这个道理不是绝对的。

战国时代思想家邹衍用五行相胜的理论解释历史上朝代的更替。邹衍的理论被称为"五德终始说"。《吕氏春秋·应同》、《史记·秦始皇本纪》、《汉书·郊祀志》以及《文选》注中都有这方面的资料。黄帝时代得土德，夏朝取代前朝，夏朝是木德。商朝是金德，金胜木，所以商代夏。胜金者是火，周朝取代商朝，说明周是火德。灭火者是水，秦始皇相信这一理论，认为自己胜了周朝，是水德，于是按水德规范，旗帜服装都改用黑色，数都用六，等等。这种理论成了以后历代思想家对于改朝换代时的"易服色，改正朔"的理论根据。《宋史·太祖纪》载：宋"定国运以火德王，色尚赤，腊用戌"。那么，克火者水，元朝以水德王。克水者土，明朝以土德王，色尚黄。明故宫中，皇帝的特色就是明黄色。克土者木，清朝以木德王，色尚青，故有青龙旗。后代皇帝下诏书都说"奉天承运"，奉天就是奉天命，承运就是承受五德之运。把天命与五运结合起来，就产生了"命运"。这个运是必然的，自然的，循环往复的，周期性的，不以人的意志为转移的。

3. 五行模式

战国后期，经过几百年百家争鸣以后，思想日趋融合统一。这时就出现一种时髦，什么思想都往一起融合。五行就成为一个大布袋，什么都往里装。《管子》、《黄帝内经》、《吕氏春秋》以及汉代的《淮南子》，都以五行为框架，把宇宙间的一切东西都附会上去，形成中国特色的宇宙系统模式。与木对应的是春季、东方、酸味、青色、数八、鳞类动物、苍龙、角音、人体五脏中的肝、五官中的目；与火对应的是夏季、南方、苦味、红色、数七、羽类动物、赤乌(朱雀)、徵音、人体五脏中的心、五官中舌；与金对应的是秋季、西方、辣味、白色、数九、毛类动物、白虎、商音、人体五脏中的肺、五官中的鼻；与水对应的是冬季、北方、咸味、黑色、甲类动物、玄武(乌龟)、羽音、数六、人体五脏中的肾、五官中的耳；与土对应的是四季、中央、甘味、黄色、数五、裸类动物、黄龙(有的说"圣人")、宫音、人体五脏中的脾、五官中的口。董仲舒认为在五行中，土最高贵，它承载所有万物，它就是地，只有它有资格与天对应。秦朝是水德，胜它的是土。汉朝灭秦自立，应该是土德。董仲舒提高土的地位，也许与这种历史背景有关。在秦成书的《吕氏春秋》十二纪中，把土放在很不重要的位置上，挂靠在"季夏"的后面。在一年十二个月中，其他各"行"都主管三个月，只有"土"这一行，主管不到一个月。也许是当时的理论家还没有给土找到合适的位置。汉代思想家特别突出土的地位，可能也是有意的。"土"占着中央，管着四时，都是与众不同的，有特殊的地位。其他各"行"都只管两个月，而"土"这行却管四个月。每季的最后一个月都归土管。

为了看清楚，图示如下：

五行	木	火	土	金	水
方向	东	南	中央	西	北
季节	春	夏	四时	秋	冬
五色	青	赤	黄	白	黑
五味	酸	苦	甘	辛	咸
五音	角	徵	宫	商	羽
五脏	肝	心	脾	肺	肾
数	八	七	五	九	六

4. 五行相生

　　董仲舒把五行进行重新排列，顺序是：木、火、土、金、水，又提出五行相生的关系。相生的关系是木生火，火生土，土生金，金生水，水又生木。他把相生与相胜结合起来，概括为"比相生而间相胜"。比指相邻的两者之间的关系，间指两者间隔一个的关系。相胜关系是木胜土，火胜金，土胜水，金胜木，水胜火。

　　关于相生关系，应该如何理解？是有一些难点的。木生火，最好理解。火生土，是什么意思？古人以为火燃烧以后，剩下的灰，就是土。土生金，所有金属都是矿石炼出来的，而矿石就产于土中。这就是土生金。关于金生水，这是最难的问题。金怎么能生水呢？古人用金属的盘子在晚上天晴的时候，放在野外，对着月亮，不久就会从盘子中获得一些水。这就是金生水。这个盘，也叫承露盘。水生木，草木需要水分的滋养。无水，木就不能生长。这样，五行就形成循环相生相胜的关系。这种循环相生相胜的关系，是中国传统特色的辩证法思想。

　　五行相生相胜的关系图示如右：外圈箭头

是表示相生关系，内圈箭头是表示相胜的关系。

5. 五行与医学

　　五行学说被广泛运用于生活的许多方面。有人用它算命，有人用它看风水。这些不值得过多研究。值得介绍的是，中国古代医学能用五行相生相胜来解释生理、病理以及治疗法则。中医有所谓"脏象学"，即人体的内脏与全身各部位表象的相应关系，从外表的症状可以诊断内脏某一部位发生了什么毛病。而内脏与五行是一一对应的关系：肝属于木，心属于火，脾属于土，肺属于金，肾属于水。肝开窍于目，主全身的筋，与情绪的怒相应。怒则伤肝，肝病易怒。"诸风掉眩，皆属肝木"。心与舌相联，主全身的脉，与情绪喜相应。喜则伤心，心实则笑。"诸痛痒疮疡，皆属心火"。脾开窍于口，主全身肌肉，"诸湿肿满，皆属脾土"。肺开窍于鼻，主全身皮毛，与情绪忧相对应，肺病善哭。"诸气贲郁，病痿，皆属肺金"。肾开窍于耳，主全身骨头，与情绪恐相对应。恐伤肾。"诸寒收引，皆属肾水"。

　　在医学中五行、五脏与全身各部位相应关系，列表如下：

五行	木	火	土	金	水
五脏	肝	心	脾	肺	肾
腑	胆	小肠	胃	大肠	膀胱
五官	目	舌	口	鼻	耳
体	筋	脉	肉	皮毛	骨
情绪	怒	喜	思	忧	恐
五气	风	暑	湿	燥	寒
生化	生	长	化	收	藏
色	青	赤	黄	白	黑
香	膻	焦	香	腥	朽
味	酸	苦	甘	辛	咸
音	角	徵	宫	商	羽
声	呼	笑	歌	哭	呻
季节	春	夏	长夏	秋	冬

医家认为有虚实之分。例如，肝病，有肝火过盛和肝肾阴虚两类病：

肝火过盛多因七情过激，肝阳化火而引起的，特别是盛怒之后，所谓怒火冲天，火冒三丈，都容易导致肝火上炎的病。肝主藏血，久视伤血。视用目，肝开窍于目。肝、目、血，三者联系紧密。看书或看电视，时间过长，就会伤血，损目，伤肝。肝火上炎，症状见头晕、面红、目赤、口苦、舌边尖红、脉弦数。脉弦，端直而长，如按琴弦。脉数，急速，同一时间内，次数多。还可以引起失眠、眩晕、呕血，甚至发狂。一般用清肝泻火的药来治。

肝肾阴虚，肝虚与肾虚是互相促进的，导致两脏同虚。症状有眩晕、头胀、耳鸣、失眠、视物不清、咽干口燥、舌红少津，严重时还会引起遗精或崩漏。关于肝的虚实之病，金代名医张元素在《医学启源》中运用五行相生的原理来谈治疗方法。五行相生，生者为母，被生者为子。例如木生火，木为母，火为子。张元素说："肝，虚以陈皮、生姜之类补之。经曰：虚则补其母，水能生木，肾乃肝之母。肾，水也。若补其肾，熟地黄、黄柏是也。如无他证，钱氏地黄丸主之。实则白芍药泻之，如无他证，钱氏泻青丸主之。实则泻其子，心乃肝之子，以甘草泻心。"

根据五行的原理，冬季吃冬季产的东西，夏季吃夏季生长的东西。例如，荠以冬美，在冬天收获最好，人也是在冬天吃最合适。茶以夏成，"夏，火气也，茶，苦味也。乘于火气而成者，苦胜暑也"（《春秋繁露·天地之行》）。茶，就是茶。有苦味，夏季喝茶有去暑的作用。"春秋杂食其和，而冬夏服其宜，则常得天地之美，四时和矣"（同上）。冬夏应该吃适宜的东西，春秋两季，什么都吃，营养能够达到平衡。按这种说法，什么季节，自然生长什么东西，就吃什么东西，就是最好的。不与季节相应，可能破坏平衡，也许不利于健康。

6. 对今天的启示

五行相生相胜思想对于我们今天又有什么启示呢？还从医学方

面讲起。为了保健，要协调五脏功能的平衡。如果对于某一脏补得太多，这一脏就亢进，它就会对别的脏腑产生损害作用。例如，原则是"虚则补其母"，"实则泻其子"。如果反过来，虚却泻其子，实却补其母，那就会加重病情。肾为水，肝为木，水生木，肾为母，肝为子。肾虚，如果用泻肝的药，就会加重肾虚的病。肝为木，心为火，木生火，肝为母，心为子。心火盛，心中烦热，焦躁失眠，舌红苔黄，口干咯血。如果再吃补肝的药，无异于火上加薪，火上浇油，会烧得更加猛烈。心火太盛，可以用泻脾的方法。不该补的，不能乱补；不该泻的，不能乱泻。有些缺乏科学知识和辩证法思想的人，发了财，有钱买补药，见补药就买，以为吃了补药总是有益无害的。结果是花了钱，买了病。有的广告为了推销钙的产品，说中国人，人人缺钙，每个人都要天天补钙。只说缺钙会引起什么疾病，没有说钙太多了会引起什么疾病。这就是不科学的，不符合辩证法的。正确的应该说，钙多了有什么病，少了又有什么病，多少量才是合适的。缺多少补多少。量，在哲学上又称为度。度非常重要。水是人们都必需的，无毒的，人饮水也有量的规定，过量也是不行的。人溺水，就是因为水过量才导致死亡的。在二十世纪五十年代，西方研究营养所产生的热量，脂肪最多，说明脂肪的营养价值高。这种理论传遍世界。六十年代，北京的猪肉，肥膘厚的，一斤卖八角四分，瘦的一斤才七角五分。美国人也争吃脂肪多的食品。后来，美国很多人得了心血管方面的疾病，经过许多专家研究认为是由于脂肪摄入量过多引起的。这个研究成果公布以后，大家怕得心血管病，就不敢吃脂肪多的食品，似乎脂肪成了毒品，一吃就会生病。过少进食脂肪，实际上也会引起其他的疾病。科学研究成果是正确的，但是，片面理解会走向另一个极端，导致更严重的疾病。从人体的需要来看，什么营养要素，不吃哪一个，只吃哪一个，都是不利健康的，都会导致一些疾病。偏食也会造成营养不平衡，必将引起内脏及其相关部位的疾病。这就是辩证法。

对于科学研究的成果，我们应当尊重。但是，我们也要清醒地看到，科学研究是没有止境的，还有许多奥秘需要继续探索。因此，现有的一切科学成果都不是终极真理，都是需要继续研究的假说。科学都是以假说的形式发展的。科学研究出来的真理与谬误，"只是在非常有限的领域内才具有绝对的意义"（恩格斯《反杜林论》第一编）。"自然界是检验辩证法的试金石"（同上书，引论），社会实践是检验一切真理的唯一标准。如果把现有科学成果，或科学结论看作是绝对的，那就是错误的，这种错误是一种偏见，是把一种局部当作事物的全部。所谓"偏见比无知离真理更远"，就是指的这种情况。到现代社会，偏见更显突出。有一本书叫《生活六百忌》，大概现代的忌讳也没有说全。忌讳何其多！无独有偶，汉代研究天文历法（当时的科学）的阴阳家也有很多忌讳。司马谈《论六家要旨》时说："阴阳之术，大祥而众忌讳，使人拘而多所畏。"司马迁说："夫阴阳四时……顺之者昌，逆之者不死则亡。未必然也。"（《史记·太史公自序》）司马迁的"未必然也"，是非常高明的见解。现在，许多报刊杂志发表文章，以科学的面孔出现，用科学的语言，说身高、体重、吃素、减肥、补钙、鱼油、补脑等等说法，应该也是"未必然也"。但是，又不能走向另一个极端，不相信科学。我们既反对伪科学，也反对唯科学。应该坚持社会实践是检验真理的唯一标准。这个检验，不是一次两次，而是要一直检验下去，这样，我们的思想才不会僵化，辩证法才会永远是活泼的、新鲜的、有最强生命力的。

阴阳五行是中国古代很有特色的哲学范畴，也是中国古代的科学假说，有它的合理性。现在科学有了大的发展，但也没有穷尽真理，也是假说，也需要继续发展。在这种意义上，科学成果总是相对的，都不是终极真理。探索真理是无穷的过程，这是辩证法的起码常识。

7. 中医与西医

在一次学术会议上，有的学者提出，文化是有民族性的，而科学没有民族性。有欧洲文化、印度文化、中华文化、阿拉伯文化、玛雅文化、日本文化等，而没有德国生物学、法国天文学、英国数学、美国化学等。当时，我以为很有道理。会后，我从中医与西医的不同，对以上说法逐渐产生了怀疑。科学是文化的重要内容和组成部分，文化有民族性，科学自然也应该有民族性。科学发达与世界进步以后，各民族之间的文化交流与经济贸易大大发展了，强势群体的优势科学掩盖了弱势群体的落后科学，才出现了一统天下的科学。这种科学以欧洲模式作为代表。但是，这并不能否定其他民族科学的合理性。关于这一点，可以医学为例作一下说明。

关于医学，到底是不是自然科学，世界思想界有不同的看法。那么，医学是什么？医学是研究人类生命过程以及与疾病作斗争的科学体系。这个科学体系主要包括正常人体学、生理学、病理学、诊断学、治疗学、药物学、预防学、养生学等。都是研究人体与疾病的，研究对象是一样的，为什么会产生不同的科学体系呢？因为产生的文化背景不同，文化背景中包含不同的思维方式。我国现在医学界主要分为中医与西医两大体系。分析思维影响下的西医，分科很细，分为内科、外科、妇产科、儿科、五官科、肠胃消化科、泌尿生殖科、皮肤科、神经科、心血管科等等。五官科又分为眼科、耳鼻喉科、口腔科、牙科等。有心内科、心外科，还有神经内科、神经外科。有男科、不育症科，还有肿瘤科、传染病科等。各科都因科学的发展，分科越来越细，科类越来越多，甚至连医生都说不清究竟现在有多少科。新发现的艾滋病、"非典"究竟应该属于哪一科？都需要重新研究。综合思维影响下的中医，没有分那么细，只分为内科、外科、骨科、妇科、儿科、针灸、按摩等。实际上针灸按摩不是"科"，而是治疗方法。

有人类的地方，都有人类与疾病作斗争，也就都有医病的经验，经过总结，加以提升，也就有了医学。治病经验的丰富、理论思维的特点，医学会有水平高低、特色不同的问题。又由于人的疾病与自然环境有很大的关系，疾病的种类、症状、治疗方法，也会由于地理气候、生态环境的不同而有很多差异。治病的药物也因地制宜，与地理环境密不可分。医学在产生的初期，还常与当地的迷信、巫术相联系，甚至纠缠在一起，难分难解，这就是所谓"巫医同源"。这也就决定了医学与民族文化的联系。后来，医的成分不断增加，巫的成分逐渐减少。从世界科学发展史来看，科学产生以后，长期与哲学、神学、工匠技术融合在一起。科学从融合体中独立出来才是一百多年的事。而后，医学才从科学中分离出来。医学真正形成自己体系的时间就更短了。在化学不发达的时候，西医的治病水平很难说就比中医高明多少。两百年前的欧洲医学水平之低，是一般人难以想象的。中国在两千年前的汉代，人口达到五千九百多万，到清代康雍乾盛世，人口达到三亿，占世界总人口的三分之一。中国一直是人口最多的国家，这一事实可以间接说明中国的农业生产力是比较强的，也说明中国的医学水平是比较高的。至于现在，中医的神奇之处，还有待研究。

中医与西医，由于产生的文化背景不同，在许多方面都不一样。

第一，对人体的生理的理解就有很大差别。西医以尸体解剖为基础，研究人体分几个大的系统：循环系统、消化系统、生殖系统、神经系统、呼吸系统、内分泌系统等。中医则以活体功能即五脏六腑与体表的症状相联系的"脏象学"和全身形成一个系统的"经络学"为基础。以西医的模式来审察中医，认为所谓经络是无稽之谈，没有解剖学上的根据，谁也不能"拿"出经络来证明它的存在，用显微镜也看不到它的存在，于是就有人认为中医是"迷信"。后来由于针灸治病的大量的事实，以及用针灸麻醉动大手术的奇迹，使一些明智的西医医生承认针灸的有效性与经络的客观性。但是，还是很多西医医生将自己解释不了的现象判为"迷信",将针灸说成是"伪科学",有一位西医外科医生对于用拔火罐方法治关节痛,表明了自己的看法,他跟我说:"还隔好几层组织,怎么能拔出来?没有科学根据!"

第二,中西医对疾病的解释不同,有各自不同的病理学。西医认为疾病是由于细菌侵入、肌体受伤害引起的;中医认为疾病是由于环境变化、七情过激、阴阳失衡引起的。

第三,诊病方法不同。西医用看、触、叩、听四种办法进行诊断,科学发达以后,还可以通过化验、透视、心电图、B超、同位素等方法诊断许多疾病,技术不断提高,诊断更加精确。中医使用望、闻、问、切来诊断。望,与西医的看是一样的。看的内容不尽相同。西医主要看营养如何,有什么痛苦。中医望的,首先是气色,了解阴阳盛衰,虚实升降。中西医都看舌苔,但理解也不一样。中医舌诊认为舌头的不同位置,反映不同内脏的功能变化。闻,闻气味,阳气出上窍,从口鼻出来的气味浓,说明阳气盛,偏于亢。问,是了解情况,问病史、感觉,也问生活变化以及社会地位的变化、经济状况等,因为这些与情绪有密切关系。情绪变化是重要的病因。切,是中国医学的以功能为基础的诊断疾病的特点,用三个指头按在患者腕前的手脉上,根据脉搏的跳动情况来了解五脏六腑的功能状况。西医用听诊器听心脏的跳动与肺的声音,对心肺的毛病进行诊断。三指切脉与听诊器听诊,是中西医诊断的主要的有代表性的差别。

第四,中西医治病方法的不同。西医使用化学药品进行杀菌,增加营养，修复肌体，来治疗疾病，恢复健康。化学药品在杀菌的同时，也伤害人体的正常细胞，副作用比较明显。中医使用中药(主要是植物根叶)来调整阴阳，使之平衡，提高身体的正气，抵抗邪气，排除病气，恢复健康。高明的医生还通过有针对性的说法，解开患者的思想症结，恢复心理健康，达到治病的目的。由于重视功能，中医可以用针灸、按摩等办法疏通经络，进行治疗。中医使用的药物主要是草药，是绿色药品，有利于环境保护，又少副作用，应该也算是一种特点和优点。针灸、按摩，不用药，好处就更不用说了。

　　第五，对于健康，中西医的理解也不尽相同。西方人评选健美运动员，主要看肌肉的大小。中国医学认为健康主要是阴阳平衡的问题。在防病、保健方面，中医也有一些特殊的内容。例如，动为阳，静为阴，西方人讲"生命在于运动"，挑战极限，重视动；印度人讲静(瑜伽、坐禅)；中国人追求阴阳平衡，讲动静结合，劳逸适度。动后要静，静后要动。华佗创造"五禽戏"，自编模仿动物动作的五套体操，提倡在静坐时间较长以后要适当运动；但动又"不当使极尔"(《三国志·魏书·方技传》引华佗语)，运动又不应当达到极限。这是很适合知识分子从事文化工作时的保养身体的形式。中医认为一种姿势时间太长，都会产生疲劳，疲劳会导致疾病，如说五种疲劳："久视伤血，久卧伤气，久坐伤肉，久立伤骨，久行伤筋。"(《黄帝内经·素问·宣明五气篇》)因此，中医认为，要经常改变姿势，可以消除疲劳。这也是一种防病保健的重要措施。现在有些人长时间看电视，或者长时间在电脑前工作，都是有害健康的，对血、对眼睛、对肝脏，都是不好的。哪一种姿势，会产生什么伤害，是可以讨论的。但是，长时间保持一种姿势，不利于健康，会产生相应的疾病，这就是西方医学所谓的"职业病"。知识分子长时间坐着工作，容易得脊椎病、颈椎病，以及由于活动少而得心血管毛病。

与西医不同的是，中医重视情绪对身体健康的影响，强调心气平和是健康长寿的重要基础。而心气平和则要通过提高心性修养来实现。因此，加强道德修养，对于保健也是很有意义的。做好事、善事、合理的事，叫行义。做坏事、恶事、不合理的事，叫行不义。行不义的人，或者因犯罪死于国法的制裁，或者因害人受到别人的报复，或者因作恶多端，结怨太多，死于恐惧。心灵不得安宁，很难长寿，所谓"多行不义，必自毙"（《左传》隐公元年）。行义的人，心安理得，君子坦荡荡，生活幸福，容易长寿。因此，古代哲学家董仲舒说："义之养生人，大于利而厚于财也。"（《春秋繁露·身之养重于义》）行义，行善，不仅对别人有好处，对自己更有好处。行义，对于养身，比任何财富都更重要。

西医用高科技，诊断准确，但收费高；用化学药品，药效快，但副作用大；强调运动，提高体力，增强免疫力，是其优点，不太重视心理平和，有其不足。综合来看，中医与西医好像两个相交的圆，各有治病的范围，有的重合，有的各自独立。有的病，用中医或西医都可以治好的；有的病，中医治不了，西医能治；有的病，西医治不了，中医能治；有的病，中医与西医都治不了，当然可以试用藏医、泰医或者其他什么医学，也许还有希望。现在有的西医医生认为西医治不了的病，就是绝症，到哪儿，用什么办法，都不可能治好。有少数人经过其他治疗，果然好了，西医经常采取不承认的态度。有的大医院的西医诊断为癌症，结果被某中医用中药治好了；而西医却说可能诊断错误，本来就不是癌症。有的病经过西医没有治好，中医治好了；而西医却说那种病可能不用治也会好，否定中医的医疗效果。这都是我亲耳听到的，不是什么道听途说。这是科学的态度吗？中国人崇拜西医大大超过西方人对西医的信任。

德国大哲学家、一百零一岁的伽达默尔，在接受洪汉鼎的采访时说了这样一些鲜为人知的情况，"唯一的长寿秘诀就是五十年来未看过医生，尽管走路已拄拐杖好几十年。他将他的健康归功于他的做化学家的父亲。他说他父亲在他小时候就通过实验告诉他药物的作用与副作用的危险，以致他从那时起就未吃过任何化学的药物，也从未去医院看过病"。洪汉鼎回忆十年前在波恩与他见面时的情况，"他当时食欲很好，不仅饮了许多酒，而且也吃了很多肉，我尽管比他年轻四十多岁，食量却比他差多了，我说这可能是他长寿的要方，他立即笑了，他说他的酒量确实不小"①。西医所使用的化学药品确实有严重的"副作用的危险"，由于误诊、用药不当，或者连续使用一种西药等原因，对于人类的健康与生命都造成严重的威胁。而在这一方面，中药是有开发前景的。中药本身就是绿色药品，又以君臣佐使相配制，副作用达到最低限度。

如果能够结合中医与西医的优长，对于保健、防病治病，都是

---

① 洪汉鼎：《百岁西哲寄望东方——伽达默尔访问记》，载《中华读书报》2001 年 7 月 25 日第 5 版。

有好处的。但是，在二十世纪的一百年中，西医发展很快，在全世界占了统治地位，各地方的本土医学受到排斥，取代。在中国，也是西医占了统治地位，同时也有一些人，特别是学过西医的人，推崇西医，排斥中医，甚至认为中医都是迷信，没有科学根据，应该取缔。美国有的人对于"草根能够治病"明确表示怀疑的态度。但是，现在的事实是，中国的中药出口逐年缓慢增加。世界许多国家与地区都投下巨额资本来研究开发中医药。说明世界有识之士已经认识并开始重视中医的价值。这是好的趋势，也是医学发展的正确路子。在中国，迷信西医与贬斥中医形成两大误区，严重阻碍医学的发展。解决的办法也要从两方面入手：一是提高中医的水平与中药的效力，增加中医在群众中的信任度；一是纠正西医工作者的一些错误观念，提高他们的思维水平。作为政府应该做的工作，要重视中医中药的研究开发，也要重视培养中医中药的人才。在世界上，科学界，特别是医学界的人士应该认识到各民族都有自己的文化与科学，尽管水平有高低之分，有时低水平的特长却可以补高水平的不足。中国古人有一句话说是"尺有所短，寸有所长"，就是这个意思。

西医在诊断、治疗癌症中，经常出现一些令人疑惑的现象。有些人在检查身体的时候，被诊为患了癌症。过不了多长时间，就可能与世长辞。如果没有体检，也许还好好地活着，天天上着班。许多人的死亡与心理因素有关，对癌症的恐惧感造成严重的精神负担，是死亡的主要原因。"据统计，我国病死的癌症患者中，80%以上不是死于治疗期，而是在结束常规治疗以后的康复期。特别是手术化疗后的病人存在诸多心理问题，导致患者最终难过心理康复关。"[①]

另外，有人经过医院检查，说是得了胰腺癌，而且是晚期。复查结果是一样的，化验单都在，不可能误诊。预后如何？医生说："不动手术，最多可以活两个月；如果动手术，有几种可能，一是下不了手术台；二是可能活三个月、半年；三是最好情况也不会超过一年。"患者感觉多活时间也不长，又要花许多钱，就弃医回家，找中医开一些药服用。服药两年，感觉还可以，中药也不吃了，只是继续吃一些蜂王浆等补品，提高免疫力。开始经常散步，后来每天下午打乒乓球。这时距离医院的诊断已经两年多了。对于这种情况，一般人就认为是误诊，可能不是癌症。这是人们对癌症的错误认识。以为癌症必死，不死就不是癌症，就只好说是误诊。很多人对西医的任何理论都没有怀疑与批判的精神，认为西医都是正确的。那么，西医的误诊率究竟有多高呢？

癌症不一定死人，由于过度宣传癌症的可怕，癌症给一些人的精神压力太大，在这种压力下，容易死人。恐惧癌症，比患癌症更容易死人。关于这一方面的事例太多，著名医生洪昭光也讲过这类事例。他说有一个东北青年人被诊断为肝癌，日益消瘦，似乎即将告别人世。工会主席问他有什么心愿，他说想上天安门城楼。工会研究决定，派出四名工人抬着他上火车，进北京，上天安门城楼。看了景观后下来，到北京的一家大医院再检查一下。医生说是肝囊

---

① 《难过"心理康复关"，八成肿瘤患者死于康复期》，载《人民日报》2006年4月6日第15版。

肿，不是肝癌。四名工人放下担架跑了。患者也没事了，自己回家了。

　　不论中医、西医，只要能治好病，就是科学的。科学要经得起考验，要经得起实践的检验。中医、西医，都能治好一些病，但也都有治不好的病。任何一方也都不能包治百病。现在讲科学，有一门植物学。西方植物学就是讲植物的分类。只知道植物分类，不知道植物可以配方制药治病，算不算科学呢？算不算完整的科学呢？有些人说西方的植物学是科学，而中国几百年前，明代李时珍编写的《本草纲目》不是科学。科学是什么？没有客观标准吗？只要符合西方的思想体系就是科学的，这哪有什么科学精神？

第五课　是与非

是非，这是许多思想家哲学家所关注的问题。有没有是非？如果有，又怎么分辨？分辨不清该怎么办？

　　夏、商、周三代只保存下来一些记载，从《尚书》中看，对是非问题没有讨论，只是统治者以是否违背天命作为是非的标准。说谁非，就说他违背了天命。说谁是，就说他遵循天命。当时，有人提出民是天生的，天立君以为民，于是，保民、利民的行为就是正确的，而害民、损民的行为就是错误的。《尚书》基本内容反映了三代的粗略说法。有些篇章经后人整理，掺入后代某些内容，基本可信，未可全信。

　　到了春秋时代，老子、孔子等思想家只是讲出自己的生活体验，他们的言论并不是通过严密的逻辑推理得出的结论。后代人把他们的话当作是非的标准，而没有衡量他们言论的标准。现代人说他们的话是"独断论"，因为没有经过论证。可见，春秋以前有是非问题，思想家还没有讨论过关于是非的理论问题。到了战国时代，百家争鸣，诸子百家讨论许多问题，发现必须从理论上研究是非问题、讨论规则，以及是非的标准诸问题。墨子、庄子、孟子、荀子以及一些名家都参与了是非问题的讨论。

1. 墨家的三表说

　　墨子在《墨子·天志上》说：我有天志，就像木匠有规矩那样，符合规的就是圆，符合矩的就是方。不符合规矩的就不是圆方。天志就是分别是非的规矩，符合天志的就是"是"，不符合天志的就是"非"。这是继承过去天命论的说法。

　　墨子在讨论命运的时候，提出衡量言论是非的三条标准，即三表。他在《非命上》说三表是："上本之于古者圣王之事"，"下原察百姓耳目之实"，"废以为刑政，观其中国家百姓人民之利"。古代圣王是人民的榜样，学习榜样，就是"是"，与榜样相反的，就是"非"。大家都学习榜样，因此，榜样的力量是无穷的。但是，榜样是有限的，没有榜样可以参考时，就根据百姓的耳闻目睹，群众的实际经验。这里讲百姓，就是为了避免根据少数人甚至个别人的特殊感觉所产生的片面性。百姓耳目之实，是指群众经验。废，同"发"，意思是实行。中(河南河北地区尚保存此方言，音 zhǒng 肿)，意思是符合。议论是非，实施以后，看它对国家人民是否有利，对国家人民有利的，就是正确的，就是"是"；对国家人民不利的，就是"非"。

这个是非，就是价值问题。

三表中，第一、第三表都是或主要是价值问题，是非与善恶相一致，只有第二表是关于真假虚实的是非问题。这一条强调的是群众经验，因此，墨子在认识论上是有经验论倾向的。墨子立三表来衡量天下的各种言论，"中者，是也；不中者，非也"（《天志上》）。他还认为，辩论有胜负，"辩也者，或谓之是，或谓之非，当者胜也"（《经说下》）。谁的议论符合这三表的，就是正确的，就是"是"，也就是辩论的胜利者。墨子认为言论有客观的标准，辩论可以分胜负。庄子不同意这种意见，庄子认为，辩论不能分清是非。

2. 庄子的是非观

庄子的《齐物论》主要讨论是非问题。他认为是非是非常复杂的问题，而且会因时间、地点、条件、群体的不同而有变化。他有典型的命题是："彼亦一是非，此亦一是非。"彼，那。此，这。这两个字都是指示代词，可以代表很多东西，可以代表不同的时间、地点、阶级、民族、政党、国家、宗教，也可以代表各团体和具体个人。这两句话的意思是：那有一个是非，这也有一个是非。对于时间来说，就是：那时候有一个是非，这时候也有一个是非。例如，夏天穿背心是对的，穿棉袄就不对；到了冬天，穿棉袄就是对的，穿背心就不对了。庄子举的例子是：丽姬是戎国的美丽姑娘，晋国俘虏她时，她痛哭流涕。后来，她到了晋国，因为美貌被选为姬，与晋公同吃山珍美味，同睡一床，享受人生幸福。这时她后悔当初的哭。后悔，说明她的是非观念变了。对于不同的生物，也有不同的生活习惯，于是也有不同的是非。庄子所举的例子是：关于在什么地方睡觉最好，人认为在床上睡觉最好，猿猴认为挂在树上睡觉最好，泥鳅却认为在烂泥中睡觉最舒服。人认为在烂泥中睡觉会得风湿病，但是，如果把泥鳅放在床上睡觉，那么，到第二天，它就会干了。关于美的问题，也有不同看法。人以为毛嫱、丽姬都是美女，都想接近她们，但是，鸟见她们，高飞远避；鱼见她们，潜入水底；鹿见她们，奔跑逃窜。庄子认为人的审美观点不能代表其他动物的审美观点。同样道理，一个学派的是非观点也不能代表其他学派的是非观点。坚持一个学派的是非，否定其他学派的是非，是孤陋寡闻的表现，古代称为"拘墟"，现代叫"局限性"，"门户之见"。庄子认为只有站在道的高度上，俯瞰人间，才能摆脱人间的各种局限，真正认识是非。

墨子认为以"三表"来衡量辩论双方，就可以分辨是非。庄子说：我与你辩，你胜了，难道就能确定你是正确的，我就是错误的？或者我胜了，就是我对你错？也许全对，还可能都错了。来个第三者，他如果同意你的看法，难道你的看法就对吗？他如果赞成我的观点，我的观点就一定正确吗？或者他不同意我们的看法，提出另一种看法，那就更分不清谁对谁错了。总之，在庄子看来，辩论虽然有胜负，却无法确定是非。那么有没有是非呢？如果有是非，那又怎么确定呢？庄子认为有是非，只是在不同的情况下对于不同的人有不同的是非。这就是他说的"齐是非"。有没有放之四海而皆准的"是非"呢？也就是说，有没有古今中外都一致的，全人类的共同是非呢？或者有生命的物质的大是非？庄子认为从道的宏观角度来审视，没有这样的一个绝对的是非。这就是很多人说的，庄子思想有相对论倾向。

但是，庄子认为还是有是非的。他的这种是非观是很深刻的，也有合理性，可以打破僵化观念，建立开放心态，提高辩证认识的理论水平。但是，如果把庄子的思想误解为否定一切是非，不承认任何条件下的是非，那就会陷入相对论错误。具体条件下的具体事物是有是非之分的，这种具体是非也是可以确定的。如何确定具体的是非呢？庄子对此没有具体论述，具体论述就由以后的韩非以及十分推崇庄子的《淮南鸿烈》去继续做。

3. 韩非的参验论

关于是非问题，韩非有独到的见解。他认为："凡人之大体，取舍同者则相是也，取舍异者则相非也。"(《韩非子·奸劫弑臣》)一般人总是把与自己意见相同的说法看作"是"，把与自己意见不同的说法视为"非"。这种是非是个人主观上的是非，不是真的是非。真的是非是如何确定的？他说："循名实而定是非，因参验而审言辞。"(同上)把言论(名)与实际情况(实)进行对照，看是否符合。言论符合实际的，就是"是"，言论不符合实际的，便是"非"。用实际情况来确定言论的是非。参验，就是参照验证。根据大量的事实，经过参照验证，就能分析某种言论的是与非。韩非认为，国君如果能够这样分析问题，确定是非，那么，官员就知道伪诈不能成功，"妄毁誉"和"以贪污之心枉法以取私利"，都是非常危险的，是自取灭亡的道路。这样，百官不敢伪诈，就能实现"尊主安国"的目标。韩非所谓是非，主要是指国君对臣下的正确认识，参验是方法，目的是"尊主安国"。韩非的是非论不是自然科学的认识论，而是社会科学的认识论。

为了参验，必须有丰富的古今知识。只有圣人才有广博丰富的知识，才能"审于是非之实，察于治乱之情"（《韩非子·奸劫弑臣》）。例如，治国采取"正明法，陈严刑"，本来是为了保护弱者，稳定社会，"愚人不知，顾以为暴"。愚蠢的人不知道严刑的好处，却以为是"暴政"。一些愚蠢的学者，脱离实际的书呆子，只是背诵古书，企图用古书上写的办法来治国，却不了解社会现实。听了这些人的话，非搅乱社会不可。他们虽然也能讲一套道理，却不是从实际出发的，似是而非的。韩非认为，能够实现治世的理论，便是"是"，不能实现治世，反而招致乱世的学说，就是"非"。韩非的这种说法，符合墨子"三表"中的第三表。他说："夫严刑者，民之所畏也；重罚者，民之所恶也。故圣人陈其所畏以禁其邪，设其所恶以防其奸。是以国安而暴乱不起。吾以是明仁义爱惠之不足用，而严刑重罚之可以治国也。"（同上）严刑重罚，可以禁止奸邪，保护良民，稳定社会，富国强兵，治理好国家，而仁义爱惠却做不到这些。因此，韩非认为，严刑重罚，是；仁义爱惠，非。讲的顺耳好听，实行起来没有社会效益，不能取得预期效果，不能算正确。

审视韩非的观点，他说的也有一定道理，但他否定仁义爱惠的教化作用，是不全面的。法治的社会效果是明显的，容易看出来的，而教化的作用是潜移默化的，长期渐变的，不容易看出来的。忽视教化的作用，经过一段时间，就会患上难治的社会疾病。秦王朝就是采用韩非的学说，看到明显的社会效果，但是，不久就陷入大乱，不可救药，终至亡国。荀子曾经指出秦政逐末舍本，虽然能够取得一些成效，但终究不能长久。事实证明了荀子的远见卓识。当然也有一些统治者专讲仁义爱惠而不讲法制，也因偏废而亡国。可见，韩非之是，未必是；韩非之非，未必非。是非难分，需再三反省。

墨子的三表，韩非的参验，都是对于是非理论问题的探讨。用具体的标准来衡量是非，来确定是非，实在是太难了。后人又提出许多值得研究的问题。

4.《淮南鸿烈》是非无定论

韩非认为治国有法就行，仁义爱惠之类，儒家所宣扬的那一套都没有用。因此，他把儒生列入"五蠹"之一，视为不劳而吃的蠹虫。秦始皇"焚书坑儒"的政策，从根本上说，是先秦的原始儒学不适应中央集权的法治社会。《淮南鸿烈》认为法是需要的，但有些社会问题，是法所解决不了的。它说："民无廉耻，不可治也。非修礼义，廉耻不立。民不知礼义，法弗能正也。……法能杀不孝者，而不能使人为孔、曾之行；法能刑窃盗者，而不能使人为伯夷之廉。"（《泰族训》）韩非的是非，显然也存在问题。

《淮南鸿烈·齐俗训》提出"天下是非无所定"的命题，认为是非在不同人、不同地方和时代是各不相同的：

第一，是非不是由说话者的社会地位决定的，"是非之所在，不可以贵贱尊卑论也"(《主术训》)。不是官大说的就对，也不是地位低的人说的就不对。

第二，个人意见不能作为判断是非的标准。"忤于我，未必不合于人也；合于我，未必不非于俗也。"(《齐俗训》)我认为不对的，别人未必也这么看。我认为对的，世俗未必赞同。

第三，由于职业不同，立场不同，对是非也会有不同的看法。"为武者则非文也，为文者则非武也。文武更相非，而不知时世之用也。""东面而望，不见西墙；南面而视，不睹北方。"(《氾论训》)

第四，由于志趣不同，学问不同，思想观念不同，则有很不相同的，甚至相反的是非观。"夫弦歌鼓舞以为乐，盘旋揖让以修礼，厚葬久丧以送死，孔子之所立也，而墨子非之。兼爱、尚贤、右鬼、非命，墨子之所立也，而杨子非之。全性保真，不以物累形，杨子之所立也，而孟子非之。"(同上)这些人都是圣贤，他们对是非没有一致的看法。《淮南鸿烈·齐俗训》又说："今世俗之人，以功成为贤，以胜患为智，以遭难为愚，以死节为戆。"实际上，各人价值取向不同，各有自己的是非判断和选择。"王子比干非不知箕子被发佯狂以免其身也，然而乐直行尽忠以死节，故不为也。伯夷、叔齐非不能受禄任官以致其功也，然而乐离世伉行以绝众，故不务也。……今从箕子视比干，则愚矣；从比干视箕子，则卑矣……由此观之，则趣行各异，何以相非也。夫重生者不以利害己，立节者见难不苟免，贪禄者见利不顾身，而好名者非义不苟得。"志趣不同，观念不同，各有自己的选择，从圣人来看，"未有可是非者也"。正如《氾论训》所说："是非有处。得其处则无非，失其处则无是。"处，是时间、地点、条件的总和，是指特定的环境。特定环境下有具体的是非，"此之是，非彼之是也；此之非，非彼之非也"。

总之，《淮南鸿烈》认为没有固定的是非，普遍的是非，是非都是具体的、相对的。而在某一特定环境下则有一定的是非，摆脱局限的环境来考察，这些都是"无所定"的。"至是之是无非，至非之非无是，此真是非也。"(《齐俗训》)只有圣人才知道这种绝对是、绝对非的"真是非"。什么是"真是非"？《淮南鸿烈》没有说明，大概只是虚悬一格，让后人去猜想吧！

5. 王充的效验论

中国古代讲是非，更多的是从价值观角度讲的，而东汉时代的哲学家王充则是从虚实方面讲的，他自己说写《论衡》的宗旨是"疾虚妄"，目的在于"归实诚"。因此，他以虚妄为非，以实诚为是。如何分别虚实与妄诚呢？他提出了效验论。他相信："凡天下之事，不可增损，考察前后，效验自列。自列，则是非之实有所定矣。"(《论衡·语增》)这就是说，天下的事情都是客观存在的，不可增加，也不能减少，因此夸大和缩小都是错误的。许多客观事实是不能随便解释的。把前后的事实排列出来，人们就会发现有些说法是错误的。这样，哪些说法是合情理的，而哪些说法是不合情理的，是非也就可以确定了。

汉代，有人说殷纣王力气很大，能够把铁棍拧成绳索，能够把铁钩伸直。又说周武王征伐殷纣王时，兵器的刀刃上没有沾血，就取得胜利。王充把这两种说法联系起来：有索铁伸钩力气的人，谁也不是他的对手。兵不血刃，以德取胜，只有三皇五帝这类圣王才能做到。如果殷纣王确有那么大的力气，那么，周武王就不可能兵不血刃取得胜利。如果赞誉武王有兵不血刃的道德，那么，殷纣王就不可能有那么大的力气。这两种说法相互矛盾，不能都是正确的。

孔子说："纣之不善，不若是之甚也。是以君子恶居下流，天下之恶皆归焉。"(《论语·子张》)纣王不像人们所说的那么坏，所以君子就怕倒霉，天下的坏事都加在他的头上。孟子说："吾于《武成》，取二三策而已矣。仁人无敌于天下，以至仁伐至不仁，而何其血之流杵也。"(《孟子·尽心下》)王充认为按孔子的说法，流血很多是可能的，按孟子的说法，接近兵不血刃。一个圣人，一个贤人，讨论同一个问题，却有如此大的差别。到底谁说的对呢？

对于历史上的问题，应该借鉴现实，研究现实有助于研究历史。王充就是根据秦汉时代的事实来分析历史现象，提出有价值的见解的。他说，刘邦讨伐暴秦，大战项羽，"战场流血，暴尸万数，失军亡众，几死一再，然后得天下"。说周武王讨伐殷纣王"兵不血刃"，是不可能的，"非其实也"。刘邦诛暴秦，灭项羽，都是经过残酷的激战，死亡众多，才最后取得胜利的。刘秀诛王莽也是这样。王莽作为臣子毒死平帝，罪大于殷纣王作为君王杀比干，纣王是继承王位上台的，王莽却是篡汉自立的。这是基本事实。王充认为，"杀主隆于诛臣，嗣立顺于盗位"，"纣之恶不若王莽"，那么，士兵背叛王莽的应该比商朝背叛纣王的士兵更多。但是，汉朝消灭王莽，昆阳一战，就死了几万人。王莽逃到渐台，汉兵包围渐台，经过激战，死伤很多，地上流血没了脚趾。以此推知，周武王讨伐殷纣王时，不可能"兵不血刃"。王充认为孔子的说法更合理一些。

王充利用各种说法互相矛盾，进行分析，推论，说明一些说法是不合实际的。在具体分析中，可以看出王充论说，知识丰富，逻辑严密，用事实验证和逻辑证明来解决是非的问题。王充认为："事莫明于有效，论莫定于有证。"没有证据、事实，"空言虚语，虽得道心，人犹不信"。理论说得很雄辩、很正确，人们也还不相信，虽然列举很多事实，不进行反复思考，严密分析，也不一定能得出正确的结论。因此，他又说："是非者，不徒耳目，必开心意。"（《薄葬》）要分清是非，不仅要通过耳目观察，而且还要经过心的思考。否则，只凭耳目观察，容易被虚象、假象所迷惑，颠倒黑白。由此可见，王充在是非论上，既反对唯理论，也反对经验论。他对许多具体问题的分析，也充分体现了这种认识，既重视事实的验证，又重视逻辑的推论，在分析具体问题中，提出了许多独到的见解，使现代学者也感到佩服和惊奇。

第六课　真与假

什么是真的？什么是假的？当初，人们认为只要与事实符合的就是真的，与事实不符合的就是假的。但是，在复杂的社会中，在历史长河的发展中，人们发现真假难辨。于是，总结真理，批判谬误。后来发现许多真理又变成谬误，许多谬误中又包含真理。所以真假更加难辨了。有一些号称马克思主义理论家却是教条主义者，为什么有这种现象？值得研究。也许有这么一种原因：由于马克思主义理论水平太高，威信太高，大家都把它当作绝对真理，可以照搬照抄，这样就培养出一批又一批的教条主义者。如何避免这种现象的产生呢？我以为首先要从理论上弄清一些问题，否则就不能从根本上解决问题。从理论上解决问题，就要探讨真理、实践、实事求是的理论问题。

1. 真理问题

　　真理是什么？古今中外都有很多人探讨过。人类思想发展到现在，对于真理应该有比较深刻的看法。但是，不幸的是许多人对于真理的看法还停留在很肤浅的水平上。我以为主要有两个偏向：一是把真理看成简单的、一成不变的死东西；二是认为没有真理或把真理看成不可捉摸的神秘的东西。

把真理简单化，也有多种情况。有的人认为，真理一旦被发现，就固定下来，就是永恒的，普遍适用的，就是放之四海而皆准的。例如一加一等于二，平行线不会相交，如此等等。有的人说，马克思主义就是放之四海而皆准的，在任何地方都是合理的，适用的。这个问题从观念上说，是对的。但是，如果我们从实际出发，那么就会有复杂的情况。一加一等于二，这个数是抽象的，如果具体到事物上，什么东西相加都可能有复杂的情况，假若一把火加一捆干柴，最后结果既不是两把火，也不是两捆干柴，而是一小撮灰和飘走的一缕烟。又如一只狐狸和一只鸡加在一块，最后结果却只剩下一只狐狸。当然，一只公鸡和一只母鸡加在一起，也可能产生出一群小鸡，最后结果却是若干只鸡。一个人加一个人，是两个人，力量也增加一倍。但是，如果组织得好，那么，力量就会比单独的两个人大。如果组织得不好，增加内耗，那么，力量可能比单独的两个人小，甚至比一个人还小。所以，在一种情况下，人多力量大，众人添柴火焰高；在另一种条件下，人多不好办事，互相扯皮，效率低。从实际出发，问题就变得非常复杂。事情本来就是那么复杂，有些人总想把复杂的事情简单化，因此就弄出许多错误来。

关于平行线不会相交的问题，如果从实际出发，那么，许多问题又来了。世界有哪两条平行线不能相交呢？桌子的两边是两条平行线，只要把它们延长到几公里以外，它们就相交了。理由很简单，因为这两条线不那么平行，只要差一点点，一旦延长，就相互接近，最后相交了。当然有人说，这两条不算平行线。我们可以再从实际中找平行线。例如，我们用两条细线分别捆上两个重物，让它们垂直于地面。这两条垂直于地面的细线是平行线。但是，它们向下延长，到地球的中心，就相交了。用太阳光线作为平行线的实验，两条阳光虽然是平行的，向太阳方向延长，它们也会在太阳的中心相交。在世界上找不到不会相交的两条平行线。只有在人的观念中，才有所谓的平行线。数学老师在黑板上画两条线，说这两条是平行线，实际上这只是假设的平行线，它们不是绝对平行的。总之，在人们的观念中，在数学家的假设中，平行线才是绝对平行的。在实际中没有绝对平行的两条直线。

关于马克思主义，许多人说这是马克思主义，又说那是马克思主义，似乎谁都可以给马克思主义下定义。在中国共产党成立初期，陈独秀是著名的马克思主义者，他反对武装斗争，认为马克思主义没有说一定要用武装斗争这种革命形式。在革命遭受惨败以后，从实际出发的革命领袖提出武装斗争，拿起枪杆，保卫国家，发展自己。从共产国际回来的王明、博古等人提出革命武装斗争要采取城市暴动的形式，共产党在长沙发动武装暴动，结果失败了。后来，从实际出发，采取转入农村，以农村包围城市的办法，取得革命胜利。农村包围城市的形式就是马克思主义吗？如果在日本那样的国家，能不能采取农村包围城市的办法进行革命呢？不能。因为那里农村没有回旋的余地，城市已经联成一片。有的人从这些事实又概括出马克思主义，认为所谓城市暴动，所谓农村包围城市，都是具体的革命形式，这些形式都不是基本原则，基本原则是武装斗争。因为剥削阶级的统治者不会自动退出历史舞台，是不打不倒的。也就是说，武装斗争才是马克思主义的基本原则。可以说，坚持马克思主义，就要坚持武装斗争。这是以前的观念。现在这个所谓的基本原则似乎也不是基本原则了。马克思主义是正确的，在讨论的时候，是难以分清哪一种理论是正确的。理论是否正确，不在官位的高低，也不在于支持人数的多少，而在于以后实践的证明。这就是所谓实践检验的问题。这个问题也是非常复杂的，不是那么容易弄清楚的。真理难以确定，但是，并不是没有真理。

有些人认为本来就没有什么真理，真理都是主观的，谁都可以说自己的这一套理论是真理，但是，别人却不承认。而别人又有另外的一套真理。这种真理观当然是另外一个偏向。真理是有客观性的。许多人总是以自己的思想观念作为真理的标准，与自己的思想观念一致的就是真理，与自己的思想观念不同的就不是真理。实际上，在一定条件下，是有统一的真理的。真理有绝对性，这是不可否定的。二十世纪七十年代末，邓小平提出改革开放的方针是正确的。这是真理。它符合客观实际，也符合中国国家和人民的利益。这里有两个标准：客观标准和价值标准。符合实际情况，正确地反映了客观规律，这是真理的客观标准。这种理论对于社会，对于人民，对于国家，是有利的，那就是真理。如果对于社会、人民、国家没有利，或者还有害，那就不是真理，而是谬误。这是价值标准。如何用标准来检查是真理还是谬误？那就是实践。社会实践是检验真理的唯一标准。

2. 实践检验问题

这个问题大家原以为很简单，二十世纪八十年代初前后进行了一场大讨论，才发现这个问题不简单，需要研究的方面还非常多。什么是实践？什么是社会实践？如何检验？什么是真理？什么是标准？什么样才叫唯一的标准？经过几年的讨论，才知道这一句话，每一概念都有争议，只有"是"与"的"两个字没有争议。这个"没有争议"，也是相对的，在今后的中国和当时的外国还可能是有争议的。别人讨论了很多，我们在这里不再重复，只想结合自己的研究，对一些说法提出自己的讨论意见，供大家参考。

一般说法，经过实践检验得到证实的就是真理，经过实践检验得到证伪的就是谬论。例如，水加温到一百度，就会沸腾，我们做一个试验，得到证实。我们就认为，这是真理。事情并不都是这么简单的。我们用同样的方法，在高山上做这种实验，不到一百度，水就沸腾了。在这里，这个真理没有得到证实。原来的说法还是不是真理呢？有的人就认为，既然被实践所否定了，那就不是真理。原来是真理，现在又不是真理。这两者之间有什么关系呢？哪一个正确呢？似乎不言而喻，后者正确。如果是这样，那么，人类历史上所有的东西都会被后人所推翻，今天的一切也会被后代所推翻，那么，人类还有什么真理？这里有一个对真理的看法问题。辩证法认为真理是一个过程，不是一成不变的。人类对任何事物的看法，对一切事物的认识，都是一个不断深化的无限过程，没有终点。因此，人类对任何事物的认识，只要被实践所证实，那么它就是正确的认识，就是真理。虽然被以后的实践所否定，它还是那个时候，那种条件下的真理。新的实践否定了原有的认识，提出了新的认识。新的认识是在新的情况下的真理。但是，可以肯定的是，它也会被后来更新的实践所否定。它也仍然是这个时代这种情况下的真理。既不是过去的真理，也不是未来的真理。各个阶段的真理连接起来，形成真理的过程。每一个时期的真理都只能是相对的。

　　人类在研究宇宙过程中，二世纪在东方中国有科学家张衡主张浑天说，认为天像一个鸡蛋壳，地像蛋黄，居于中央，静止不动，天绕地旋转。同时在西方有托勒密主张地心说，认为地是宇宙的中心，外面有九层天，日月五星各居一层天，还有一个恒星天，最外面的一层是宗动天，那是上帝居住的地方。上帝在宗动天上主宰天地万物。这两个宇宙体系都是以地为不动的中心，天绕地旋转，很相近。浑天说曾用浑天象在地下旋转的实验来证明它的合理性，它又能指导制订精确的历法，还能解释并预告日食和月食。在一千五百年中，在中国天文学界的反复检验下，被一再证实。应该说它就是被实践反复检验所证实了的真理。但是，一千五百年后，浑天说与地心说都被新的日心说所取代。时过不久，日心说很快地也被新的现代天文学所取代。现代天文学是真理，日心说也是真理，浑天说与地心说也都是真理。它们连接起来形成关于天文的真理的发展过程。同样道理，马克思主义、列宁主义、毛泽东思想、邓小平理论也是连接起来形成关于建设社会主义的真理的发展过程。

在自然科学中，比较强调反复试验，反复证实。例如，水在一百度时沸腾，反复试验，都能得到证实。但是，在人类社会领域，许多事件都是一次性的，只能发生一次，不可能再重复一次。有时虽然出现前后有惊人相似的两个事件，实际却有很大差别。因此社会科学领域就无法进行反复试验，就不能反复证实。无论如何正确的结论，都不能照搬到另一条件下应用。并不是说社会科学中没有什么共性，而是说，在任何有共性的两个条件中，还都有它们之间的特殊性。例如，俄国进行十月革命，成功了。中国也要进行革命，找不出与它相同的原因，国情很不相同。但是，中国人民感到需要革命，需要改变现实，需要改革政治，需要振兴救亡。中国与俄国，国情不同，目的也不同，却产生了相类似的革命。在革命的方式、过程诸方面都不一样。到二十世纪八十年代，经过世界几十年"冷战"以后，俄国结束了七十年的苏联历史，苏联解体。东欧各国也都脱离苏联的控制，回到独立自主的地位。中国既不同于东欧的国家，也不同于苏联，走着自己开辟的道路。从"冷战"时代出来以后，中国及时调整了自己的内外方针，实施对外开放，对内改革的方针，取得一系列成功。在社会主义的阵营中，苏联、中国、朝鲜、越南、古巴以及东欧各国都有自己的特点，都不一样。什么理论都是不能照搬的。中国照搬苏联的要失败，哪一国照搬中国的也要失败。任何国家都要从本国的国情出发，参考外国的成功经验，来确定自己的治国方针。

科学已经成为中国人公认的原则。现在批评某种说法，可以说它不科学。是否科学，成为真假是非的标准。但是，什么是科学？许多人却说不清楚。过去有的人说科学就是被科学实验所反复证实了的，近年又有人提出科学就是可以被证伪的。似乎两说正好相反，而实际上是一致的，只是后者更深刻，更辩证。可以被证伪，说明它以后会被实践所否定，所证伪。承认现在的结论都只是一种假说。有毒的东西不能吃，无毒的东西可以吃。这好像是天经地义的，放之四海而皆准的道理。为什么说"好像"呢？因为它不科学。我们现在生活的空间几乎到处有毒，有细菌，不管你接触哪儿，也不论你吃什么食品，都无法躲过它们。那么怎么办？不接触任何东西，不吃任何食品，人还怎么活呀！这要看毒的量多少，不能绝对不吃有毒的东西。某医学院有一个讲微生物课的教师，他知道许多食品有细菌，又知道细菌会导致各种疾病，因此他经常利用工作之便，使用显微镜来检查食品。任何食品中都有很多细菌，他当然很害怕，因此，吃一个苹果，要洗五遍，用开水烫，用高锰酸钾消毒，用凉开水洗。结果他的抵抗力很差，到四十多岁就死去了。接触一点有毒的东西，甚至吃点有毒的东西，可以增加抵抗力，对健康有利。在这个意义上说，俗语"不干不净，吃了没病"，还含有一点辩证法。无毒的东西是不是可以随便吃呢？也不是的。例如被大水溺死，就是因为吃水过多，不是因为水有毒。吃肥肉过多，也有害健康。一次吃太多，容易得急性胰腺炎。天津有个青年一顿饭吃八碗红烧肉，当晚就得了急性胰腺炎；长期多吃，则容易得心血管病，也不是因为肥肉有毒。总之，食品重要的是要注意量。现在社会上每天都会有许多说法，都会有许多"科学"出现，我们应该相信但又不能迷信，还是应该在实践中加以检验，要经常识别那些伪科学。反对科学疯子，揭露科学骗子，不当科学傻子。科学在中国成了形容词，什么是科学的，就是正确的。什么是不科学的，就是错误的。而在西方，科学是名词，其中包含正确与错误两方面。现在，科学在中国是霸权主义者，不允许任何人对科学有所不敬。但是，这个问题也是暂时的，不久就会改变。紧跟外国，总是会慢一拍。

3. 实事求是

　　《汉书·景十三王传》载：河间献王刘德说："修学好古，实事求是。"颜师古注："务得事实，每求真是也。"这是"实事求是"最早出现的地方。后人把说真话，根据实际情况办事，都叫作实事求是。讲真话，做实事，似乎并不难，每个人都讲过真话，做过实事。难的是在某种特定的条件下，一般人不肯讲真话，不愿讲真话，不敢讲真话，他讲了真话，所以特别可贵。在某种特定的场合，一般人只能按书上写的、领导指示的、群众说的、过去有的即传统观念上有的办事，他能摆脱一切预设，从实际出发办事，就是难能可贵的。各国与各民族有不同的风俗习惯，也有避而不谈的内容。

　　要做到实事求是，并不是很容易的事。妨碍实事求是的因素主要是观念问题。在过去，中国人喜欢按传统办事，科学研究的新成果，不容易被群众所接受。例如，二十世纪五六十年代，科技人员在农村推广新技术就很困难，因为农民世世代代就是那样耕种，不习惯于改革措施，也不太相信新技术会提高多大效益。甚至有明显效益的情况下，也还有人不肯采用。经过反复试验，不断取得明显效益，农民才逐渐愿意推广新技术。应该说，农民不相信科技的这种观念，现在基本上转变过来了，都比较相信科学了。在这种情况下，有些不法商人就将伪劣产品，加上科学的名义，来欺骗农民。什么农药，什么良种，都以科学的名义，从农民那里骗取金钱，坑农，害农。开始，受到传统的局限，不相信科学，不实事求是。后来，相信科学，没有分清真科学与假科学，只要有科学的名称，都相信，实际上也是缺乏实事求是精神的。即使是真科学，在不同的时间地点，在不同的条件下，也未必都是合理的、适用的。如果盲目照搬，那就可能失败，造成巨大损失。这也是要从当前本地的实际出发，作一番研究、试验，确实适合本地的，才可以逐步推广。

实事求是，有来自几个方面的阻力。这些阻力，我认为归根到底都是观念的问题。从政治上说，"唯上"是个主要问题，不论什么事，都是官大的说了算，谁官大，谁就真理多。有了分歧，请大官来裁决，大官说谁对，谁的说法就成了真理。在思想上说，"唯书"则比较严重，好像书上写的都是真理，特别是权威著作上的话，更加使人不敢怀疑。如果书上写的与自己的想法不一致，那就是自己的水平不行，总是找自己的原因。

无论对于自然科学的问题，还是对于社会科学的问题，也无论是科学文化的问题，还是经济政治的问题，都要分清是非真假。分清不是容易的事，不能凭自己的感觉如何，不能只凭自己的过去经验，也不能只凭书上是怎么写的，也不能只听上级是怎么说的，要从实践中加以考察，即所谓实践检验。这当然是非常复杂的问题，因此，谁也不能对问题的看法就有绝对的把握。任何一个人的思想都不可能绝对全面的，都会有偏差，而且实践又是不断发展变化的，认识又是无止境的。

关于民航票价的变动，可以从中体会到实事求是的问题。长期以来，我国民航票价都是政府规定的。1997 年 6 月以前，海外游客公布价每人每公里 0.95 元人民币，国内旅客 0.65 元。1997 年 7 月 1 日，香港回归前，为了适应形势，两价并轨，但允许各民航公司给予票价打折扣。因为没有统一规范，又由于供大于求，各民航公司竞相压价，造成 1998 年全行业亏损达 35 亿。接着，国家计委、国家民航局发布命令，禁止票价折扣。结果，社会批评很多，航空市场也出现不正常的现象，例如北京去泰国的票价低于北京到云南的票价。首先，民航亏损的原因何在？这是需要调查研究的。简单地认为就是由于竞争，马上下令禁止竞争，这怎么能解决问题呢？亏损的原因是什么？除了票价折扣，还有购买飞机过多，亚洲金融危机影响旅游和贸易，乘客减少。两方面原因造成供大于求。民航还是政企不分的，计划经济模式还影响着工作效率。航线规划不合理。航空公司多而规模小，全国有 35 家。这些都造成成本价过高而客源不足，亏损是很自然的。票价折扣不规范的恶性竞争只是加剧了危机。不能实事求是地分析存在的问题，就不能提出有效的解决办法。用"禁折令"企图解决亏损问题，只是"医得眼前疮，剜却心头肉"。民航如果恢复统一定价，那就扼杀市场竞争，保护落后。一方面，损害消费者的利益；另一方面，把消费者赶到其他运输业如铁路和公路等行业。一些领导不深入实际进行艰苦的调查研究，对于一些现象不能从实际出发进行实事求是的分析，也就找不出较好的解决办法。他们虽然也经常讲要实事求是，一遇实际问题，就找不到实事求是了。我国的邮政和电信行业还存在很多明显的问题，这些行业的领导除了提价之外，还有没有办法解决服务差而又乱收费问题以及所谓的"亏损"问题？①

总之，任何人的思想都不可能是绝对正确、永远正确的。因此，我们都需要虚心听取取别人的不同意见，要摆事实讲道理，平心静气地与大家讨论一些理论问题和实际问题。如果实事求是真正成为执政者的作风，成为整个社会的风气，大家都会用实事求是的精神处理本行业的实际问题，那么，我们的事业就一定会得到更大的发展，我们生活的环境也会变得非常美好。

以下，我们列举中国古代实事求是的困难以及敢于实事求是的典型人物，供大家参考。

---

① 参见毕井泉：《从"禁折令"看实事求是》，载中央党校《学习时报》2000年8月7日第8版。

4. 真话难讲

　　谁都要讲真话。有时出于感情爱憎，而不能讲真话。与自己亲密的人，对自己有恩情的人，就不肯说他的缺点。与自己有深仇大恨的人，或者仅仅与自己意见不合，有过小恩怨的人，就不肯说他的长处。正因为有这些情况，有些人遇到与自己关系密切的人或与自己有仇恨的人，采取沉默的态度，怕别人说自己"袒护"和"挟恨"之类。由于自己的爱憎感情，又由于怕别人议论指责，对于有关这些人的事情，一般人都不愿意说实话。不过，历史上还是有说实话的。例如，春秋时晋国大夫祁奚就是肯讲真话的人。他要告老还乡，晋侯问他谁可继任，他推荐解狐。解狐是他的仇人。晋侯将要任命解狐，解狐病死了。晋侯再次要他推荐继任者，他推荐自己的儿子祁午。这就是著名的"外举不避仇，内举不避亲"。不因为自己个人的好恶之情，影响实事求是地为国家推荐人才。

　　讲到自己，似乎比推荐别人更难。中国传统以谦虚为美德。有些人"少年得志，不可一世"，被社会所鄙薄。因此，很多人不敢在口头上说自己的功劳、贡献。特别是在建立了中央集权的制度以后，皇帝成了圣人，一切智慧、功劳都要归于皇帝一身。在这个问题上，很难有说实话的人。南宋哲学家陆九渊认为，在这一问题上，能讲实话的，"唯汉赵充国一人而已"（《陆九渊集·与致政兄》）。西方羌族再度入侵，汉宣帝问谁可以领兵去抵御，赵充国说："无逾老臣。"没有比我更合适的了。这种自我推荐，自有毛遂在先，不足为奇。赵充国领兵出征，打了胜仗回来，有人劝他应该将功劳归于朝廷即皇帝和其他合作者，归于全体官兵。赵充国却说："战争是关系国家利害的大事，应该为后世提供可靠的经验，不能胡说，我怎么能因为怕别人说自己贪功而去欺骗皇帝呢？"陆九渊说他根本不是夸耀自己的功劳和能力，只是"直言其事"，反映事物的客观规律（同上）。也只是讲了真话、实话而已。

讲真话难，原因在于有利害关系。怕的是两项，一是丢官，二是杀头。

古代有一个官职叫"太史"，负责记载天下发生的大事和保管图书资料。司马迁和他的父亲司马谈就是当着这种官，因此，他有丰富的历史资料，可以写出史学巨著《史记》，在汉代称《太史公书》，最后一卷写《太史公自序》，是自传性的文字。这个"太史"就是官名。

齐国一个大臣叫崔杼，杀了齐国国君。齐国太史就写上："崔杼弑其君。"崔杼把太史杀了，让太史的弟弟接任此职。新太史仍然写上："崔杼弑其君。"崔杼又杀了这个太史，让太史的小弟弟继任此职，他还是这么写。这个三弟在两个哥哥被杀的情况下，还要坚持实事求是地写上了这个事实。有个叫南史氏的，听说崔杼接连杀太史，自己就拿着竹简要去接着写这一事实，在半路上，听说第三个太史已经把这一事实写上了，崔杼没有再杀，才回去了。为了写真实的历史，为了留下一部信史，史学家们前赴后继，不怕牺牲。这种敬业精神是十分可贵的，这种实事求是的坚定立场值得赞扬。此事记载于《左传》襄公二十五年。

《资治通鉴》记载：魏文侯派乐羊攻下中山国，封给他的儿子击。有一天，他问大家："我是什么样的国君？"大家都说是"仁君"，魏文侯听了很高兴。有一个叫任座的，提出不同的看法，"你得了中山国，不分给你的弟弟，而分给你的儿子，怎么能称得上仁君呢？"魏文侯一听大怒。任座赶紧退出去。魏文侯又问翟璜，翟璜回答："是仁君。"魏文侯又问怎么知道的，翟璜说："君仁则臣直。刚才任座敢讲真话，这就可以知道您是仁君。"魏文侯听了很高兴，把任座请回来，亲自下堂迎接，当作贵宾来接待。"君仁则臣直"，这一句话，思想很深刻。国君要有仁爱之心，对臣子宽容，臣子才敢讲真话。各级官员如果都在讲假话，都顺着皇帝的意思讲，就说明这个皇帝不能容忍不同意见，谁提反对意见，他就要惩罚谁，这样才造成了从上到下讲假话的风气。

子思认为魏侯不管事情是非，就喜欢别人赞扬自己，各级官员也不论有没有道理，只是一味阿谀求容，好像上下一致，实际上是亡国的征兆。国君说话自以为是，官员不敢纠正他的错误。谁顺着，就有福，谁批评，就有祸，这样怎么会有正确的决策呢？子思认为经常批评国君错误的人是忠臣。① 可惜的是，历代很多敢讲真话的忠臣被诛杀。像明代海瑞那样，为了讲真话，把棺材抬到宫门前，结果却没有被诛，这类事情是很少见的。

中国这个传统在现代也有表现。例如当林彪红得发紫时，陈毅提出反对意见，敢讲真话。当林彪叛逃摔死以后，整个社会共讨之。这时陈毅却说林彪过去打过几个好仗。陈毅这种实事求是的精神，实在可贵。

各国各民族又有自己的风俗习惯，有一些真话却不能讲。如果问中国人青春几何，芳龄多少，一般人都能如实回答。如果问到钱财的事，那就可能不说真话，或者为了不露财，少报数字；或者为了讲排场，摆阔气，虚报财富。如果问到未婚者的性生活问题，那就难于启齿。而在美国人那里，年龄是个人隐私，问年龄是犯忌的事。至于中学生的性生活却不算什么秘密，老师与父母都有责任教子女如何避孕。同样道理，各国有各自的风俗习惯，各民族有不同的隐私和忌讳。在中国古代有避讳说，一个人不能讲父亲的名字，朋友对话时也要避讳对方父亲的名字。皇帝的名字成为天下人的共同避讳。为了避讳，还经常要改变一些地名、官名和其他的一些名称。例如，现在故宫北门，原名"玄武门"，为了避康熙玄烨的名字，才改成现在的"神武门"。而在美国，子女对父母，直呼其名，没有叔叔、姨、姑、表弟之类的称呼。这当然很简单方便，却与中国传

---

① 原话"恒称其君之恶者，可谓忠臣矣"。载《郭店楚墓竹简·鲁穆公问子思》，北京，文物出版社，1998。

统不一样。在东南沿海，渔民非常忌讳讲海浪，讲翻船，甚至与"浪"谐音的"蛋"，也避而不谈，把鸡蛋说成"太平"。在宴会上，吃鱼时，不说翻过来，因为"翻"会使人联想到翻船。各民族、各行业、各地区，都有自己的忌读，我以为这些并没有优劣之分，应该互相尊重。所谓入乡随俗，所谓客随主便，都是很有道理的。

5. 实事难办

要办事，要办成一件事，要办好几件事，最基本的一点是要从实际出发。除了从实际出发这条路子，还有从什么出发的路子呢？

一是从观念出发。比如，王莽经过几十年的经营，终于代替刘氏，当上皇帝，建国号"新"。封了十一公，它们是：安新公、就新公、嘉新公、美新公、承新公、章新公、隆新公、广新公、奉新公、成新公、崇新公。每一个公都带一个"新"字，他认为这样就可以使新朝兴旺发达。十一公中的奉新公名叫王兴，原来是看城门的门卫，因为名字好听，意思是王莽要兴旺起来，没有什么别的贡献，也没有什么本事，就被封了公，那是比现代部长还要大的官。崇新公，名叫王盛，意思是王莽强盛，虽然是卖烧饼的小贩，也被王莽封为崇新公，没有什么功劳，只是因为名字吉利。在王莽的观念中就有这种迷信，一个好名字会给他带来好运气。这叫从观念出发。

二是从书本出发。王莽在这一方面也是典型，他召集了一大批文人，根据古代典籍《周礼·王制》的内容，讨论改革。西汉初封了许多王，还封了四夷的领袖人物为王。王莽根据"天无二日，土无二王"的记载，把所有的诸侯都改为公，把四夷的王都改为侯，并收回了汉朝颁给他们的印绶。把匈奴王改为侯，受到匈奴王的反对，因此与匈奴关系紧张，增加了外交上的困难，成为王莽失败的一个因素。王莽还按自己的意愿和古籍上的说法，改了许多地名、官名，如羲和、纳言、秩宗、典乐、共工，这都是书上写的尧舜时代的官名。王莽不是研究社会现实问题，提出相应的改革方案来解决实际问题，他按书上说的进行改革，希望社会回到儒家盛赞的三王五帝时代。他的失败，是复古改革的失败，是按书本改革的失败。《韩非子》说的"守株待兔"，《吕氏春秋》说的"刻舟求剑"，都批评"以古之政，治今之民"的错误，王莽正是严重地犯了这种错误。中国历史上常有按书本办事的人，王莽是这方面的突出代表。

三是按别人说的办。这个"别人"，可以是皇帝，或自己的上级领导，也可以是自己身边的比较亲信的一群人，还可以是社会上的群众。这些人的指示和意见，当然都要听取，问题在于，当这些指示和意见与实际发生严重矛盾的时候，怎么办？是按这些指示和意见办，还是按实际办？按实际办的，就是实事求是，中国历史上也有这样的事例。

邹忌是个美男子，他问妻子，与城北徐公相比，谁更美。妻子说他美，徐公比不上。再问妾和朋友，他们也都说邹忌比徐公美。三人成众，都说美，就是群众的意见了。但是，第二天，徐公来，邹忌没有因为有三人说自己比徐公美而藐视徐公，而是认真考察一下，认为还是徐公比自己美。然后再思考这些人为什么不说真话的原因，妻子是情人眼里出"西施"，妾是畏惧，朋友是有求于自己而说的奉承话，这些情况都在一般人的情理之中，未可厚非。此类假话可听而不可信。邹忌对此颇有感触，以此来劝齐威王纳谏。齐威王下令，鼓励群众给自己提批评意见。开始提意见的人很多，门庭若市。说明存在的问题很多，后来提意见的人渐渐少了，说明许多问题得到了解决。听到好话就相信，不进行实际考察，不是实事求是的态度。邹忌是实事求是的，齐威王也是实事求是的。

讲真话是实事求是，在特殊情况下，为了国家和人民的利益，或者为某种崇高的理想，或者为了自己的合理需求，讲假话也是实事求是。比如地下工作者，间谍，经常要讲假话。古代如郑国弦高以二十头牛犒赏秦军，保卫了郑国的安全。弦高虽然谎称郑国国君的命令来犒赏，说了假话，却立了大功，获得大奖。《淮南子·氾论训》总结说："信反为过，诞反为功。"任何事情都是有界限的，哲学上称为度。超过这个度就要走向反面。讲真话也是有度的。一个病人患了癌症，已经查出，医生可以与病人家属通报情况，但不能跟病人本人讲真话，怕他恐惧伤心。这是人道主义的假话。有的人认为讲真话才是实事求是，讲假话就不算实事求是，因此，实事求是的人在任何时候不会也不应该讲假话。这种推论就不是实事求是的，不是从实际出发，当然不可取。

春秋时代，齐景公派晏子去治理东阿。三年后，齐景公召回晏子，狠狠地责备一番。晏子说："请让我用另一种办法来治理东阿，如果还治理不好，我甘愿受罚。"齐景公允许了。第二年，晏子来汇报工作，齐景公出来迎接，并祝贺他，说他治理东阿非常好。晏子说："以前，只是没有花钱去贿赂收买您身边的人，把收入用于改善穷困的贫民的生活，这么做，人民没有饥饿的，您却指责我。这一次我改了办法，从人民那里搜刮财物贿赂您身边的人，国库空虚了，人民挨饿的超过半数，好处都给了当地的权势人家，您却出来欢迎，并向我祝贺。我实在不能再去治理，还是回家养老，免得挡住贤士上升的路子。"景公仍然挽留，说东阿由你负责，我再也不干扰了。这是中国古代不深入实际调查研究，只听旁人汇报的典型，不是实事求是的典型。

中国古代也有实事求是的典型，这就是齐威王。有一天，他召见即墨大夫说："你任即墨大夫后，我每天听到有人讲你的坏话，我派人去那里考察，生产大发展，人民生活提高了，官吏没有事故，治安也很好。政治这么好，为什么我身边的人都说你的坏话，是由于你没有贿赂这些人。"齐威王重赏即墨大夫。又召见阿大夫，对他说："自从你到阿任大夫以后，我每天听到赞扬你的话，我派人去考察，阿那个地方，田野荒芜，人民贫困，赵取鄄，你不去救援，卫攻取薛陵，你还不知道。政治这么糟糕，为什么我身边的人都说你的好话，是由于你用厚币贿赂他们，求他们替你美言。"齐威王当即把阿大夫和身边赞扬阿大夫的那些人都投入油锅炸了。虽然只炸了几个人，这种严厉的办法，对各级官员震动很大，使他们都不敢讲假话。齐威王不轻信亲近的人说的，重视实际考察，是实事求是的领导。油炸几个官员，有人以为严酷；害死成千上万平民，却没有人为此悲悯。

作为一个领导，听意见很重要，也很有技术。关键有两条：一是要实际考察，二是要深入分析。齐威王的办法虽然也很高明，还是比较简单明白，容易分析的，子产所面临的问题要复杂得多。

子产叫公孙侨，任郑国相，进行一系列的改革，规定城乡差别、上下差别、地界分明、居民组织等。行政一年，下层群众传出顺口溜"取我衣冠而褚之，取我田畴而伍之。孰杀子产，吾其与之"。群众的顺口溜反映了群众的意见，怎么办？停止改革，恢复旧制，行不行？子产说："何害？苟利社稷，死生以之。"只要对国家有好处，将生死置之度外，即使有千难万险，仍然勇往直前。过了三年，社会安定，生产发展，人民生活水平提高了。群众又传出了新的顺口溜："我有子弟，子产诲之；我有田畴，子产殖之。子产而死，谁其嗣之。"群众怕人亡政息，改变政策，改革的成果再次丧失。子产引《诗》曰："礼义不愆，何恤于人言！"礼义没有过失，何必顾虑别人说什么。后来，北宋改革家王安石所谓"人言不足恤"就是从这里来的。

《吕氏春秋·不二》说："听群众人议以治国，国危无日矣。"听大家议论来治国，国家就很危险。原因是各人有各人的主张，无法统一，而治理国家必须有所统一。统一才能稳定，稳定，人民才能安居乐业。

有一个寓言说：祖孙二人牵驴去赶集，走在路上，有人说这一老一少真傻，有驴不骑，自己却步行。爷爷就让孙子骑上驴。没走几步，又有人说，这个小孩儿不孝顺，让爷爷在地上走着，自己骑驴。那就换下来吧。又有人说这老头私心太重，自己骑驴，让小孙子在地下跑着。那怎么办？祖孙俩人都骑在驴上，这下大概没有人说了。不料还有人说，这么一只可怜的小毛驴，居然驮着两个人！据说后来两人只好抬着会走的毛驴。这回没有人说话，因为大家都不知道他们为什么抬着一只毛驴，而祖孙自己心里都明白，这是最不合理的方案，只是因为怕人议论而采取的。由此可见，没有议论，未必是最好的政治，不受批评，也未必是最好的干部。《论语·子路》上载孔子与子贡的对话，很有启发性。孔子的学生子贡问："全乡人都说他好，这个人怎么样？"孔子说："不行。"又问："全乡的人都反对他，这个人行吗？""也不行。不如乡里的好人说他好，坏人说他不好。"大家都说好，说明他不坚持原则，从来没有得罪过人，不扬善，也不抑恶，见人都说好。这种人选举时可能得票最多，也可能全票。王充认为"选举多少，未可以知实"，"称誉多而小大皆言善者，非贤也"，"善人称之，恶人毁之，毁誉者半，乃可有贤"。但是，他又提出，怎么知道誉之者是贤人，而毁之者是恶人呢？如果对拥护者和反对者都不了解，那么投票结果就没有意义了。因此，考察干部不能只看拥护者有多少，反对者有多少，还要看哪些人拥护，为什么拥护，哪些人反对，为什么反对。这样才能真实了解这个干部的全面情况。

6. 贤才难得

考察人才，是非常重要的问题。对于领导者来说，就是选拔各级官员的重要方法；对于普通人来说，主要有交友的问题。孔子提出的方法是："听其言而观其行。"（《论语·公冶长》）不能只听他自己怎么说的，要看他的实际行动。如何观察人的行动呢？孔子说："视其所以，观其所由，察其所安。"（《论语·为政》）首先看他的办事动机，其次观察他所采取的措施，再看最终要达到的目的。这是做事的整个过程。从全过程来考察一个人，自然会全面一些。

一般人对人的考察都着重于某一方面。难以提出全面系统的标准，把这个标准抽象出来，用于别处又失效了。关于这个问题，王充《论衡·定贤》有比较多的论述。世俗论贤人约有三十种标准，王充一一加以分析。

其一，朝廷上选拔贤者，大家都说他好，算不算贤人？王充认为未必，有的人出头露面，认识的人多，推举者自然也多。有的人很少出风头露面，认识的人少，推荐者也少，却未必不贤。这跟他在朝廷担任什么职务有关系。另外，有些人拉帮结派，请客送礼，赞誉者就多，而另一些人正直无私，清正廉洁，可能还得罪过一些人，赞誉者当然就少。

其二，为官一任，受到当地民众歌颂，是贤人吗？王充认为也未必。战国四公子：信陵君、孟尝君、平原君、春申君都有门客数千，成为贤人。古代大将军卫青和霍去病，门无一客，称为名将，也是贤人。另外，有的统治者为了自己的目的用虚假的办法骗取民心，让人民歌颂他。例如齐国田成子想夺权，用大斗贷出粮食用小斗收回，这点小恩小惠就拉拢一些群众拥护他夺权。越王勾践为雪会稽之耻，他也吊死问伤，关心人民，讨得人民欢心和拥护，为他卖力。王充认为他们是别有用心，别有所求，不是真正的贤者。

其三，当官取得一定成功见效，能否肯定他是贤者？成功见效，有几种情况。一是粮食丰收，那是气候起决定作用，风调雨顺，就丰收，并不是领导有方。水旱虫灾，收成不好，圣贤无可奈何。禹时大水灾，商汤时大旱灾。不能因为受灾，就说禹、汤不贤。况且，作具体事情，容易见效，高水平的人要做长治久安的大事，见效就很慢。从效果难断贤与不贤的差别。同样做一件事，时代不同，联系极广，有些因素不具备，贤人也办不成。有些人不是贤人，由于条件特殊，却也能获得某些成功。道与事不同，道与术也有差异。吾丘寿王在汉武帝面前出谋划策，十分高明，而出去任东郡都尉，负责治安工作，多次征兵加上灾荒，社会大乱，他无法禁止，受到汉武帝的批评。回到朝廷，又能给汉武帝提供很好的建议。这些说明吾丘寿王了解治国之道，缺乏行政之术。办事有动机与效果的关系，动机，古称"志"；效果，就称"功"。只谋"功"不察"志"是不妥的。许多时候虽然不能成功，已经尽心尽力了，就值得肯定。荆轲刺秦王，虽然未能成功，气势撼山岳；夏无且虽然未能救主，尽心尽力了，精神可嘉，不能不奖励。总之，成功见效未必是贤人，功不成、效未见者，也未必不贤。

其四，富贵荣华是人们喜欢追求的，有的人抛弃已有的富贵，隐居山林过清贫生活，这是贤人吗？王充认为，这些辞职的人都是有原因的，或者有所逼迫，或者不得志，如果因为辞职，就认定他是贤者，那么那些顺心称职，得志行道的人就不是贤者了。另外，不贪财为贤者，管仲与鲍叔分财时自己多取，就不能算贤者了？显然，这一标准也不能成立。

其他如凡事礼让，王充认为也未必贤。"子贡让而止善"，鲁国规定，谁从国外赎回一个当奴隶的鲁国人，可以从官府中领取一笔补偿金，子贡赎了人，却不去领取。孔子批评说：今后不会再有人去赎了。子贡的让，阻止了大家的行善。"子路受而观德"，子路救了一个落水的人，那人送他一头牛，以示感谢，子路接受了。孔子赞扬说：今后鲁国人一定会去救落水的人。如果以让为贤，那么子路就不贤，而孔子却批评了子贡的让。没有缺点、错误的人是不是贤人？有一种人与世俗同流合污，像忠信并不忠信，似廉洁也不廉洁，要反对他，却没有理由，想批评他，找不到充足的根据，大家都喜欢他，他自己也觉得不错。孔子、孟子都认为这种人是"乡原（愿）"，是破坏道德的。王充说这种没有错误的人却是似贤非贤的人。

世俗确定贤人的标准都是外在的、具体的、局部的、非本质的，王充认为这些表现可以是贤者的表现，而不是贤者的人也可以有这些表现。他认为，贤者的本质在"心"上，心是看不见的，要通过综合考察，去伪存真，去粗取精，由表及里，进行综合的、深入的分析，才能了解贤者的"心"。全面综合考察，才能发现真正的贤材。这是在考察人才上的实事求是态度。如果只了解某一方面的具体情况，虽然也是"事实"，却未必求得真贤的"是"。

关于实事求是，是非常复杂的理论问题，也是非常复杂的实际问题。不是一篇短文所能尽述的。这里只是从本人的生活体验出发，从古今中外的大量事实中找出一些自以为对于如今现实还是很有价值的东西，供读者参考。

第七课　知与行

知行问题是中国古人经常讨论的关系问题，与义利关系有同等重要的意义。《尚书·说命中》就有"非知之艰，行之唯艰"的说法，春秋时代也有类似说法："非知之实难，将在行之。"（《左传》昭公十年载子皮对子羽说的话）不是知之太困难，而是知而后实行，那才难上加难。在科学研究方面，知难行易。创造电视电脑，是全人类共同努力的结果，可以说是千难万难。但是，使用就非常容易了，三五岁小孩都会开机操作，选节目，定音量。但在伦理方面，就不一样了，许多道理大家都懂得，到实行的时候，就不能完全做到做好。例如讲孝敬父母，报答养育之恩，道理很明白，一般人都懂，但是，许多人做不到做不好。做一点好事并不难，难的是一辈子做好事，不做坏事。宋以前虽然也讨论知行的关系问题，但都不够充分。宋明时代讨论很多，主要讨论知行的先后、难易、轻重等问题。

1. 知行先后之争

北宋程颐提出知先行后说。他认为："须是知了方行得。"以走路来说，先知道路，才能走。"譬如人欲往京师，必知是出那门，行那路，然后可往。如不知，虽有欲往之心，其将何之？"①不知道路，虽然想走，往哪儿走呀？"然不致知，怎生行得？"（同上）朱熹也用走路比喻知行，"如人行路，不见便如何行？""义理不明，如何践履？"义理不明，就像眼睛看不见那样，践履就像走路。不知而行，就像盲人行走。陆九渊与朱熹在治学的路数方面有分歧，而在知行的先后问题上则完全一致，都认为知先行后。陆九渊说："知之在先，行之在后。"又说："夫人幼而学之，壮而欲行之。"②

从总的认识史来看，认识来源于实践。同时认识又要回到实践中去受检验，再认识。按毛泽东《实践论》的说法，认识过程是：实践，认识，再实践，再认识的无穷往复前进的过程。用图表示：

实践──→认识──→实践──→认识──→实践──→认识……

如果我们截取其中一段，那么，就会发现有两种情况：一种情况是"实践──→认识"；另一种情况是"认识──→实践"。简单地说从认识到实践，就是唯心主义的认识论，未免失当。对于个人来说，少年学习，先认识；青年以后从事工作，后实践。理学家的先知后行，就是在这种意义上说的，就不是唯心主义认识论。对于具体的事情来说，也是一样，例如所有建筑，都是先设计，后施工，也是先认识后实践。比如鸡与蛋的先后争论，鸡生蛋，蛋生鸡，也是无限反复的过程。究竟先有鸡还是先有蛋，争论没有结果。最近有的科学

---

① 《二程集》卷十八，北京，中华书局，1981。
② 《陆九渊集》卷三十四《语录上》，410页，北京，中华书局，1980。

研究认为先有蛋，后有鸡。实际上，鸡与蛋都是渐变的过程，一天变化一点点，几万年或者更长的时间，才逐渐变出鸡来。也像人在成长过程中，不能说是哪一天变老的。如果刻意从中划出哪一秒开始变老的界限，那就十分荒谬。精确的工夫在这里无用武之地。即使是现在的鸡，也在变，蛋也在变，会变成什么样子，几十年是看不出来的。怎么能说先有蛋后有鸡呢？不知道渐变，想从连续中截然划出明确的界限来，是很难的。两个事物的分界线总是模糊的，过渡性的。有的科学家研究出先有蛋后有鸡的说法，就是不懂事物渐变的辩证法道理。

2. 知行难易之争

《尚书》讲知易行难，因为它是经典，所以在中国数千年历史中没有人敢直接反对，宋代程颐也只讲"行难知亦难"。孙中山曾经列举科学知识来讲知难行易的问题，他说："天下事唯患于不能知耳，倘能由科学之理则，以求得其真知，则行之决无所难。"诸如饮食、用钱、作文、建屋、造船、筑城、开河、电学、化学、进化等十个方面都是这样。孙中山认为知难行易，在科学上是这样，在社会革命上也是这样。如果真正知道了革命的道理，那么就能够开展，并能取得成功。

毛泽东在参加革命实践中，经常反复思考革命的理论问题，并从哲学上进行概括。他撰写的《实践论》，副标题是"论认识和实践的关系——知和行的关系"。认识和实践的关系，是引进西方的哲学语言来谈的，后面的知行关系则是中国传统的语言。《实践论》讨论的问题是认识来源于实践，又回到实践中接受检验，并指导实践。人的认识是从感性认识开始，逐渐上升为理性认识，理性认识在以后的实践中还要不断深化。认识是没有尽头的，是不断发展不断提高的过程。实际情况不断变化，人的认识也要随着变化，既反对唯心论，也反对经验论，既反对右倾保守主义，也反对"左"倾机会主义。所阐述的是一套辩证唯物论的知行统一观。

这些理论似乎很简单，但在那时曾起非常巨大的指导作用。我曾听一些干部和一些科学家说到毛泽东的《实践论》与《矛盾论》对他们的深刻影响。一位研究物理学的老院士在回答听众提问"哪一本书对你影响最大"时，说："主要就是两本：《实践论》与《矛盾论》。"马克思主义的经典著作水平很高，理论很深刻，当时参加革命的工农群众，没有那么多时间读书，也没有那样的文化水平，因此不太可能去读诸如《资本论》、《自然辩证法》、《反杜林论》、《哲学笔记》等著作，即使有时间，也不是短时间所能读懂的。那些从"珠穆朗玛峰"（比喻马克思主义水平最高的苏联）上下来的一些理论家，到革命队伍做大报告，大家都听不太懂，也不生动，很乏味，没有兴趣。

毛泽东就不一样，他一讲话，大家都听懂了，而且有兴趣。因为他用的是中国传统的、大众的语言。

毛泽东的决策正确，是因为他对中国社会特别是农村情况以及农民的情绪都有深刻的了解。这不是从书上读来的，马克思主义著作中并没有讲中国农村如何，农民如何，即使讲了也不准确。但是，马克思主义的方法、观点是正确的，而这方法就是从实际出发，就是从变化的角度、运动的态势来分析实际问题，提出正确的战略与策略，引导革命走向胜利。

3. 知行轻重之争

中国古人对于知行的轻重问题有过各种说法。在孔子那里讲的是"智者不惑，仁者不忧，勇者不惧"（《论语·子罕》），后人将这智、仁、勇三项说成是天下三达德。孟子强调人有四善端：仁、义、礼、智。后来儒家概括的"三纲五常"，五常中有仁、义、礼、智、信。董仲舒特别强调"必仁且智"，他说："仁而不智，则爱而不别也；智而不仁，则知而不为也。"又说："何谓之智？先言而后当。"（《春秋繁露·必仁且智》）有爱心没有智慧，只知道爱，不知该爱谁，怎么爱。

有智慧没有爱心，虽然知道却不肯去做。为什么不肯去做？因为做好事，可能损害自己的利益，还可能得罪权势人物，或者得罪周围一大批人。这类现象屡见报端，习以为常。所以，孔子讲的"勇"也是很重要的，是行所必须的。无勇，知而不敢为。

《汉书·霍光传》记载这样一个故事：客人经过主人家，看到他家的灶的烟囱是直的，旁边又堆放着许多柴火。客人就向主人提出两项改革建议：一是"曲突"，将烟囱改成弯曲的；二是"徙薪"，将柴火堆放到离火源较远的地方去。并且警告说：如果不进行改革，那就可能发生火灾。主人表面表示接受意见，但不重视，没有去实施改革。不久，主人家果然发生火灾，邻居很多人帮着灭火。火灾过后，主人感激救火的邻居，买了牛肉和酒来招待他们，表示感谢。他将受伤最重的(焦头烂额)请到上座，其他按伤势的轻重、功劳大小的顺序排列，没有邀请向他提两条建议的客人。有人对主人说："假使你听了客人的建议，进行两项改革，就不会发生火灾，也不需要买牛肉和酒来招待别人。现在论功劳，请宾客，你却没有请那位客人，只是请受伤重的邻居为嘉宾。这是怎么回事呀？"主人听后，觉悟了，也把客人请来入席。

这个故事有两个成语："曲突徙薪"与"焦头烂额"。我们从知行的角度来看这个问题，客人的建议是知，有知识，有预见性。邻居的救火是行，具有明显的感人形象。一般人就像主人那样，对知不重视，对行特别重视，以为行重于知。别人向主人提出疑问，表明对知的重视，认为知重于行。同样道理，古代战争中有一句话说：

"兵在精不在多，将在谋不在勇。"将军的优劣是看他的谋略，而不是看他的勇敢程度。很明显，在楚汉战争中，韩信能够战胜西楚霸王，靠的就是智谋。项羽与关东子弟兵，勇盖天下，为什么败在汉军手下？智谋不足就是原因之一。中华民族不是弱智民族，也没有反智的传统。只是有一些庸人、浅薄者不知智的重要，就像那位主人那样，只看到明显的、外在的形象，看不到智慧的内涵的光辉。有一段时间极力歌颂体力劳动者的"出大力"，"流大汗"，对于像邓稼先那样爱国的高级知识分子，世界级科学家，都没有提及，一些教授写文章都不能署自己的名字，都要有"宫兵"之类的笔名，或者某某单位的工宣队。那种荒唐的时代是极不正常的。

现在是知识爆炸的时代，也是知识经济的时代，重视知识，特别重视创新的智慧，是理所当然的。中国人重视诸葛亮，就是重智的表现。从孔夫子的智仁勇到现代教育方针的德智体，都没有丢掉这个"智"。重德，是中国优秀传统；爱智，也是中国优秀传统。

4. 欲速则不达

什么事情的成功，总要有一个过程。过程有长短之分，事情也有难易之别。也像植物生长那样，有的树长得快，有的树长得慢，不能要求一样快。古代有"揠苗助长"的故事，就是犯了这个错误：欲速则不达。在生活中也有这种情况：一些青年人虽然来日方长，却急不可耐，不切实际地希望办一切事情都能一蹴而就，结果当然事与愿违。而老年人虽然时日不多，还是按部就班地逐渐实现自己想做的事，因为他们知道做事情急不得，瓜熟蒂落，水到渠成。许多事情，都是以不断的切实工作办成的，浮躁情绪，肯定不利于事业的成功。有一位科学家说，别人看到我们领奖时都很羡慕，实际上，我们是艰苦奋斗十几年、几十年，高兴才那么几分钟。领完奖，回去还要继续艰苦奋斗。谁都有领奖的希望，但那是用艰苦劳动换来的，不是拣来的。一分劳动一分成果，没有什么捷径。寻找捷径的人都是骗子的猎物。对一个具体的历史问题作出唯物主义的解释，没有几年的冷静研究也是不能完成的。毛泽东在抗日战争初期，写了《论持久战》，批评了速胜论的急躁情绪，非常正确。他估计十年打败日本军队，由于国际环境的变化，主要是希特勒的纳粹德国失败，苏联与美国都向日本宣战，加速了日本军国主义的覆灭，中国抗日战争提前两年，八年就战胜日本军国主义。

5. 小利不能贪

孔子说："无欲速。无见小利。欲速，则不达；见小利，则大事不成。"（《论语·子路》）要做成大事，就要从小事做起。那么多小事摆在面前，自己如何选择？如果心中有理想，想做什么大事，与大事有关的小事，就是自己选择的对象。尽管做这种小事可能一时得不到什么效益。例如，两件事：一件事有可观的报酬，但与自己想做的大事没有关系；另一件事没有报酬，却与自己想做的大事有极密切的关系。贪小利者就会选择前者，时间长了，年龄大了，他只能赚到一些小钱，最后一事无成。最典型的是有一个青年，杨振宁想招他为博士，在科学上很有发展前途的人，后来为了赚钱，放弃学业去炒股，最后又因犯罪被驱逐出美国。美好前程被一些蝇头小利断送了。实在令人惋惜！有一些青年执着于自己的事业，经过若干年的艰苦努力，最后实现了自己的愿望。所有成功者，都是这么过来的。有的人说一不留神就成了名人，对青年人很有吸引力，但那都是一些痞子习气，在不正之风中炒作出来的，是经不起时间的考验的。没有诚实劳动，有一些人在经济转轨时靠投机倒把发了财，虽有这种情况，也不能说是正道。而诚实劳动发财致富，才是正道。这就是"君子爱财，取之有道"。因此，每天应该做什么事，都应该有选择。

要使选择正确，必须有远大理想，不贪眼前小利。吃亏是福，吃苦是福，都是对于有远大理想的人来说的。历史上这类事情很多。董仲舒为仕不遇，回家著述，名传千古。公孙弘身居要职，"当世则荣，没则已焉"（《史记·孔子世家》赞）。李白、杜甫因为不受当时统治者的重视，仕途不顺，写了一些诗，至今家喻户晓；另一些人，甚至水平不在他们之下，因为受皇帝宠爱，当了大官，神气了一生，死后就被人们忘记了。柳宗元参加变法失败，一贬再贬，他因此出了名，成了唐宋八大家之一。如果他变法成功，可能不那么倒运了，还未必有这么多人怀念他。可以说打击柳宗元的人成就了柳宗元的业绩。韩愈、苏轼、曹雪芹等都是大名人，他们也都受过很多磨难。对于他们来说，吃亏是福。此外，还有一些小利，是骗子放的诱饵，奸商设的圈套，坏人挖的陷阱。如果贪了这些小利，轻则吃亏上当，重则倾家荡产，还可能家破人亡。对于这种小利，怎么能不警惕呢？

6. 起点要低

　　做学问，要从基础打起，先学会走路，然后才开始学跑步。做生意，也是先从小生意做起，逐渐做大。南洋许多巨富都是穷人从小生意做起，然后才发展起来的。从政也是这样，从基层开始当个小头目，管着几个人。麻雀虽小，五脏俱全。团体虽小，各种矛盾也都有，要细心研究，才能管好这个小团体。小团体管好了，就可以逐渐扩大管理范围，增加管理的人数，取得经验以后，管理工作就会比较顺利。

　　生活的起点要低。先打个比方。两个同学同时毕业，分在不同的单位工作，甲每月工资 2000 元，乙每月工资 1000 元。过了两年，甲的月工资降为 1800 元，乙的月工资升为 1200 元，再过两年，甲再降为 1600 元，乙又升到 1400 元。两者相比，甲每月还比乙多 200元，但是，他们两个的心情很不一样：甲很悲观，乙很乐观。为什么？升降不同给心理造成的差别。同样道理，不管基础如何，只要不断升高，就很高兴。相反，如果基础比较高，以后不断下降，那就不会高兴。如果一开始生活水平就很高，以后就很难升高，甚至下降，因此，心情就不会太乐观。例如《红楼梦》中的贾宝玉，少年时代就在荣国府里过着花天酒地的生活，以后，他即使当上知县，也过不了那样水平的生活，何况他以后能当知县的可能性并不大。因此，贾宝玉后半生的命运注定是悲惨的，生活不断下降，情绪一直低沉。有些人因为生活落差太大，不能忍受，选择了自甘堕落或自寻短见的道路。由此可以得出什么结论呢？所谓"人往高处走"，是普遍的追求。受过苦难折磨的人，在以后的社会生活中，就比较经得起考验，精神就不那么脆弱，不怎么怕挫折，才能坚持原则，坚定地走向崇高的理想。

现在，有的人提倡美国的快乐教育，许多美国人不知道什么是快乐教育，大概在美国也只是少数人提出来的新看法，并没有成熟的见解，更没有形成制度。但是，有的人以为什么都是美国的好，打上美国的招牌，就可以顺利推销。实际上，美国的中小学教育虽有某些合理性，但从总体上看却是不成功的。中学生奥林匹克比赛，美国学生获奖的就很少，中国获奖的就很多，说明中国的中小学的教育从总体上比美国强。青少年在学校接受快乐教育，走出校门，走向社会能不能还都在快乐之中呢？如果社会不能提供快乐的条件，如何生活？那些从温室中培养出来的弱不禁风的幼苗就会在无情的现实中受到摧残。一些青少年自杀，都是心理承受能力太差造成的。社会竞争那么激烈，在学校没有这种准备，如何能适应社会的需要。中国一些教师在研究快乐教育时，提出一些看法是创见，不是美国所有的。例如，把快乐解释成愿意。虽然苦，为了实现自己的价值，愿意受苦。让学生树立这种观念，就是快乐教育。对于青年来说，任何困难都是对自己的考验与锻炼。古代叫"玉汝于成"。这是中国的东西，不是美国的东西。

7. 怀大义，识大体

每个人都有自己的生活，生活都会有所感悟。老年人对生活有很多感受，辛酸苦辣，五味俱全，真是一言难尽。有一句话可以与读者共勉，这就是孔子说的"人无远虑，必有近忧"（《论语·卫灵公》）。这句话很简单，大意是说，人如果没有长远的考虑，就必定有近期的忧愁。为什么想得不长远，就会有近期的忧愁呢？这应该说有许多原因。人的远虑，主要在于怀大义，识大体。

为什么需要怀大义，识大体？出于两方面的教训：一是看生活小节太重，以致误了大局；二是过于重亲情，破坏大义，最终也严重地损害了亲情。这两个教训都是缺乏"远虑"的后果。

城市里有很多青年是很聪明的，但是，他们由于太顾面子，怕人家说自己某一方面不行或不好，特别注意生活细节，浪费了很多时间与精力，最后一事无成。有少数城市姑娘，自视很高，加上家庭条件比较优越，大有目空一切的架势。在学校，在单位，都喜欢议论别人，当然也经常议论周围的男同志。她对自己熟悉的男同志都有很不好的印象。找对象自然要到外单位去找。实际上，外单位的男子未必都比本单位的好，只是"眼不见为净"。有的姑娘真的找到一个外单位的男子，结果此男子并非自己理想的郎君，后来的日子过得很悲惨。还有极少数城市女青年，到四十岁还没找到合适的对象，似乎天下男子都没有令她满意的。也许有，却早已让别人捷足先登了。不过，如果还有好男子摆在那里，要不要她，也还另说。自己到底有什么条件要求别人那么高呢？更有一些年岁大的城市女性，自己没有上过大学，居然在别人面前议论某某研究员、某某大学教授如何傻。这些教授因为不留心生活细节，才会有今日的成就，如果在生活细节上都处处精明，那他可能只是一个谨小慎微的一事无成的庸人。有人说，有作为的青年都冒点傻气，太聪明了，可能静不下心来，坐不住冷板凳。这话有道理。我以为他们并不傻，只是执着于自己的事业，又识大体，不注意生活小节就是了。在别人看起来，似乎有点傻。特别是在少数目空一切的城市姑娘面前。

　　对于亲情如何处置？一般地说，中国人比较重视亲情，讲孝悌。但是，过去也讲大义灭亲，为什么呢？为了维护大义，需要放弃亲情。一个在军队里管钱的少校，把军队的钱借给亲戚做生意，亲戚又不肯还钱，后来查出来，判了死刑，被枪决了。他自己虽然没有贪污，也没有花公家一分钱，由于徇私情，不能维护大义，走上犯罪道路。还有一个很有发展前途的医院女副院长为了两个不成材的弟弟断送了一切。两个弟弟受母亲的溺爱，好吃懒做，为非作歹。这位女副院长的母亲三番五次地要她为犯罪的弟弟到处托人求情，最后，两个弟弟都因杀人判了死刑，她自己因为求情而失身，懊悔而自尽。这个不识大体的母亲面对的就是这个家破人亡的局面。这类教训甚多，我们应该引以为戒！在亲情面前，如果不识大体，放弃大义，那么，对于有志的青年来说，可能会带来严重的危害。

8. 志当存高远

每个人都有自己的追求，全人类又有共同的追求。追求，有远近大小之分。长远的、伟大的、崇高的追求，就是理想。诸葛亮所谓"志当存高远"，志，志向，就是理想。当存高远，应该树立高尚远大的理想。高远的理想是什么呢？研究发现，不论什么时代，什么阶级，什么民族，最高最远的理想都是相似或相近的，甚至是相通的。任何一种追求，如果只能使一部分人生活得幸福，而使另一部分人生活得悲惨，那么，这种追求就不是最高尚的。最高尚的理想应该使人类社会上每一个人都能过上幸福美满的生活。

孔子儒家先提出仁的思想，从爱亲推出爱人，博爱全人类。儒家在《礼记·礼运》中提出大同的社会理想。这种社会要使每一个成员都能得到幸福的生活。儒家称这种社会是大同。大同理想是中国古代的最高理想，有时也称为太平世界。这种理想社会虽然不能实现，但是，在理想的引导下，社会不断进步，不断向文明方向发展。直到近代，康有为撰写《大同书》，孙中山题"天下为公"，应该说都受到大同理想的影响。

马克思提出的共产主义理想是"解放全人类"，也是包括社会的每一个成员，使他们都从压迫和剥削下解放出来，过上幸福的生活。过去经常说以前的理想都是空想，都是不能实现的，只有共产主义这个理想是可以实现的。这个说法，现在还无法证实。是否可以说，任何最高的理想都是不能完全实现的。因为能够实现的就不是最高理想。马克思所设想的共产主义社会实行生产资料公有制。社会成员各尽所能，按需分配，劳动不是谋生的手段，而是人的生活的第一需要。这种社会与大同理想有很多相通之处，可谓大同小异。

如果我们有了高尚远大的理想，那么，我们考虑任何问题时，就会解放思想，较少片面性、局限性，就能比较客观地实事求是地看待一切事物。一般地说，要充分了解世界历史，才能逐渐树立这种观念。如果不了解世界，只知道中国，或只知道某一地区的情况，就容易产生地理空间的局限性。所谓井底之蛙，所见之天只有井口大。如果不了解历史，只知道今天现实，也就容易产生时间上的局限性。所谓夏虫不知冰。有这些局限性，就很难树立最高尚的理想。

志存高远，精神境界就高，就能从容对待突发事件，恰当处理复杂矛盾，适时提出解决问题的最佳方案并加以实施，取得实际效果。这是追求的目标，它鼓励人们走向文明进步。崇高目标的价值在于前进方向与追求过程，不在于是否能实现。

9. 千里之行，始于足下

树立崇高的理想，就像确定了千里之行。要实现理想，必须采取具体措施。也像千里之行，必须始于足下，必须迈开步子，切切实实地走起来，向着正确的方向走去。只有千里之行的理想而不迈步前进，那就永远达不到目的。这个道理很简单，大家都能明白，但在实际生活中，却有很多人不能实行，为什么呢？怕苦怕累图舒服，弄虚作假贪便宜。当然也有一些是由于客观原因造成的。我们在这里主要讲主观方面的问题。

千里之行，确定的是目标，是方向。始于足下，是指具体实施，指实际行动。人的追求，最远的是理想社会，还需要一些近的目标，阶段性的追求目标。例如，高中生以考上某所大学为近期目标，青年教师以三年内评上高级职称为奋斗目标。这些都是很正常的。如果没有远大理想，只有这些具体的奋斗目标，那么有时也会有所前进，也会有所实现，在顺风顺水的时候，看不出有什么毛病，但在一些关键时候，遇到挫折，面临逆风暴雨，就可能失去方向，误入歧途。例如：考不上大学怎么办？评不上教授怎么办？特别是做了好事却受到冤枉，努力工作，立了大功，却受到沉重打击，在这种时候，没有更高理想的人，就可能从此失望，失去生活的信心，甚至自寻短见。远大理想在平时很难说有什么价值，有没有似乎无所谓，有的人认为它没有用。在关键时刻，有与没有则有天壤之别。走出活路，或走上死路，从此分道扬镳。真所谓"无用之用，是谓大用"。没有远大目标不行，没有具体行动也不行。没有行动，什么目标也不能实现。

确定目标以后，就要行动。这个行动并没有具体的规定，但应该说有一些法则。一是务实，空谈是解决不了问题的，必须从实际出发，实事求是，切切实实地解决问题。二是渐进，做什么事都要抓紧时间，又不能急于求成，通过切实功夫的积累，逐渐趋向目标。这两方面合起来就是"始于足下"。关于做学问，实际上也是这样。学问也是积累的过程。现实生活中常有这样的情况：两个同学毕业后在不同单位工作，一个刻苦研究、不懈努力，经过十几年的认真工作，取得一系列成果，评上高级职称；另一个平时不抓紧，浪费美好时光，悠闲自在地度过了十几年，一事无成。有的人平时不下功夫，临到关键时刻，拿不出过硬的成果，到处求情，企图通过人情达到目的，结果多半是徒劳的。早知如此，悔不当初。

第八课　善与恶

中国古人认为，治理国家就必须制定规章制度，法规政策。而这些规章制度和法规政策的制定，依据是什么？古人认为，就是依据人的情性。所以研究人的情性就成为治理国家非常重要的理论依据。他们研究的都是普遍人性。他们认为，人性中最大的区别就是善与恶这两种极端的性质。因此善恶就成了中国传统政治哲学中的重要范畴。以善恶来分君子与小人，来分义与利，来分荣耀与耻辱，来分伟大与卑鄙，来分重于泰山，还是轻于鸿毛。有了宗教以后，还可以依据善恶来分上天堂，还是入地狱。总之，善恶是一切社会现象和个人行为的价值标准。

关于人性善恶问题，几乎所有哲学家都参加讨论，但是，有代表性的、对后代影响大的、至今还有重要意义的，我们想提出的有以下几种：

1. 孔子论人性与仁德

孔子认为人性是相近的，差别不大，但在生活过程中，由于社会实践不同，个人经历不同，体验不同，人性的差别会逐渐扩大。这就是他所说的："性相近也，习相远也。"(《论语·阳货》)他接着又说："唯上知与下愚不移。"只有最聪明的人与最愚蠢的人不会改变。按孔子的说法，人性差不多，都是可以教育的，也都是需要教育的。对所有的人，都应该有爱心。

这个爱心是怎么产生的？儒家是从报答父母的养育之恩来论证的。孔子的学生有子说："孝弟也者，其为仁之本与！"(《论语·学而》)这说明儒家"仁"的思想是从爱亲引申出来的，也就是从孝亲推出来的，孝是仁的根本。对自己的父母要报答养育之恩，对别人的父母也要尊重。从爱自己的父母和子女，推己及人，也要爱别人的父母与子女，要爱天下人。爱天下人，爱所有的人，这种美德，就是"仁"。

春秋时代，人们把"仁"作为美德。如说："为仁者爱亲之谓仁，为国者利国之谓仁。"(《国语·晋语一》)爱亲是一种美德，利国也是一种美德。孔子对"仁"的解说是"爱人"。爱亲是爱自己的亲属；利国，说到底是利天下人民，是爱人民的表现，是爱别人。两者结合，就是爱所有的人。孔子有时也讲"泛爱众"，孔子的学生子贡说："博施于民而能济众。"(《论语·雍也》)都含有博爱的思想。对"仁"作了爱人的解释，比过去的爱亲与爱国都有了非常大的进步。这是儒家的精神贡献。

儒家重视孝，有一重要典籍就叫《孝经》，是专门论述孝的。

过去有人说，儒家讲孝太绝对了，典型的话是"父叫子死，子不死，子为不孝"，但是，这是后代儒家的陋见，孔子是不同意的。《韩诗外传》有这么一个故事：孔子的学生曾参是著名的孝子。一天，曾参有了过失——锄草时，误伤了苗，他的父亲曾晳就拿着棍子打他。曾参没有逃走，站着挨打，结果被打休克了，过一会儿才渐渐苏醒过来。曾参刚醒过来，就问父亲："您受伤了没有?"鲁国人都赞扬曾参是个孝子。孔子知道了这件事以后告诉守门的弟子："曾参来，不要让他进门!"曾参自以为没有做错什么事，就让别人问孔子是什么原因。孔子说："你难道没有听说过舜的事吗? 舜在家里时，父亲用小棒打他，他就站着不动；父亲用大棒打他，他就逃走。父亲要找他干活时，他总在父亲身边；父亲想杀他时，无论如何也找不到他。现在曾参在父亲盛怒的时候，也不逃走，任父亲用大棒打，这就不是圣王的人民。使圣王的人民被杀害，难道还不是罪过吗?"

在父亲失去理智的时候，拿着大棒乱打，如果打死、打伤或者打成残废，他冷静后会感到十分懊悔。这会给父亲的心灵上留下沉重的阴影，永远无法摆脱。这是"不逃"给父亲造成的精神创伤。真正的孝子要逃避父亲的盛怒，避免给父亲造成精神伤害。不管当时鲁国人怎么夸奖曾参，孔子还是严肃地对待此事，以便给后人留下正确的意见。很显然，上述"父叫子死"的说法，孔子是不同意的。不该死的，就不能轻易地死去，即使有父命。孔子在《孝经》中说："身体发肤，受之父母，不敢毁伤，孝之始也。立身行道，扬名于后世，以显父母，孝之终也。夫孝，始于事亲，中于事君，终于立身。"保护身体是孝，损伤皮肤，都是不孝的表现，自杀是最大的不孝。一辈子都要做好事，为父母争光，是孝的表现。认真做事，对社会有比较大的贡献，扬名后世，光宗耀祖，也是孝的表现。如果一个人当官，贪污了很多钱，送回家，让父母过好生活。这是不是孝呢？不是，法网恢恢，疏而不漏。到时候，破案，被捕入狱，会给父母丢脸的。做好事，都是孝的表现；做坏事，都是不孝的表现。孝是和睦家庭、和谐社会与和平世界的基础，在现代有重大意义。扭曲孝，不符合人道主义精神，是应当批判的。

　　"仁"，不能只看表面，要看实质。如何爱人？孔子提出两条原则：一是"己欲立而立人，己欲达而达人"。自己想要成功，也要支持别人成功，自己想要发展，也要帮助别人发展。二是"己所不欲，勿施于人"。自己不想要的东西，不要强加给别人。凡事都要设身处地，替别人着想，这是爱别人的重要思路。不为别人考虑的人，就不会产生"仁"的观念。"仁"的思想是儒家思想的核心，儒家思想又是中国传统思想的主干。历代儒家不断丰富、发展仁的思想，同时也有人对于儒家思想有所歪曲，或有不合时宜的观点，我们应该予以剔除。对于发展儒家思想的具有现代意义的观点，我们还要加以弘扬。孟子和董仲舒等思想家在仁的思想上就有所发展，我们应该给予肯定。

2. 孟子的性善论与仁政

　　孟子在与告子的辩论中，阐述了他的性善论观点。他认为无论圣人还是平民百姓，他们的本性都是善的。好听的音乐，大家都喜欢听；美味佳肴，大家都爱吃；艳色丽质，大家都喜欢；芝兰之香，大家都乐闻。耳目舌鼻，大家都有相同的感觉，人心怎么会没有相同的本性呢？孟子据此认为人性是可以相同的，而且都是善良的。

　　孟子认为人的善性表现在仁义礼智四个方面。这四个方面是天生就存在于人的本性中，开始只是萌芽，经过培育，不断发展，就可以形成完全的善性。孟子还举例说，一个小孩爬到井口边，就要掉下井去。在这危急的时刻，一个人看见了，就赶紧过去把小孩拉住，抱起来。他不是这个小孩的父亲的朋友，也不是他的什么亲戚，他不是为了让别人知道他做了好事，也不是为了向乡亲讨个赞扬。他究竟为了什么？因为他的心中天生的就有"恻隐之心"。这个"恻隐之心"，就是仁的萌芽。其他义、礼、智，也都有萌芽存在于人心中。这四个善端"非由外铄我也，我固有之也"（《孟子·告子》）。不是外加的，而是自己所固有的。

人有相同的本性，这个本性又是善的，因此自然可以推出，每个人都可以成为善人。只要都注意保守本性，加强修养，那么，"人皆可以为尧舜"(《孟子·告子》)。

人都有善性，为什么世上还有那么多的恶人呢？孟子作了这样的解释："为不善，非才之罪也。"(同上)成为不善，不是天生资质的罪过。问题出在哪儿呢？一是没有把善性的萌芽培养出来，善性得不到充分发展。二是受到外物引诱，善性被物欲破坏了。这一点可能受到他的母亲的影响。孟母为了寻找培养小孟子的良好环境，曾经三次迁移居住地。这反映了孟母对生活环境的重视。这种思想对后代的影响是很大的。现在世界各国都很重视把自己的孩子送到比较好的小学与中学去上学，也是为了让子女能在较好的环境中成长。

孟子性善论在政治方面的影响主要表现在人治上。孟子虽然也讲"徒善不足以为政，徒法不能以自行"(《孟子·离娄上》)，政治不能唯贤，也不能唯法。这种说法包含辩证法思想。但是，孟子比较倾向于选择贤人来治国，不太注重法制的建设。以后的中国特别推崇孟子的思想，也就比较倾向于重视人才的选拔，科举制度就说明这个问题。人性都是善的，这就反对贵族血统高贵的观念。在这种人性平等的基础上产生了科举制度。中国的封建社会虽然存在了一两千年，但一直没有形成铁板一块的封建等级。秦汉以后，改朝换代不断，哪一个阶层的人，甚至异族酋长都有机会进入统治集团，乃至爬上权力的顶峰。相反，贵族豪门也会因为"君子之泽五世而斩"，破落成为平民乃至奴隶。这种可上可下、经常流通的社会结构，使人才得以比较充分发挥的机会，也是导致中国封建社会相对稳定并且延续较长时间的一个重要原因。如果说孟子的性善论与中国后代的人治传统有一定的联系，我想并非毫无根据的。

孟子的人性善，成为他提出仁政的理论基础。

孟子倡导"老吾老，以及人之老；幼吾幼，以及人之幼"（《孟子·梁惠王上》）。尊敬别人的老人要像尊敬自己的父母，爱护别人的小孩要像爱护自己的子女，这就是推己及人。再继续往下推，推到天下人民，树立"民为贵"的观念，用仁爱精神对待自己所管辖的人民。这就是仁政。为什么可以而且应该实行仁政，其理论根据是人的本性是善的，"仁、义、礼、智，非由外铄我也，我固有之也，弗思耳矣"（《孟子·告子上》）。"人之有四端也，犹人之有四体也"（《孟子·公孙丑上》）。孟子认为人的本性都是善的，为什么有的人变坏了，这是因为这个人受到外界物质的诱惑才变坏的。因此就要创造良好的社会环境，保护人的良好本性，这样社会就成了美好的人间。怎样才能创造成良好的社会环境呢？他认为，人们应该认识到，民是最高贵的，国君不是最重要的，与人民相比，分量要轻得多。这就是他"民贵君轻"的思想。

孟子对于这个问题进行了一番论证。他说，得到天子的赏识可以当诸侯，得到诸侯的赏识可以当大夫，得到人民的拥护就可以当天子，由此可见，人民比国君更高贵。孟子下结论说：有天下者，失民，则失天下；无天下者，得民，则得天下。这叫"保民而王"。如何才能得到人民的拥护呢？孟子认为关键在于得民心。他说："得其民有道，得其心。"（《孟子·离娄上》）所以后人说"得民心者得天下"。怎样才能得民心呢？那就是要做两方面的工作：一是人民想要的，替他们办到；二是人民反对的，要帮助他们排除掉。这实际上就是孔子所讲的仁的两个原则："己欲立而立人，己欲达而达人"和"己所不欲，勿施于人"。孟子反对用武力征服别人，"以力服人"，心里不服。只有"以德服人"，才能使人心服。孟子认为"仁者无敌"。靠武力征服，即使暂时取得胜利，也不会长久。后来，秦始皇靠武力统一天下，很快就灭亡了，证明了孟子的看法。

孟子的仁政两原则，也就是兴利除害。如何兴利除害？孟子提到一些最重要的措施：首先要给人民有一定的"恒产"，恒产就是土地。有了土地，生活就有了保证。丰收年，可以生活得富裕些，歉收年，不至于饿死。上可以赡养父母，下可以抚养子女。这样人民就会安心在这里长期生活下去。这就是所谓有"恒产"才有"恒心"。有了生活保证以后，就要进行教育。"饱食暖衣，逸居而无教，则近于禽兽。"（《孟子·滕文公上》）富裕以后，如果不进行教育，人就会变得像禽兽一样，不懂礼义，缺乏道德。因此，孟子十分重视对人民进行伦理教育。另外，孟子还非常强调任人唯贤，如果坏人掌权，什么好事都会被搞乱了。他提的"尊贤使能，俊杰在位"（《孟子·公孙丑上》）是需要认真体会的。他说："徒善不足以为政，徒法不能以自行。"（《孟子·离娄上》）有的人是好人，是贤者，但未必适合当官执政，做官与做人是不一样的。对于贤人要尊重，未必都让他们当官。使能，是任用能力强的人来办事。能，是指能人。道德与能力，是当官的两个必要条件。愿意为人民办事，能够为人民办事，这是实行仁政所需要的官员。

孟子的仁政学说是系统的儒家政治学。孟子认为要实行这一套理论，最高统治者天子要"尽心"，就是要全心全意为人民做事。否则，天子只想自己享受，不顾人民死活，那是什么也办不成的，再好的政治方案，也只不过是一纸空文。

孟子对于个人修养问题，也有他的见解。这主要有两条：一是在顺境中怎么做人；二是在逆境中怎么做人。他说："穷不失义，达不离道。"在困难的时候，不要失去理智胡来。在春风得意的时候，也不要忘乎所以，随心所欲，偏离正道，做出越轨的事来。他又说："得志，泽加于民；不得志，修身见于世。穷则独善其身，达则兼善天下。"(《孟子·尽心上》)穷，就是穷困、不得志；达，就是得志、顺利。而在这两种境遇中，很多人失去理智，忘乎所以，做了错事，犯了罪行，一失足成千古恨。孟子只讲这两种境遇下应该如何做人，实际上可以说是抓住了根本，指出了难点。

3. 荀子的性恶论与隆礼重法

与孟子相反，战国时代的另一位大儒荀子却提出人性是恶的。

他是如何论证的呢？在人性具有普遍性方面，也就是说，统一人性，荀子与孟子相同。只是孟子认为人性统一于善，荀子认为人性统一于恶。荀子认为人生来就是好味、好利、好声、好色的，这是圣人与平民百姓所一致的。例如人肚子饿了，想吃东西，吃还想吃饱。但是吃饱了，是否就满足了呢？不一定。吃饱了想吃好的，追求美味佳肴。好的吃腻了，又想吃新鲜的、稀罕的。稀罕的东西很少，自然不能满足需求。所谓"欲壑难填"，就是人的欲望是无止境的。如果一个人为所欲为，那么全国人都为他服务也不能满足他的欲望。他的欲望得不到满足，就不高兴。天下人不是只有他一个人有这些欲望，大家都有这些欲望，那么竞争就是不可避免的了。竞争的结果两败俱伤，削弱人类的整体实力，削弱人类与大自然的抗争能力，甚至危及人类的存在。因此，荀子认为，如果任其发展，人类的自然本性自然发展的结果必然损害人类的整体利益。因此人类的自然本性天生是恶的。为了避免这种严重后果，有先见之明的圣人制定了一套生活规范，来制约天生的自然本性，使人有了向善的思想和行为。荀子认为这种善不是天生就有的，而是后天教育的结果，因此称它为"伪"，即人为加工的结果。

荀子认为圣人根据人的情性是恶的，所以制定了一套伦理规则，人如果能够按这些规则行事，那就是善的，如果违背这些规则，按自己的自然本性，即无休止的欲望，去做事，去处理人际关系，也就是说，随心所欲，为所欲为，那么，就会成为坏人，就是性恶的人。因此，他认为每个人都有希望成为善人，只要认真学习并实行圣人制定的伦理规则，就可以成为好人、善人甚至圣人。因此他有一句名言："涂（途）之人可以为禹。"其结果，他的论断与孟子的"人皆可以为尧舜"完全一致，正所谓"一致而百虑，同归而殊涂（途）"。殊途同归，走不同的道路，达到共同的目标。

教育不是万能的。有些人在有阶级存在的社会里是教育不好的，正如韩非子在《五蠹》所说的，一个青年人，不成才，不做好事尽做坏事。父母训斥，他不改；乡亲劝告，他不听；师长教导，他也无动于衷。三方配合教育，仍然无效。官府出兵追捕邻村犯罪的青年，这个青年害怕了，不敢犯法，改变了自己的恶习。韩非从此得出结论："民固骄于爱，听于威矣。"用现代话说，就是老百姓不听好心劝告，害怕法律惩罚。

韩非是荀子的学生，他的法家思想是沿着荀子性恶论阐发的。这是很自然的。因此我们有理由认为，荀子性恶论自然可以导致法治观念，为法治传统准备了理论基础。

荀子的性恶论是不够彻底的，他认为人性是恶的，并且认为圣人与凡人的本性是一样的，那么圣人怎么会制定向善的伦理制度呢？另外，如果人性都是恶的，由于害怕法律的制裁，那只能做到不犯法，并不能产生善的行为。如果想劝善，人性中必须有能够接受善的因素，否则，所有的善都不能进入他的心中，更不能化为善的行动。当然，如果全面深入研究荀子的思想，其中还是有一些人性善的思想，也有法制之外的道德伦理的内容，还有关于自我修养之类的说法。应该说韩非子的法家思想过分强调了法的正面作用这一面，才使理论推向绝对化了。西方法治思想比较浓厚，有人认为可以推出西方人是主性恶论的，与荀子的观点接近。因此，他们强调什么君主与官员，都与老百姓一样，在法律面前人人平等。

　　荀子的两名弟子——韩非与李斯在秦始皇统一天下中立了大功，用的是法家的思想。在荀子"隆礼重法"中，韩非、李斯发挥了"重法"的一面，适应乱世的实际需要，取得成功。统一天下后，没有下马治天下，忽视了"隆礼"的一面，结果很快亡国。这又是失败的。

4. 董仲舒的人性未善论与德主刑辅

　　孟子与荀子讨论人性善恶的问题，都是举出实例来说明自己的观点。例如孟子讲四善端自在性中，举例说小孩爬到井口边，人们产生恐惧感来说明本性中有"仁"的端，没有过多考虑，就会去抢救。荀子则从人的正常欲望，不加制约，无限扩大给人类带来灾难，来说明人性是恶的。很显然，这些说法都能自圆其说。汉代哲学家董仲舒深入研究过孟子与荀子的人性论，认为他们说的都有道理，只是他们对善恶的概念不一致。所以需要理清概念，究竟什么是性？什么是恶？什么是善？也就是说要从理论上对人性论进行一次深入探讨。

　　董仲舒首先要给"性"做正名的工作。他说："性之名，非生与?"性不就是"生"的意思吗？他给"性"下了这样的定义："生之自然之资，谓之性。""性者，质也。"(《春秋繁露·深察名号》)就是说，性就是自然生成的本来的素质。这跟告子说法一致。孟子口才好，把告子驳得无言以对，过一百多年后，董仲舒为告子阐述观点，批判孟子的说法。孟子驳告子，说："牛之性，犹人之性与?"(《孟子·告子》)牛有自然本性，人也有自然本性，二者一样吗？当然不一样。于是告子就被驳得哑口无言。董仲舒提出："诘性之质于善之名，能中之与？既不能中矣，而尚谓之质善，何哉？性之名不得离质，离质如毛，则非性已。不可不察也。"(《春秋繁露·深察名号》)中，符合。性的质与善的名是否符合？既然不能符合，为什么还要说性是善的呢？性这个名称不能离开本质，离开本质一点点，就不是性了。质中没有善，没有质善，当然也没有性善。董仲舒用了很多比喻。首先用眼睛作比喻，他说人性就像眼睛，当闭目睡眠时，眼睛虽然有看见的功能，却什么也没有看见。等他醒后，睁开眼睛，才能看到东西。人性虽然有善质，不是一开始就已经善了，是需要经过教育，才能变成善的。王者就是奉天命来教化人民的。如果人性就是善的，那就是"失天意而去王任"，丧失天的本意，取消王者的责任。董仲舒在这里以正名的方式，来讨论人性，不同意性善论。

　　儒家以圣人的话作为判断是非的标准。董仲舒引孔子的话说："善人，吾不得见之，得见有常者，斯可矣。"他接着说："由是观之，圣人之所谓善，未易当也。非善于禽兽则谓之善也。使动其端善于禽兽则可谓之善，善奚为弗见也？夫善于禽兽之未得为善也，犹知于草木而不得名知。"孔子说自己见不到善人，可见善是不容易达到的。如果说比禽兽好一点就可以说是善，那孔子怎么会见不到善呢？比动物好一点不能算善，正如比草木聪明不能算聪明一样。董仲舒认为，圣人善的标准很高，"忠信而博爱，敦厚而好礼，乃可谓善，此圣人之善也"。没有好的社会制度，人民没有受到普及的教育，就不可能有善。董仲舒根据圣人的说法，认为："吾上质于圣人之所为，故谓性未善。"(《春秋繁露·深察名号》)性未善是他的结论。禾是性，米是善。禾中有米，禾不是米，禾经过加工成为米。性中有善质，性未善，经过教化才能变成善。董仲舒认为天人之间有一个界限，在天性范围以内，只有自然的东西，不存在善；在天性的范围以外，是人事，经过人事，才会有善。这个说法与荀子的观点比较一致。他讨论人性，不以最好的圣人之性，也不以最坏的斗筲之性，这两种极端都只是极少数。主要讲的是最广泛的万民之性，或称中民之性。这种人性才有普遍意义，才有代表性。这种性可以教育成善，也可能发展成恶。根据这种普遍的人性，他主张道德教育与刑罚惩治并行，以道德教育为主，以刑罚惩治为辅。他在对策一中向汉武帝讲上天"任德不任刑"，"王者承天意以从事，故任德教而不任刑……为政而任刑，不顺于天，故先王莫之肯为也。今废先王德教之官，而独任执法之吏治民，毋乃任刑之意与？"明确批评汉武帝"废德教而任刑罚"(《汉书·董仲舒传》)。

　　董仲舒提出新的仁义观。他认为仁的法则"在爱人，不在爱我"（《春秋繁露·仁义法》）。他说，爱周围的人，也要爱远方的人，要爱人民，也要爱鸟兽昆虫，要爱一切生物。在《春秋繁露·五行相胜》中，董仲舒讲了营荡的故事：西周初年，营荡任齐国司寇，姜太公到齐国，就问营荡治理齐国的主要原则是什么，营荡说是仁义。姜太公又问：如何实行仁义？营荡回答：仁者爱人，义者尊老。姜太公又问：如何爱人尊老？营荡说：爱人，就是要爱自己的孩子，不要他出力，让他吃好的；尊老，就是要尊重自己家的老人，妻子岁数大，丈夫要向她跪拜。姜太公一听气坏了，说：我要用仁义治国，你却用仁义来搅乱齐国，把你杀了，才能稳定齐国。营荡爱的只是自己的子女，尊重的只是自己的老人、妻子。这种人虽然也在口头上说仁义，实际上不能真正实行仁义。营荡不能算仁者，也不是道德高尚的人。姜太公杀了他，革除了那种乱国的方针，使齐国逐渐走上富强的道路，后来齐桓公成了春秋第一个霸主。

　　董仲舒认为爱的人越多越好，越远越伟大，越广越高尚。相反，只爱自己，是最狭隘的爱，必将毁灭自己；只爱自己身边最亲近的人，那就会遇到严重困难或危机；只爱自己管辖范围内的人民，有本位主义思想，能维持安定的局面，也能保存自己，但不可能有大作为。能够爱到其他诸侯，就会在诸侯中树立权威，成为霸主。能把爱推广到四海之外，施及天下，那他就是最伟大的王者。这种爱及远方的思想在中国人的心中有很深的影响。因此，中国历代统治者都重视"怀远"、"绥远"，对边远地区的人民，对国外远方友人都表现出特别友好的态度，都给予深切的关怀。明代前期的郑和下西洋则是很好的例子。

明代永乐三年(1405)，郑和奉命出使西洋。他带领将士二万七千八百多人，驾航海船队出航。大船长四十四丈、宽十八丈，这样的大船有六十二艘。其他船共二百余艘。从苏州刘家河先到福建，然后从福建闽江口五虎门启航，经过南亚、阿拉伯、西非三十多个国家，到达非洲西岸。当时中国的造船业和航海业都是世界第一流的。郑和航海也曾经遇到海盗的拦劫，但很快击败武装的海盗，并活捉了海盗的首领。凭当时的国家实力，中国可以把沿途的任何国家变为自己的殖民地，但是中国人以仁义为本，没有把沿途任何一个弱小的国家变成自己的殖民地，与所经各国都进行了文化交流和友好贸易。礼尚往来，中国与沿途各国都互赠礼品，一般都是中国送出去礼品的价值高于回赠礼品的价值。后来，郑和又六次下西洋，一如既往地与沿途各国保持友好关系，增进了解，发展贸易，交流文化。郑和为中国与世界的交流做出了突出贡献。郑和航海后八十七年，欧洲人哥伦布才率领八十七人乘三艘小船航海探险，到了美洲。以后又两次到达美洲。欧洲人到达美洲以后，发现那里有许多财富，就蜂拥而至，残酷地追杀当地居民，开辟了一大批殖民地。二百多年前，美国还是英国人的殖民地。两相比较，中国以仁爱为本，与各国友好相处；西方人主张优胜劣汰，以强凌弱。这就是中西的一种文化区别。

中国的仁爱传统也影响到现代。在长征时期，毛泽东给军队规定的三大纪律中有一条是"不拿群众一针一线"，这是爱人民的突出表现。他在抗日战争中又提出"优待战俘"的政策，也是仁爱精神的体现。日本军队入侵我国，到处烧杀抢掠，无恶不作；经过激战，我军俘虏了一些日本官兵，不但不杀他们，而且给予"优待"，自己吃粗粮，细粮留给战俘吃。这种做法，深刻体现了中国传统的仁爱精神。白求恩大夫是加拿大人，不远万里，来到中国，帮助中国人民抵抗日本军队的侵略。他毫不利己，专门利人，爱到万里之外的中国人民，这是最崇高、最伟大的爱。因此，白求恩大夫成为中国人民最崇敬的外国人之一。中华人民共和国成立以后，中国政府提出了中国处理国际关系的和平共处五项基本原则，又提出中国永远不称霸，并保证不首先使用核武器，都体现了仁爱精神。从历史和现实来看，中国的发展不会对周边国家构成任何威胁。中国的发展大大增强世界和平力量，有益于亚洲和平与稳定。有些人说"中国威胁论"，从中国的传统思想文化方面讲，也是没有根据的。

5. 人性论的融合与批判

战国时代，有的说人性没有善恶之分，就像水那样，往东引导，水就流向东方，往西引导，水就流向西方。这是告子的观点，他与孟子辩论时谈到的，保存在《孟子·告子》中。有的说人性是有善恶之分的，也像人的身高与脸色那样，身材有高低，脸色有黑白。这是世硕、公孙尼子等人的观点，保存在王充《论衡·本性》中。再加上孟子与荀子的观点，每一种观点都是很雄辩的，都有一定的合理性，真是难以统一。于是，扬雄提出人性善恶混，是对前人的说法进行综合，概括出这个结论。

东汉末的思想家、荀子的后代荀悦对前贤的人性论进行系统批判后，提出自己的看法。孟子讲人性都是善的，荀悦问为什么有"四凶"？四凶是指虞舜时代的四个大坏人：浑敦、穷奇、梼杌、饕餮。性善的人在圣王统治下怎么会变坏呢？荀子讲人性都是恶的，荀悦问为什么有"三仁"？三仁是指殷纣王时代的三位大好人：微子、箕子、比干。人性都是恶的，在暴君的统治下如何产生大好人？世硕、公孙尼子等人认为人性没有善恶，那么在同样环境中怎么会有善恶的区别，周文王的儿子，有周武王和周公那样的好人，也有管叔和蔡叔那样的坏人。董仲舒讲性善情恶，荀悦说，如果真是那样的话，桀、纣这些恶人就是只有情没有性的人，而尧、舜这些圣人就是只有性没有情的人。按扬雄的说法，人性善恶混，那么，大坏人桀、纣都有一点善良的心理，而圣王尧、舜也带有一些坏的念头。总之，以上这些人性论都是与事实相抵触的。

荀悦认为人性是有善有恶的，性与情相应，性善情也善，性恶情也恶。性在内，情在外。性决定情。性中有义与利的争斗，义胜了，性即善，情也善。利胜了，性就恶，情也是恶。

荀悦认为人性中的善的因素也需要教育才能成长，人性中的恶的因素需要法律才能逐渐消除。除了特别好的人和特别坏的人，其他人的本性中都是善恶交争的。一般人的本性都是善恶交争的，政治的任务就是"教扶其善，法抑其恶"。荀悦说："于是教扶其善，法抑其恶，得施之九品，从教者半，畏刑者四分之三，其不移大数九分之一也。一分之中，又有微移者矣。然则法教之于化民也，几尽之矣。及法教之失，其为乱亦如之。"（《申鉴·杂言下》）人分九品：上上、上中、上下、中上、中中、中下、下上、下中、下下。以教化与法制来对待这九品人，接受教化的占一半，害怕刑法的占四分之三，只有九分之一的人不肯改变。就是在这九分之一中，也有一些人有了微小的变化。这样一来，用法与教结合的办法教化人民，几乎把所有的人都转化过来。同样道理，当教化与法制一旦失效，也是几乎使所有的人都变成作乱的人。

荀悦还认为，人性向善是上升的，人性变坏是下降的，"升难而降易"，"善难而恶易"，人学好比较困难，学坏就比较容易。如果政府不管，"纵民之情，使自由之，则降于下者多矣"（同上）。让人民自由，那么人性变坏的就会很多。荀悦主张性有差别与情性相应说。性的差别就是性善、性恶与性善恶混。他认为："性虽善，待教而成；性虽恶，待法而消。唯上智下愚不移，其次善恶交争。"（《申鉴·杂言下》)上智者就是性善的人，下愚者就是性恶的人，其次善恶交争，就是善恶混的一般人。这样，他就把孟子、荀子、扬雄等人的人性思想都综合在一起了。但是，他说的还不够具体全面，于是就有了韩愈的三品说。

6. 性三品说

性三品说对后代影响很大，它的产生却有一个较长时间的发展过程。孔子讲上智下愚不移，似乎已经开了先河。董仲舒则明确提出有"圣人之性"、"中民之性"与"斗筲之性"，共三个等级。"圣人之性"是全善的，不必教化就是善的。"中民之性"又叫"万民之性"，这是普通百姓的性，是可以变好，也可以变坏的。"斗筲之性"，这种性天生就是恶的，是教化不了的。董仲舒要讨论的人性只是"中民之性"。他认为讨论最有代表性的"中民之性"才有意义。因此他虽然说性有三个品级，而他讨论的却只有最有普遍意义的"中民之性"一个品级的性。王充讲中人以上为性善者，中人以下为性恶者，中人是性善恶混者。其实也已经明确了人性可以分三个等级。"三品"这个概念却是荀悦最早提出来的。《申鉴·杂言下》载："或问天命人事，曰：有三品焉，上下不移，其中则人事存焉尔。命相近也，事相远也，则吉凶殊矣。故曰穷理尽性，以至于命。"性与命相联，人性与命运都一样分为三等，上等与下等的都不会改变，中等的就要靠人事来决定，努力学好向善，就会有善性与好运；不学好，不积阴德，那么性就不善，就会成为性恶的人，最终必定倒霉。

　　韩愈从政治角度来讨论人的性情问题。他在《原性》一文中，提出性与情的问题，他认为性包括仁、义、礼、智、信五种成分，简称"五性"，是人生来就有的。情包括喜、怒、哀、惧、爱、恶、欲这七种情绪，简称"七情"，这是人接触外界才产生的。韩愈认为五性在具体个人的性中不是一样的，因此可以分为三品。上品者纯善而已；中品者可以引导向上，也可以引导向下；下品者纯恶而已。情与性是相应的，也分上中下三品。上品者，七情都是合理的，适当的。中品者，有的过头，有的不够，但力求合理。下品者，不是过头，就是不够，任凭感情发泄，而不加控制。对于这三品，他认为，上品者经过学习会更加聪明，下品者慑于法制的威力而少犯罪。这就叫"上者可教而下者可制"（《原性》）。教化与法制的社会作用都是不可或缺的。中品者在教化的引导和法制的威慑两者结合的作用下，更多的走上正路，社会风气也因此变得好一些。

7. 性二元论

汉代有性情二元论，后来被性情相应论所代替。到了北宋时代，张载提出"天地之性"与"气质之性"，实际上是以新的方式再次提出二元论。这与他的宇宙观是有关系的。

张载认为，天地以及万物都是由气所聚合而成的，任何事物的毁坏都是回到气的原来状态，并非消失。万物的不同都是气的聚合的形式与浓度的不同所造成的。以此来解释人性问题，他认为人性也都是由气决定的。

人性都是由气决定的，这是所有人都一样的，没有不善的。这就叫"天地之性"。但是，每一个人所禀受的气有清浊厚薄的不同，因此形成了不同的"气质之性"。"天地之性"决定人性的普遍性，共同性；"气质之性"决定人性的差异性，个别性。善恶的区别只能从个别中寻找原因。

气质之性有好有坏，好的自然就是善的，坏的自然就是恶的。但是，这也不是天生就定了的，在后天还是可以改变的。如何改变？张载提出一个"反"的概念。人生以后就有"气质之性"，善于"反"，就能回到"天地之性"。

孟子讲"反身而诚"，李翱提出"复性"说，都可以认为是张载"反"思想的渊源。那么，张载所讲的"天地之性"，就相当于李翱说的性，张载所讲的"气质之性"，就相当于李翱说的情。宋代这种性二元论，可以说是从性情二元论演变来的。

张载认为，一般人都有"天地之性"和"气质之性"，都有善的和恶的因素，都可能向善恶两方面发展，因此，善恶的关键在于"善反不善反"（《正蒙·诚明篇》）。善反，人就可以成为善人，不善反就可能变成坏人。善反，就是要改变自己的气质。改变气质的办法，就是学习。"为学大益，在能变化气质"（《经学理窟·义理》）。学习的最大好处就在于能够改变自己的气质。有些人气质不好又不能改变，原因就在于"不知学"。学习的重要性，于此可见一斑。孔子说"为己之学"，宋人就可以理解为：学习为了改变自己的气质。

与张载同时代的二程（程颢、程颐）认为人性包括仁义礼智信，是全善的。人的形体是禀气而成的，气有清浊的差别。禀清气而生的人是"自幼而善"的；禀浊气而生的人是"自幼而恶"的。他们又说，性就是理，所谓"天地之性"，就是"天理"。而"气禀之性"，就表现为人欲。于是，前人复性去情的说法，在二程这里就被转换成"存天理，灭人欲"这个新口号。南宋理学大师朱熹继承二程的思想，提出"人之所以生，理与气合而已"（《朱子语类》卷四）。先秦的精气与形合而生人，王充的阴阳气合而生人，后来佛教讲肉体和灵魂的结合成人。朱熹把精气、阳气、灵魂归结为理，理又是客观存在的抽象实体，因此称为天理。天理自然是善的。天地之性，又称天命之性，也叫义理之性。气有清浊，禀受清明之气的人就是圣人，禀受清明之气又掺杂一些浊气的人就是贤人。贤人能够克服自己的物欲。禀受浑浊之气的人不能克服自己的物欲，于是就成了愚蠢的人或坏恶之人。朱熹说："圣贤千言万语，只是教人明天理，灭人欲。"(《朱子语类》卷十二)这是朱熹对从董仲舒以来讨论人的性情问题的高度概括，也是他的伦理思想的集中体现。对于中国古代后期社会有很广泛、很深刻的影响。

总之，中国古人讨论人性问题，最主要的问题是讨论善恶的问题。后来传入马克思主义，主要讲阶级矛盾、阶级斗争，认为没有抽象的人性，只有这个阶级或那个阶级的人性。

二十个世纪九十年代，不怎么讲阶级斗争了，于是，区别于禽兽的人性又一次受到人们的重视。人有区别于禽兽的人性，这应该是可以肯定的。婴儿与黑猩猩的崽子放在一起，不容易看出两者有什么大的区别。以同样的方法哺育，在同样的环境中成长，过两年差别就非常明显了。小孩可以说话，而黑猩猩的崽子什么话都不会说，再过两年，它还不会说任何一句话。这说明，刚生出来时，性相近，后来就相远了。孔子所说的"性相近"，是非常正确的。相近并非相同，是有差别的，差别不大。发展后差别就大了。就像两条相交的直线，离交点很近的地方，这两条线很接近。越往外，距离越远。不承认生来的差别，就无法解释这种现象。实际上，人与人在刚出生时也是有差别的，只是差别很小，一般人看不出来。在成长过程中，差别逐渐显现出来。所谓"三岁看到老"，应该也是有一定道理的。

当然，社会环境(社会地位、阶级地位、经历、师友等)和个体体验都会对人产生一定的影响。阶级的影响是不可否定的，但不是唯一的。因此，在阶级社会中，一个人的经历、社会地位都会给人留下深刻的影响。如果忽视这一点，也会产生严重的错误。什么都归结为阶级性，显然也有说不通的时候。因为并不是到处都充满着阶级斗争的。中国古代说"人有十等"，阶级也应该像台阶那样，有许多层，是很复杂的。后来有些人将它简单化为两个对立的阶级，也使这一复杂的理论僵化、绝对化。也许当时出于斗争的需要，也许当时要发动参加革命的群众还是文盲和半文盲的工农大众，只能用他们能够理解的简单理论向他们宣传。事实证明，这种理论在当时是成功的，得到革命实践检验的。脱离具体实践，讨论理论问题，虽然引经据典，说明不了什么，只能说明他们是没有出息的书呆子和教条主义者。

第九课　义与利

1. 义利的本义

　　利字是刀与禾的结合，可以理解为农业生产的收获。收获的生产品就是物质的利。后来推而广之，把所有对人有好处的物质的与精神的东西都称作利。义字就比较复杂，繁体字作"義"，上羊下我。中国古代把许多美好的东西都与羊联系起来，如美、善、养、羡等都带着"羊"。我，据考证，是一种兵器，作为第一人称，是后来的事。有人猜想，是人拿着兵器守卫着羊群，就是义。这种猜想有一定道理，但没有旁证材料。儒家讲："义者，宜也。"据考证，"宜"是切肉的意思。义与切肉有什么关系呢？《庄子·大宗师》："齑万物而不为义，泽及万世而不为仁，长于上古而不为老，覆载天地、刻雕众形而不为巧。"庄子讲的这些是反话，由此可见，在当时人看来，"齑万物"是义。齑是细切、粉碎的意思。《周礼·天官》郑玄注："细切为齑"。细切羊肉，是为了更合理地分配。合理分配，就是义。这

种说法，还可以举孔子、孟子的话作为旁证。孔子说："见利思义"，
"义然后取"。见到利益，首先要想是否合理，如果合理，就可以取。
孟子说："非其有而取之，非义也。"(《孟子·尽心上》)不是你的，你
拿走，就是不义。贪污受贿得来的钱财，就是不义之财。推而广之，
所有利益，一切好处，都应该有合理的分配，这是义的原则。如果
多吃多占，或者贪天之功，据为己有，那都是不义。利是利益，最
初是生产品，引伸为一切好处，包括名誉、地位、权势。义是合理
分配，引伸为一切合理、公正的观念与行为。二者是统一的两个
方面。

　　在先秦时代，就有义利统一的思想。如晋国大夫里克说："夫义
者，利之足也。""废义则利不立。"(《国语·晋语二》)利是由义支撑
着，没有义，利就立不起来。晋国另一个大夫丕郑说："义以生利，
利以丰民。"(《国语·晋语一》)义不但支撑利，而且还会生出利来。
利是为了丰富人民的生活，满足人民的生活需要。孔子认为义非常
重要，是政治的重要内容。他说："礼以行义，义以生利，利以平
民，政之大节也。"(《左传》成公二年)义者，宜也。宜就是合理、合
适的意思。这样，孔子的话就可理解为：礼制就是为了处理事情能
够合理，处理合理，能调动积极性、创造性，就会创造更多的利。
有充足的利，可以使人民安定生活。这是政治的大节。可见，义利
之辨是政治哲学的重要内容，特别是义，应该是所有政治家都要认
真研究的重要问题，也是平民百姓的生活准则。

　　后来，有权的人在分配生产品时，自己多占，出现不公平现象。

义与利出现脱节，合理分配的为义，不合理的分配就是当权者的不义。平民百姓合理地待人接物，顾全大局，也是义；损人利己，损公肥私，就是不义。头脑中考虑别人的利益多，是义；考虑自己利益多，就是不义。后世讲义利对立，也就是很自然的事了。

2. 君子喻于义， 小人喻于利

　　君子指统治者，社会管理者，负责各种利益的分配。坚持公平公道，实行合理分配，就是行义。做官就是为了行义，对待人民也要注意义，所有不义的事都不能干。在利益面前是否严格按义去做，是区分君子与小人的界限。君子应该知道如何分配才是合理的，百姓只要知道自己可以得多少。孔子的话原来就是讲这个意思。后来，君子向小人宣传义，许多小人也了解了一些义的基本原则，也能顾全大局，也知道义。还有一些人只知道自己的利。于是在百姓中也有义利之分。这样，对待义利的不同态度，也就表现出道德的高低。因此，义利之辨成为后代判别君子和小人的重要标准。两千年来，义利之辨一直是许多思想家经常讨论的重大问题。近二十年，又重新讨论这个问题，还有一些需要研究的理论。西汉刘向《说苑》卷四记载一些具体的事例，可以帮助我们理解义利之辨。

例如，孔子拜见齐景公，齐景公表示要发给他俸禄作为生活费用，孔子推辞，不肯接受。他出来对弟子说："我听说君子立功受禄，现在，我给齐景公提了一些建议，他并不想实行，又要给我俸禄，太不了解我了！"他就率领弟子们离开齐国。

又如，曾参穿着破衣服在耕地，鲁国国君派使者把一个封邑（一块土地和这块土地上生活的人民）送给曾参，说是以此来给他做衣服用的，曾参不接受。使者再次登门献邑，曾参仍然不接受。使者说："先生不是向别人求的，而是别人奉献的，为什么不接受呢？"曾参却始终不肯接受，说："我听说，'受人者畏人，予人者骄人'。即使你能做到给人东西不骄傲，我能不畏惧吗？"孔子听了这件事后说："曾参的话可以保持自己的气节。"

再如，孔子的孙子子思住在卫国，穿的是破袍子，二十天才吃九顿饭。贵族田子方听说后，就派人把珍贵的白狐皮裘送给他，怕他不肯接受，特别交待说："我借给别人的东西就忘了，我送给别人的东西就算扔掉了。"子思不收，田子方又说："我有你没有，我送给你，你为什么不收呢？"子思说："我听说，随便给人东西，不如把东西抛弃在沟里。我虽然贫困，但不忍心把自己当作臭水沟，所以不敢收。"

在利益面前，持什么态度？对于别人主动送上门的好处，持什么态度？这都是要"见利思义"的。合义的可以取，不合义的，就要明确表态：辞。有一个富人告诫他的儿子说："和朋友处得淡淡的——即使是朋友，也决不白拿白要他的任何东西，哪怕是微不足道的物质。如果处于无奈拿了朋友的或任何人的，就一定要等价回报。只有这样，你和朋友的关系才是平等的。记住，你和朋友的每一次不平等来往，都会招致你们的关系走向失衡，以致水火不容。鉴于这样一个原则，建议你千万不要乱施与不需要你帮助的人，包括亲人和朋友，那样，你会使他们产生欠债感。使人产生欠债感，是不道德的。有一句话很有意味：人对人的要求，就像银行存款，要求一次，存款就少一些。不要求人，不动存款，你永远是个富人。"①孟子也主张不随便拿人家的任何东西，也不随便给别人任何东西。在一切经济来往中，都坚持义的原则。见利思义，义然后取。如果见利忘义，经不起利的考验，就会陷于不义，被动，失节，悔之不及。为了一点小利，污了一身清白，是不值得的。

对于收取别人的礼物，古今都有各种不同的说法，也都有一些流行的俗语。孔子说"立功受禄"，现在叫作"无功不受禄"，曾参说"受人者畏人，予人者骄人"，现在也有类似的说法，叫作"吃人者嘴短，拿人者手软"。为什么嘴短手软呢？就是"畏"人家嘛！吃人家的请客，嘴油了，就不敢提意见，就不敢批评。收了别人的礼物，该处理的事情，就下不了决心。现在说哪儿治安不好，地痞流氓比较猖獗，很可能那里的当权者吃请受贿，或者与那些罪犯有许多牵连，不敢下手，或不忍下手，手软了。"打铁先要自身硬"，自己就是贪污受贿的，嘴短手软的，又怎么能够去处理别人呢？当然也有这种

---

① 见《报刊文摘》2000 年 5 月 1 日第 3 版。

说法："小偷坐监牢，中偷做检讨，大偷作报告。"这种反常的不合理现象，总是不能长久的。陈毅元帅在答记者问时引了一段俗语：善有善报，恶有恶报，不是不报，时候未到，时候一到，一切都报。

贫穷的子思不肯把自己当作臭水沟，藏污纳垢。现在有一些人当着高官，拿着厚禄，却不自爱，还把自己当作臭水沟，这是为什么呢？值得深思。他们不是傻子，只不过利令智昏，存有侥幸心理。《红楼梦》中的"好了歌"及其注，值得仔细读一读。

3. 功贤于耕织

复杂的社会有复杂的人事关系。人事关系如果处理不当，就会出现矛盾。矛盾一旦激化，就会引起社会动荡，使大家都过不好日子。为了大家的利益，就要确立社会原则来处理人际关系。而这些原则就是义。有的人知道了，有的人不知道，因此，知道的人有责任去宣传义，好让更多的人知道义。这样就有了一批宣传义的人。有的人说，你不去生产，讲义有什么用？甚至有人把宣传义的人说成是"不劳而获"的。墨子在宣传义，鲁国有一个叫吴虑的人，说自己冬天制造陶器，夏天种植庄稼，自给自足，道德跟舜差不多，还要义干什么？墨子告诉他，我一个人拼命种地，只顶一个农民，生产的粮食分给天下，一个人还吃不了一顿。我拼命织布，也只相当一个妇女，织了一年，分给天下人，每个人得不到一尺，能解决什么问题呢？但是我去宣传义，一个国君听了我的话，把国家治理好了，这不是对一个国家的人民都有好处吗？普通的人听了我的宣传，提高了觉悟，做了好人。我虽然不参加劳动，贡献比直接参加劳动还大。这就是所谓的宣传义的价值，"功贤于耕织"（《墨子·鲁问》）。孔子也说，只要你实行仁义，四方人民都会背着小孩来投奔你，你还要自己种庄稼才能有饭吃吗？有的人认为，不劳动就不应该有收获，并且说这是马克思主义的观点。他们把宣传仁义、实行仁义，都看成是"不劳而获"的行为。恩格斯曾经明确说过："不耕耘者就不应有收获"，"并不是我们的主张"①。

唐代大文学家、思想家柳宗元写了一篇散文《梓人传》，讲的是建筑业上的一个"梓人"，相当于工程师。梓人对于建筑材料了如指掌，木材长短粗细圆方，用在什么地方合适。所有工人的特长，他也都非常清楚。在施工过程中，他负责指挥，一大批工人都听他的指挥干活。没有哪一个工人都可以，没有他什么工程也建不成。在官府施工，他的工资是别人的三倍。如果给私人施工，他个人要拿施工费的一大半。有一天，柳宗元到梓人的宿舍，发现他的床腿坏了，他还不会修，要等别的工人来给修。这时候，柳宗元认为，这个梓人没有什么本事，拿的钱可不少。按现在的说法，这个梓人剥削了其他工人。后来，柳宗元在施工现场又看到梓人与工人的工作

---

① 《马克思恩格斯全集》第1卷，609页，北京，人民出版社，1956。

情况。只见那个梓人站在中央，许多工人拿着工具，围绕着他，听他指挥。梓人拿着指挥棒，指着一堆木料，说："砍了!"拿斧头的工人就奔到右边，动手砍开了；又指一木材，说："锯了!"拿锯的工人赶紧奔到左边。大家都看他的脸色，听他说话，没有人敢自作主张。不胜任的工人，被他辞退，也不敢有怨言。他指定的哪一根木料用在什么地方，没有不合适的。工程竣工时，在大柱上要写上某年某月某日某某建。写的名字，就是这个梓人的名字。了解这些情况以后，柳宗元心灵受到很大震动，感慨了一番。这时，他体会到，梓人的作用，跟宰相很相似。梓人不亲手做那些具体的事，他善于用材，善于用人，善于指挥，就完成了别人无法替代的工作。宰相在管理国家行政的时候，也不能亲自动手做多少具体的事情，主要在于出主意，想办法，在于决策，在于用人。梓人与宰相是不同等级的劳心者。

孔子说的"君子喻于义"，意思是劳心者明白义的原则，懂得正确处理人际关系，懂得合理用人用物。孟子说的"劳心者治人"，意即这些有丰富知识的人是管理别人的人，只能由这些人担任社会管理者。董仲舒所说的"正谊"、"明道"的人也正是这些人。王充认为这些人"以知为力"，所起的作用比筋骨之力还要大。

过去有些人对智力的作用不很理解。尤其是在"鼓足干劲"的年代，出大力，流大汗，才是英雄。在各种报纸杂志上，都在宣传流大汗的英雄。知识分子不但没有什么名声，而且在物质条件方面也很困难，待遇很低。因此，社会上流行这样的话："拿手术刀的不如拿剃头刀的，做原子弹的不如卖茶叶蛋的。"经过改革开放以后，人们的观念也有了很大的变化。现在，科学知识和技术技能都受到普遍重视。特别是现在提出了知识经济，知识的价值越来越明显了，很少有人会忽视知识了。轻视科学知识，重视具体技能，是小生产者的思想局限，根本不是马克思主义。而过去我们经常把这种小生产者的狭隘思想误认为是马克思主义。马克思主义认为脑力劳动是复杂劳动，复杂劳动所创造的价值比简单劳动所创造的价值要高得多。这是过去许多人所不了解的，也是不愿意承认的。

4. 义者宜也

　　孟子非常重视义，他说，如果让他去杀一个无辜的人，就算可以给他天下，他也不会去干。他的做人原则，不符合义的，不要别人的哪怕是一分钱，也不给别人一分钱。少了不要，再多也不要，哪怕给他亿万财富。如果自己做出了贡献，自己应该得的报酬，多少都要，问心无愧，可以"安富尊荣"。从这里可以看出，儒家所讲的义不排斥物质利益，只是要求得到合理的物质利益。取得自己应得的报酬，再多也是义，而不是利。这是常被后代许多人误解了的说法。又如朱熹曾经说过，吃饭是天理，是义，而想吃好的，超过自己的经济条件，那是贪欲，是利，是需要克服的。

　　有人以为不要钱，不要工资，不要享受，不要经济效益，才是义。这不仅是误解，而且简直就是故意歪曲。子贡是孔子的学生中唯一下海的。他很会预测市场，赚了很多钱。鲁国规定谁能花钱把在外国当奴婢的鲁国人赎回来，可以到政府那里领取一些钱，作为赔偿金。子贡赎了一些人回来，因为他自己钱多，就不去政府那里领取赔偿金，受到孔子的批评。孔子说，不能因为你有钱，就不去领取赔偿金。做事情，要考虑如何合适，才能作为别人的榜样。你这么做，今后鲁国人在外国当奴隶，再没有人去赎了。在这里，不拿钱是不义，拿钱才是义。这叫"让而止善"。孔子的另一个学生子路救了一个落水的人，那人用一头牛来表示感谢之情，子路接受了。孔子高兴地说："鲁国人今后一定很热心于拯救落水的人。"当时，一头牛是价值十分昂贵的酬谢品。后人说这是"受而观德"（按语意来说"观"应是"劝"字）（《论衡·定贤》）。

　　《三国演义》中，诸葛亮劝刘备取荆州。朱熹的学生陈淳在《本溪字义》中说，刘备不取荆州，是利，是不顾天下大局，只讲刘表情面。而诸葛亮主张取荆州，是出于大义。同样道理，在利益面前，嫌多嫌少都是不义。应该得多少，就得多少，合理是个原则。但是，很多人不知道多少才是合理的。这当然没有固定的标准，需要提高了觉悟以后，就知道多少是合理的。

　　过去许多人以为平均才是最合理的，结果，干活多少好坏都一样，使许多人都变成懒汉。孟子说："夫物之不齐，物之情也。"（《孟子·滕文公上》）不齐是事物的普遍现象。价值可以相差几倍、几十倍，乃至千万倍。人也不例外，价值也有若干倍之差。勉强把差别拉平，必然要乱天下，因为违背了客观规律。但是，社会不可能绝对按劳分配，在大体按劳分配的情况下，贫富需要调节，让没有劳动能力而又失去依靠的弱势群体能获得生活资料，能够存活下去。

　　汉代董仲舒认为人天生就有好义与欲利两种心理。因为义与利都是人所需要的。义可以养心，利可以养身。身与心比较，心更重要，因此养心的义也比养身的利重要。例如，历史上如孔子的学生原宪、曾参等人都是很穷的人，生活不富裕，但他们都有高尚的道德，别人都羡慕他们。他们自己也都很乐观，精神很充实。另一些人，身居高位，享受荣华富贵，却不肯行义，甚至做伤天害理的亏心事。他们虽然物质丰富，心里却不踏实，精神空虚。他们或者死于犯罪，或者死于忧愁。总之，他们都不能安乐地生活一辈子。董仲舒经过论证以后，得出结论说："义之养生人，大于利而厚于财也。"（《春秋繁露·身之养重于义》）义，对于养身比财利都更重要。实际上是说，人的精神需要超过物质需要。极端地说，人没有饭吃，就要饿死；没有衣穿，就要冻死。在这种特殊的情况下，物质对于生命来说比什么都重要。但在一般情况下，人的精神状态对于健康却是非常重要的。《光明日报》1996 年 11 月 18 日刊登过一个消息：孙世贵在 1968 年冬的一天夜里，那是困难的岁月，他在洛阳火车站拉脚，忽然，火车站广场有一个妇女喊："抓贼啊！他把我的钱包偷跑了！"一个家伙慌慌张张从孙世贵面前跑过去。后面一个解放军战士一边追一边喊："抓住他！"战士跑到孙老汉跟前时，把一个包丢给他，说一声"给我看着"，就追小偷去了。老孙在那里等了个把小时，不见战士回来，他就打开提包，里面有 90 斤粮票和 124 元钱，这在当时是很大的数字，贪心突然冒出，带着包拉着车跑 100 多里回家了。连吓带累就病了。从那往后，天天做噩梦，身子一天比一天瘦，吃药打针都管不住，一直拖了半年多。这患的是心病，药是没法治的。过了二十八年，孙世贵一家生活越来越好，大儿子买了汽车，要带他逛街，他坚决不去，怕见到解放军战士。在电视里看到解放军战士抢险救灾，就会难受好几天。有一天，解放军战士尚光远把孙老汉的迷失三天的孙子送回来，还给他买吃的、穿的，对孙老汉有巨大震动。他再也睡不着了。他自己感觉做了一件老天爷不可饶恕的亏心事。孙世贵拿了自己不该拿的钱，做不义的事，精神上一直不得安宁。这一事例充分证明了董仲舒关于义可以养心的说法。后来孙老汉在济南军区的操场包了一场电影给战士看，电影开映之前，老汉把这些话说出来，送电影算是赔罪，也摆脱了自己心上多年抹不去的阴影。

有一个少校军官叫张林，贫苦出身，是个非常廉洁、很有前途的好干部。刚改革开放的时候，他的内弟向他借钱，从他管理的钱库中借走五万元。其他内弟也来借钱，共借去二十万元。后上级来查账，发现少了钱，他先说被人借走，后因没有借据，就承认是自己挪用。挪用马上就全部还清，还可以不判死刑。妻子向家人乞求还钱，全家所有借了钱的都不肯还。最后，张林伏法，妻子也用捆骨灰盒的绸布自缢身亡。只顾亲情，挪用公款，做了不义的事，最后，亲人没有留下情，自己落个家破人亡。由此可见，做不义的事，不但损人，有时也会害己。

董仲舒提倡："正其谊不谋其利，明其道不计其功。"(《汉书·董仲舒传》)他从政治大局来考虑义与利的关系问题。他认为，现实是富贵的人贪得无厌，越富越贪利，越不肯为义，骄奢淫逸，违法害人。贫贱的人越来越穷，没有"立锥之地"，"衣马牛之衣，而食犬彘之食"（《汉书·食货志上》），过着悲惨的生活。这种两极分化，必然造成社会混乱。富者无恶不作，穷人只好落草为寇，社会秩序怎么能安定下来？富者利用自己所掌握的权力，与人民争利，人民怎么能争过他们呢？董仲舒反对当官的还搞什么副业赚钱，反对与民争利。他提倡以公仪休做榜样。

公仪休任鲁国相，他办完公事回家，吃饭的时候，就问葵菜价钱，家里人说不要钱，是自己家菜园里种的。他听后很生气，说："我们拿了俸禄，还要自己种菜，这不是夺了菜农的利益吗？"说完就到菜园里，把葵菜都拔掉。葵是一种古代比较普及的菜种，不是名贵菜，相当于现在的白菜。他有一次回家，看见夫人正在织布，他认为她夺了女工的利益，就把夫人赶出家门，休了。这是有名的"拔葵出妻"的故事。现在对于公仪休的做法有争议，许多人认为能够参加劳动的国相夫人是多么好，不应该休掉。再说，即使犯了错误，也应该允许改正。而我们现在社会上一些干部夫人，劳动不参加，大家也没有要求她参加，但是，通过夫人贪污受贿的事，时有发生，一旦被揭发却说是夫人干的，不关首长的事。两相比较，不是也可以给人以启迪吗？公仪休任国相，有人投其所好，给他送鱼来，他不接受。了解他的人说："您不是很喜欢吃鱼吗？给您送鱼来，为什么不要呢？"公仪休说："我收了鱼，以后当不成国相，就没有人给我送鱼，我就吃不上鱼了。我不收鱼，一直当着国相，可以自己花钱买鱼吃，还怕没有鱼吃吗？正因为我爱吃鱼，所以我不收别人送的鱼。"当时有人议论，认为公仪休真正会为自己打算，真正懂得珍爱自己。

董仲舒一辈子没有置自己的产业，只是研究社会问题和哲学理论问题，教学著述，终其一生。可以说他是言行一致的人，实践自己信仰的人。关于"正其谊不谋其利，明其道不计其功"这句话，历代许多人有误解，以为董仲舒只讲道义，不讲功利。其实，所有儒家没有不讲功利的。董仲舒也不例外。谊，就是义。"正其谊不谋其利"，就是说做事情，要考虑如何做才符合义的原则，不要谋自己的私利。或者说，做事情要考虑怎样才是合理的，不要只考虑是否对自己有利。"明其道不计其功"，这个功，不是"立功不朽"的那个"功"，而是贪天之功，急功近利的那个"功"。做事情要按客观规律办，不要急于求成。现在有的官员，不是"为官一任造福一方"，而是为官一任，造了一批纪念碑工程。为什么许多领导干部对教育不感兴趣，不想投资，也不去关心？因为抓教育不容易见效，是软工程。为什么有些人对建筑楼堂馆所特别感兴趣？因为那是看得见，摸得着的。"那座高楼，是我在任时建的"或者"是我批准建的"。以此夸耀于人前。至于当地人民生活提高了多少，对文化事业都做了些什么，全民的文化素质究竟提高了没有？没人提起。不抓教育而在那里抓纪念碑工程的干部，就是急功近利的干部。他们天天在那里"计"自己的"功"，至于"道"在何方，他们是不"明"白的。

孔子讲，人要有智、仁、勇。后儒称这三项为"三达德"。有智，才知道如何处理是合理的；有仁，才有那种爱心去做利人的事；有勇，才有大无畏的精神，敢于同坏人做斗争，为保护弱者挺身而出，打抱不平。智、仁、勇，三者都是行义所不可缺少的。有智而无仁，知而不肯为；有智而无勇，知而不敢为；有勇而无智，只能胡作非为；有仁而无智，想做好事，却不知从何下手，即所谓"爱莫能助"，或者还会帮倒忙，甚至把好事做坏，成事不足，败事有余。中国所讲的义，只是一种原则，并不是死的教条，而是强调在实践中了解如何是合理的，就如何处理。这就是宜，也就是义。知道如何才合理，这是个人素质问题。首先要解决的是素质问题。西方人也重视素质，但是，一些中国人引进西方文化时，不重视素质，只知道引进具体的措施，到中国就变味了，甚至变成很糟糕的东西。不论古代的，还是外国的，要引来用于现代，都只能抽象继承其精神实质。按王安石的说法，叫作"当法其意"①。

---

① ［清］蔡上翔：《王荆公年谱考略》卷之六录《上仁宗皇帝言事书》，97 页，上海，上海人民出版社，1959。

第十课　德与才

1. 为政以德

1.1 "大德"与"小惠"

过去，常有人说儒家用小恩小惠来拉拢百姓。实际上，儒家虽然讲过对人民要施以恩惠，但并不是讲小恩小惠。例如，《论语·雍也》记载："子贡曰：'如有博施于民而能济众，何如？可谓仁乎？'子曰：'何事于仁！必也圣乎！尧、舜其犹病诸！'"孔子认为"博施于民而能济众"者，何止是仁人，必定是圣人。尧舜还难以做到。这里讲的是"民"、"众"。对于民众能够博施，就是大德，不是小惠。孔子讲的"德治"，孟子讲的"仁政"，都是属于大德的范围。

《孟子·离娄下》载："子产听郑国之政，以其乘舆济人于溱、洧。孟子曰：'惠而不知为政。岁，十一月，徒杠成；十二月，舆梁成，民未病涉也。君子平其政，行辟人可也，焉得人人而济之？故为政者，每人而悦之，日亦不足矣。'"子产任郑国相，主持郑国政务。溱、洧是郑国内的两条河，由于没有桥梁，人们不能过河。子产用自己的马车放在河中，让人们过河。孟子认为这种做法只能叫做"惠"，即给一些人带来好处，还不能说真正知道"为政"。孟子的"政"就是他所说的"仁政"。周朝规定每岁十一月修筑小桥，十二月修大桥(周历比夏历早两个月，周历十二月即夏历十月，这是农忙以后的时间)。发动并组织农民修筑桥梁，解决群众的过河问题。这件事做好了，人民就没有发愁过河的。所有群众过河的问题都解决了，就不必用自己的马车放在河里当桥用。如果这件事情没有做好，全国有许多河流，国相有那么多马车吗？可见国相的马车所能解决的问题就非常有限。马车是当政者的工作需要，是为了减少在路上耽搁的时间。如果马车放在河里当桥用，影响了国相的用车，会影响政务。当政者只要做好政务，出门时，要求路上行人回避，也是可以的。这样虽然给一般行人带来一些不便，却可以减少国相在路上耽搁的时间。孟子认为这也是需要的。哪能让每一个人都感到方便呢？那样的话，你的时间就不够用了。国相做不好政务，将会使百姓遭到更大的损失。

朱熹注这段话时说："惠，谓私恩小利。政，则有公平正大之体，纲纪法度之施焉。"(《四书集注·孟子·离娄下》)惠，就是小惠，是指按个人的意思给少数人特殊的小利益。政，就是为政，执政，行大德的政治。为政就需要公平正大地实施纲纪法度，使全体人民都能得到好处。他的马车有限，需要渡河的地方很多，不能根本解决群众的普遍问题。朱熹注曰："言每人皆欲致私恩以悦其意，则人多日少，亦不足于用矣。诸葛武侯尝言'治世以大德，不以小惠'，得孟子之意矣。"（《四书集注·孟子·离娄下》）为政如果没有法度，规则，谁来要求什么，就答应什么，不按规定，破坏规矩，给他好处以讨他的喜欢。对这个人有了私恩，这叫小惠。他高兴了，如果人人都这样要求，就不能都给予满足。诸葛亮曾经说过："治世以大德，不以小惠，故匡衡、吴汉不愿为赦。先帝亦言，吾周旋陈元方、郑康成间，每见启告，治乱之道悉矣，曾不语赦也。若刘景升、季玉父子，岁岁赦宥，何益于治！"（《三国志·蜀书·后主传》注引《华阳国志》文）要用大德治理社会，不能用小惠治理社会。诸葛亮讲的是赦的问题，即赦免罪犯。赦免犯人无罪，对于犯人来说，似乎施了恩惠，但对于受害者来说，却不是好事，使坏人不能受到应有的惩罚。诸葛亮提到匡衡、吴汉都不同意实行赦免。《汉书·匡衡传》载：汉元帝问以政治得失，匡衡上疏说："虽岁赦之，刑犹难使错而不用也。"即使每年都实行赦免，也很难做到刑罚设而不用。后来他又上疏提到"不以私恩害公义"，仍然是这一思想。《后汉书·吴汉传》载：吴汉在弥留之际，跟皇帝说了最重要的话："臣愚无所知识，唯愿陛下慎无赦而已。"只希望皇帝千万不要赦免。当时的现实是，政府经常赦免罪犯，皇帝以为做了好事，却成了东汉时代行政中的一大弊端。王符在《潜夫论·述赦》中说："今日贼良民之甚者，莫大于数赦。赦赎数，则恶人昌而善人伤矣……大恶之资，终不可化，虽岁赦之，适劝奸耳。"经常赦免犯人，只能鼓励坏人，伤害善良平民。损害人民利益最严重的就是频繁赦免罪犯。有的罪犯三番五次杀人，又三番五次地被赦免，赦免后没有改过的表现，反而更加疯狂地报复。有的已经杀了几十人，还被赦免，"身不死则杀不止"，都是因为赦免造成的。陈元方、郑康成经常与先帝即刘备讲到治乱的问题，从来未提及赦免的问题。刘表父子虽然每年都赦免一批犯人，对于治理又有什么帮助呢？朱熹认为诸葛亮的说法是正确领会了孟子思想的精神实质。小惠治世，老实人吃亏，爱哭的小孩多吃奶，爱吵的人占便宜。无原则地给少数人好处，坏人得不到应有的惩罚，善良百姓得不到保护。当政者不能出以公心，不能主持公道，不能"平其政"，不能公平地处理政务，特别是与群众有关的所有事情，就不能树立当政者的威信。总之，儒家主张实行"大德"，忌行"小惠"。这是君子之道。行小惠者，是小人之道。"执政为民"，就是要公平地处理政务，才能真正做到为民。执政为民，是儒家提倡的君子之道，是诸葛亮讲的"治世以大德"。当今能严格施行法治，就是对人民行大德。以法治国，以德治国，执政为民，以人为本——各种表述不同，精神却是一致的，思想是相通的。

　　子产用自己的马车给行人渡河，东汉时代皇帝经常实行的赦免罪犯，都属于"小惠"，偶尔做一下，未尝不可。但是，如果以为这就是政治的全部，或者以为这就是最好政治的主要内容，那就错了。实行儒家所说的"大德"，就是首先解决全体人民的温饱问题，其次要重视教育，全面提高人民的文化素质，知道如何正确处理人际关系，维护社会伦理，稳定社会秩序。与此同时，要健全法制，严格执法，惩治罪犯，清除腐败，保护人民的根本利益。这是历代儒家政治理论中共同的观点，是孔子、孟子、贾谊、匡衡、桓谭、吴汉、诸葛亮、魏徵、武则天、朱熹、王夫之等历代政治思想家的一种共识。

当然，有时有的官员借口行大德，不行小惠，实际上为自己捞好处，不关心群众生活，在他们看来，群众的利益都是小事，只有他的私利才是大事。经常用"人民"的名义，谋自己的私利，或者将自己的私利说成是公益事。领导者如果容易被这些下属所欺骗，提拔这样的下属，不是官僚主义者，就是贪污受贿者。

1.2 "以身作则"

近几年，关于以德治国方面的问题，发表了很多文章。大多数文章都是将"以德治国"理解为对人民进行道德教育来治理国家。我以为这种理解可能不太全面。

以德治国，与孔子所说的"为政以德"，虽然语言顺序略有差别，主要内容却是基本一致的。为政就是治国。孔子的话完整地引下来是这样的："为政以德，譬如北辰，居其所而众星共之。"（《论语·为政》）以道德来实施政治的话，就像北极星那样。停留在那个地方，其他星都环绕着它。也就是说，以德治国，就会吸引人民，就会得到群众的拥护，成为群众团结的核心。

儒家认为治国有两种方式：一是以法治国，二是以德治国。以法治国，就是用行政命令的办法叫人民必须做到什么，禁止他们做什么，谁做了不允许做的事，就是犯法，就要受到惩罚，受到法律的制裁。令行禁止，就算治理好了，达到理想政治。以德治国，还可以分两种情况：一是"以身作则"，提高当政者的道德水平，用自己的模范行为，用自己的表率作用，来引导人民，达到治理的目的；二是以教治国，通过宣传，向人民进行道德教育，使人民向善去恶，达到移风易俗的目的。这些治国方式，哪一种好呢？孰优孰劣，儒家作过比较。

孔子说："道之以政，齐之以刑，民免而无耻；道之以德，齐之以礼，有耻且格。"(《论语·为政》)用行政命令来引导人民，用刑法来约束他们，虽然可以使他们避免犯罪，但他们不知道犯法是可耻的；用道德来引导人民，用礼仪来约束他们，他们有羞耻意识，就能够自觉遵守规矩。两者比较，表面上看，好像差不多，但有没有羞耻心，是能不能自觉遵守法则的重要原因。只是怕法律惩罚而不敢犯法，当没有官员在场，或者其他人在场，他们可能就会偷偷地犯法，如果很多人都是这样，当官的也防不胜防，社会治安就会混乱。相反，如果人民自觉遵守规矩，那么，不论有人还是没人的时候，他们坚持"慎独"，都会自觉地不去犯法。当官的不必操心，社会也会自然安定。

《论语》上有很多记载，都说明孔子极端重视当政者个人的道德修养。季康子问政，孔子说："政者，正也。子帅以正，孰敢不正？"(《论语·颜渊》)政治，就是要自身正。你带头做正确的事情，谁敢不正？孔子又说："其身正，不令而行；其身不正，虽令不从。""苟正其身矣，于从政乎何有？不能正其身，如正人何？"(同上)自身正，当政就不难了。如果自身不正，怎么能正别人呢？那么当政就非常难了。当政者应该做百姓的榜样，"子欲善而民善矣"(《论语·颜渊》)。"上好礼，则民莫敢不敬；上好义，则民莫敢不服；上好信，则民莫敢不用情。夫如是，则四方之民襁负其子而至矣，焉用稼?"(《论语·子路》)自身做好了，"近者说(悦)，远者来"，要做什么，都会很容易成功的。如果远方的人不愿意来，怎么办呢? 财富吸引，高薪聘请，都是当下许多人所采取的办法。有的领导在招商引资时，用盛宴招待客人，却把客人吓跑了，因为客人不敢在有这种风气的地方投资，害怕自己投下的资本被这些官员吃掉了。孔子说"君子怀德"(《论语·里仁》)，"故远人不服，则修文德以来之"(《论语·季氏》)。修文德，首先是修身，修身必须先正心、诚意。自己思想解决了，道德高尚了，就能吸引远方的人们来。这个修文德的，当然是当政者自己。也就是说，当政者首先要提高自己的道德，而不是靠自己向别人宣传说教。所谓投资环境，是多方面的，当地官员是否廉洁是非常重要的，甚至是最重要的方面。

孔子说："有德者必有言，有言者不必有德。"(《论语·宪问》)有道德的人一定会说出表明高尚道德的话，能说出漂亮话的人未必就是有高尚道德的人。言行有时是不太一致的。特别有一些人很会说漂亮话，唱高调，但是，自己却不那么做，或者根本做不到。他们想教育人民，实际上是在欺骗人民。人民不相信他们，社会风气因此变坏。因此，孔子又说"巧言乱德"(《论语·卫灵公》)。说漂亮的假话，言而无信，就会搅乱道德。

孟子对这个问题也有一些精彩论述。他说："仁言，不如仁声之入人深也。"(《孟子·尽心上》)仁言，就是说了仁义的话。仁声，是说当政者自己真正实行仁义，说到做到，群众中流传着对他的赞颂。孟子认为仁声对人民影响更加深刻。朱熹注说："谓有仁之实，而为众所称道者也……感人尤深。"(《四书集注》)如果说得再漂亮，自己就是不实行，或者实行不了，那么连自己的妻子也不会相信，怎么能让别人相信呢？领导别人不按道理，连自己的妻子也领导不了。孟子说："身不行道，不行于妻子，使人不以道，不能行于妻子。"(《孟子·尽心下》)因此，孟子认为，作为君子，就应该一辈子注意修身，不断提高自己的道德修养，"穷则独善其身，达则兼善天下"(《孟子·尽心上》)。不当官的时候，自己做好了；当官的时候，要为天下人做一些好事。

所谓德教，就是身教，以自己的高尚道德来教育别人。所谓说教，就是言教，向别人宣传道德来进行教育。俗话说"身教重于言教"，就是这个意思。政治上、社会上是这样的，在家庭中也是这样，妻子、子女都是自己最亲密的人，有浓厚的亲情，如果自己行为不端正，对她们的说教也不会有什么效果，更何况他人呢？

从儒家的传统说法中，可以清楚地看到，他们讲"为政以德"，讲"德治"，讲"仁政"，讲"王道"，实际上都是强调当政者首先要提高自身的道德，以自己的模范行为作示范，来进行领导。治国不能没有法，圣人"不能废法而治国"(《管子·法法》)。但是，执法的人必须要守法，要公正执法，这也是道德。如果执法者自己不守法，还以权谋私，贪赃枉法，那么，法再好也不能正确实行。孟子说得好："徒善不足以为政，徒法不能以自行。"(《孟子·离娄上》)只有善良的愿望，还不能做好政治，只有法也不能离开人而自己去实行。

所有讲法治的地方都特别重视道德问题，法律如果没有了道德的支持，社会也会陷入一片混乱。韩非提倡法治，认为什么仁义道德、什么文学修养，都没有必要。秦始皇按他的理论来治理国家，很快就亡国了。

总之，历史上的经验教训，都可以作为我们现在的借鉴。

1.3 以德服人

德治应该有内外之分：对内，当政者应该提高道德水平，以身作则，引导人民求真、向善、爱美，移风易俗，向文明进步方向发展，给人民带来幸福安康。对外，应该主持公道，与大小各国和平共处，友好往来。这两方面都不可忽视。

《史记·孙子吴起列传》记载：吴起与魏武侯乘舟浮西河而下，到了中流，魏武侯对吴起说："美哉乎山河之固，此魏国之宝也！"吴起回答说："在德不在险。昔三苗氏左洞庭，右彭蠡，德义不修，禹灭之。夏桀之居，左河济，右泰华，伊阙在其南，羊肠在其北，修政不仁，汤放之。殷纣之国，左孟门，右太行，常山在其北，大河经其南，修政不德，武王杀之。由此观之，在德不在险。若君不修德，舟中之人尽为敌国也。"魏武侯以为山河险固是国宝，吴起认为过去许多有险固山河的国家（如三苗氏、夏桀、殷纣等）都由于不施行德政而亡国，真正的国宝应该是德政。如果不修德政，那么，乘坐这一船上的人，都成了敌国。意思是说，自己身边的人都是敌人，外面有再险固的山河又有什么用呢？

秦始皇也是只相信有实力的人，他认为有可能威胁中央集权的家天下的统治的，就是北边匈奴，因此筑万里长城以备胡，以为这样就可以使江山永固，传之万世。历史事实与秦始皇的愿望完全相反，才传到二世，天下就大乱了，勉强拖到三世，就彻底灭亡了。更出人意料的是，首先揭竿而起的是名不见经传的没有什么社会地位的徒隶！他带领的队伍只是手无寸铁的没有经过组织训练的九百名戍卒！就是这样一伙不起眼的乌合之众，居然推翻了削平六国统一天下建立中央集权的大帝国！原因何在？陈胜说："天下苦秦久矣！"陆贾说："秦二世尚刑而亡。""虐行则怨积。"贾谊说："仁义不施而攻守之势异也。"秦汉时代的思想家都认为秦亡的原因就是"不施仁义"，是缺乏"德治"。德治与文明相联系，因此，古人有诗云："竹帛烟消帝业虚，关河空锁祖龙居。坑灰未冷山东乱，刘项原来不读书。"（唐·章碣《焚书坑》）竹帛是书，是文明的象征。只要关河，不要竹帛，秦朝很快就亡了。

《史记·陈涉世家》载：褚先生曰："地形险阻，所以为固也；兵革刑法，所以为治也。犹未足恃也。夫先王以仁义为本，而以固塞文法为枝叶，岂不然哉！"地形险固是需要的，军事与法律也是治理国家所需要的。但是，只有这些还不够。先王是以仁义为本，加强边防和完善法制起辅助作用。有些人以为有地理上的优势，再加上强大的军事实力和健全的法制，就可以称霸天下。他们以自己的利益为最高标准，不讲仁义，不施德政，不主持公道，以我为中心，目空一切，为所欲为。多行不义，积怨甚多，别人敢怒不敢言。这样，它也必然像秦王朝那样在绝大多数人的强烈反对下垮台。

由此可见，防外不防内，是片面的。防的办法，只讲军事实力与法律制度，不讲道德，是更严重的片面。因此，治国最根本最需要的在于道德，道德主要应该在于修身。

过去，周厉王暴虐，人民都批评他，当时叫作"谤"。周厉王依仗自己的权力，不许别人说"不"，更不许别人批评自己，就派人监视，发现诽谤者，就抓来杀了。"国人莫敢言，道路以目"。人民都不敢说话，但是，不是没有意见，只是把怒气暂时压在心中。忍耐是有限度的，在忍无可忍的情况下，就会强烈地爆发出来，产生严重的后果，以致达到不可收拾的地步。周厉王不知道不让说话的严重危机，认为别人再也不敢说他的坏话了，就很高兴。他以为这样就可以"弭谤"，即止谤。召公认为这只是一时不说话，并不是解决了人民的怨气。他说："防民之口，甚于防川。川壅而溃，伤人必多，民亦如之。是故，为川者决之使导，为民者宣之使言。夫民虑之于心而宣之于口，成而行之，胡可壅也？若壅其口，其与能几何！"水要导之入海，不能用堵塞的办法，堵塞的结果，只是暂时堵住，一旦崩溃，会淹死更多的人。对于人民的言论也是这样，人民有想法不让说，他们就将怨气憋在心中，积怨太深，一旦爆发就会很强烈。正如召公所预言的那样，周厉王就在国人的反叛中逃到彘地，以后就死在那里。

至于人与人的关系，以强凌弱，以众暴寡，虽然一时得逞，终究要遭到反抗的。哪儿压迫最厉害，那儿反抗也最强烈。正像作用力与反作用力那样，是对等的。霸道行为不得人心，是很自然的。有的人缺乏将心比心，推己及人的思维方法，把自己的利益看得高于一切，无视他人的利益，没有公道正义可言。总是以自己的实力去压服别人，到底是压而不服。孟子说："以力服人，非心服也，力不赡也；以德服人者，中心悦而诚服也。"(《孟子·公孙丑上》)以力服人，就是霸道；以德服人，就是德治。

总之，以仁义为本，实行德政，就是王道；以实力为本，不讲道义，就是霸道。现在中国还是发展中国家，过五十年，或者一百年，或者几百年以后，将来总有一天，中国会成为一流国家。到那时候，希望我们的子孙后代也不要称霸，应该与世界各个大小国家平等相待，和平共处，不要以本国强大去攻击弱小国家，也不要凭借富强对一些贫穷国家进行经济制裁，不要以自己的价值观作为普遍的是非标准，强迫别国服从，要坚持"和而不同"的君子作风，尊重各国主权，不要以任何借口干涉别国内政，不要充当世界警察。一定要弘扬中华民族的仁爱传统，"己所不欲，勿施于人"。以自己的高尚道德树立世界文明的形象，成为天下人民从心里佩服的、真心向往的东方乐土。这才有安全感。

1.4　长治久安

许多教科书中讲到中国古代哲学家时，经常讲到他们欺骗人民。

例如，说董仲舒的天人感应是欺骗人民的精神工具。董仲舒在对汉武帝策问时提出天人感应说，他不是对人民说的，如果说他骗人，那么他首先骗的是当时最高统治者汉武帝，而不是人民。人民以及百官都无缘看到董仲舒的对策内容，因为这是保密的，汉武帝在策问中提到他要亲自阅读。贤良对策可能涉及一些权势人物，为了保密，汉武帝说"朕将亲览焉"，内容不会泄露出去，"书之不泄"，请各位大胆讲出自己的所有想法，"靡有所隐"（《汉书·董仲舒传》引汉武帝制文）。由此可见，董仲舒如果欺骗的话，那就是欺骗汉武帝一个人，没有欺骗人民的意思。

朱熹讲"存天理，灭人欲"，于是有人也说朱熹要人民放弃任何欲望，不让老百姓活下去。所谓"存天理"，就是保存封建伦理，维护封建制度。朱熹明确说："饮食者，天理也；要求美味，人欲也。"（《朱子语类》卷十三）要求美味是从饮食中产生出来的，人欲是从天理中产生出来的，所以，他又说："人欲中自有天理。"（同上书卷九）对于统治者来说，天理就是天下为公，人欲就是一己之私。在处理各种政务时，就要出以公心，公正处事，主持公道。这就是天理，就是所有当权者应当遵循的。损人利己，损公肥私，贪赃枉法，贪污受贿，穷奢极欲，这些都是"人欲"，都是朱熹所反对的，也是一切正派人所反对的。这哪里是不让老百姓吃饭呢？他反对贪官污吏，是为了巩固封建政权，这又有什么不好呢？

有的人凭自己的观念就说，封建时代的知识分子为统治者服务，就是为统治者歌功颂德，或者为统治者的现行政策作论证。这也有点离谱。我们可以从董仲舒的三对策中看到他是如何批评汉武帝的，说他搞不好，需要改弦更张，要勉强行道，现在人才缺乏，要建立各级学校来培养人才，二千石以上的大官每年必须向朝廷推荐两名候选人才，推荐出优秀人才，有奖；推荐不合格，要罚。批评官员与民争利，批评社会贫富两极分化的现象。他讲天人感应，讲灾异谴告，都是要皇帝害怕，培养敬畏精神，目的在"屈君而伸天"，这个天就是儒学化了的天。多数内容是威胁皇帝的警告，并非歌功颂德的谀词。其目的和追求，都在于封建王朝的长治久安。为此必须制约皇帝个人的私欲。这是董仲舒以后许多儒臣所努力做的事情。

历史是非常复杂的，过去有些人，包括我自己也经常用简单的两个阶级的对立斗争来理解古代现象，将复杂现象简单化。甚至有的人不了解历史，更不研究历史，却以为历史都在自己的掌握之中，用鄙视的眼光，认为"二十四史"都是为帝王将相树碑立传的文化垃圾。至今，还有那么一些人仍然没有走出这种"唯阶级论"的阴影。有些人站在被统治阶级一边，提出"造反有理"，在那发动革命的时候，当然是必要的。取得政权以后，为被统治阶级做点安抚的事情，也完全是应该的。但是，掌权以后，还跟过去一样，一再批判统治阶级。那恐怕连刘邦也比不上，两千多年前的刘邦还知道马上打天下，夺取政权以后，要下马治天下。列宁曾经说过："我们只能利用旧社会遗留给我们的全部知识、组织和机关，在旧社会遗留下来的人力和物力的条件下建设共产主义。"又说："只有了解人类创造的一切财富以丰富自己的头脑，才能成为共产主义者。"①人类创造的全部知识财富，当然包括封建时期所创造的知识财富。有的人以为可以抛弃历史，抛弃民族文化，创造一个从未有过的新世界。这是左派幼稚病，是一种无知的狂妄。

2. 德才兼备

中国古代讲人才问题的内容很多，现在研究起来，对我们今天的事业、企业的用人方面都会有启发作用。例如，中国古人一方面讲选人才要"德才兼备"，一方面又讲"无求备于一人"。在"备"与"不备"的问题上，似乎有矛盾。应该如何解决这个矛盾呢？

所谓"任人唯贤"，这个"贤"就是指贤人。什么样的人才是贤人呢？一般人都认为德才兼备的人就是贤人。这样一说，似乎很简单。因为这是理论。实际生活却是非常丰富、十分复杂的。例如，什么叫德才兼备？有德的人会不会犯错误？会不会犯道德方面的错误？

---

① 《列宁选集》第 4 卷，282、285 页，北京，人民出版社，1995。

犯了道德方面的错误的人还能不能任用？有德无才和无德有才，这两种人用不用？优先用哪一种人？二十世纪五六十年代讨论过红专关系问题，实际上这就是传统德才关系的问题在新时代的延续。这个问题极端复杂，无法全面讨论，只能就其中几个命题，谈谈自己的体会，希望对读者有一点启发。

德才兼备是理想的人才。但实际生活中的人没有无缺点无错误的人，所谓"人非圣贤，岂能无过"，"金无足赤，人无完人"，都是说的这个道理。既然没有"完人"，怎么能只用德才兼备的"完人"呢？即使有一个半个"完人"，天下那么多事，也不能只靠这一两个"完人"去做。因此，要做大事，要用人才，就不能要求人才没有缺点错误。这叫不要"求全责备"，要量才取用。根据人才的特点，用其长处，避其短处，或者采取某种措施制约其短处，保证其长处的充分发挥。这是用人的艺术，是当领导者的重要本事。用人不当，终究一事不成。求全责备，就是孤家寡人。

人才与人材还应该有区别。材料的材，指有某一种技能，可以当材料使用。对于人材来说，就是有某种专长，一技之长，使用适当，可以发挥大作用。另一种是人才，这是一种素质比较高的全面发展的栋梁之材，是可以参加策划、管理之类工作，就是孔子所说的"君子不器"，孟子所谓"劳心者"。

2.1 重德轻才

　　大家都知道，中国古人大多数是重德轻才的。作为中国文化基础的儒学最有代表性。因此，我们就先从儒家讲起。

　　孔子讲："智者不惑，仁者不忧，勇者不惧。"(《论语·子罕》)智、仁、勇，后人称为三达德，是并列的，没有轻重之分。孟子说人性有四个善端：仁、义、礼、智，也是并列的。但在德才进行比较时，孔、孟却都是重德轻才的。例如，孔子说："如有周公之才之美，使骄且吝，其余不足观也已。"(《论语·泰伯》)即使有周公那样的才华，如果既骄傲又吝啬，那也不足观。季氏已经很富裕了，冉求还帮他聚敛财富，孔子很气愤地说："非吾徒也，小子鸣鼓而攻之可也！"(《论语·先进》)冉求是孔子的学生，很有能力，由于帮助季氏搜括民脂，聚敛财富，孔子不承认他作学生，并鼓动其他学生声讨冉求。这也说明孔子是重德的。孟子认为如果不能引导国君走正道(人才)，只是用自己的本事为国君效力(人材)，那就是"富桀"、"辅桀"，或者叫"为虎作伥"、"助纣为虐"。这种有能力的官员，不是"良臣"，而是"民贼"(《孟子·告子下》)。后人所谓"从道不从君"，要服从治国之道即原则，不能只服从国君个人的欲望或意愿。鲁国要让乐正子管理政务，孟子高兴得睡不着觉，不是因为他能力强，学问多，而是由于他"好善"(同上)。因为有了"好善"这个特长，就会大量引进善人，有很多善人当政，什么事情都可以办好。因此，"好善"这个道德，在当权者那里就是非常重要的，影响全局的品德。这也是重德的突出表现。

法家不讲求仁义道德，只要民众服从命令，遵守法令，一切是非都以法令为标准，"一断于法"。秦政府按军功封爵，显然是重才轻德的。汉代以后，认为秦朝很快灭亡是由于不施仁义，不讲道德。因此，汉代思想家都是重德轻才的。董仲舒虽说"必仁且智"，因为"仁而不智，则爱而不别也；智而不仁，则知而不为也"（《春秋繁露·必仁且智》）。只有爱心，缺乏智慧，不知道应该爱哪些人，也不知道如何去爱。有智慧却没有爱心的人，虽然知道哪些人是好人，应该爱，也知道应该如何去爱，却不肯去实行，因为他认为这么做虽然是对的，对自己却没有什么好处，也许还有危险。没有爱心和智慧，只有才能的人，那只会强化他的恶性，增加他对社会的危害。从这里可以知道董仲舒是重德的。他还用天人感应说来给汉武帝讲应该效法天道，德治为主，刑罚为辅。刑罚最好设而不用。其他人如翼奉说："人诚向正，虽愚为用；若乃怀邪，知益为害。"（《汉书·翼奉传》）诚实正派的人，智力差一点，还可以用；心术不正的人，虽然有智力，也只能增加他的罪恶。"巧伪不如拙诚"，成为当时人的普遍观念。翟方进也说："不仁之人，亡所施用；不仁而多材，国之患也。"（《汉书·翟方进传》）

北宋司马光认为德与才的关系，就像掌舵与划桨的关系，也像射箭的方向（准）与力量（远）的关系。他按德才的有无多少，将人才分为四类：才德兼备，谓之圣人；才德俱无，谓之愚人；德胜才，谓之君子；才胜德，谓之小人。这四类人，最理想的是才德兼备的圣人。其次自然是"德胜才"的君子。如果没有圣人和君子，那么，选小人还是选愚人呢？司马光主张，宁选愚人，不用小人。为什么呢？他认为君子用才能做好事，小人用才能干坏事。愚人想干坏事，还没有这种能力，刚一动手，就被人发现；小人有能力干坏事，还不容易被发现。司马光的说法借助于《资治通鉴》，得以广泛流传，影响久远。重德轻才的说法，逐渐演变成贬才的观念，似乎谁有才能，谁就是无德，于是有"女子无才便是德"的说法。后来，这种说法扩大为"男子无才便是德"。到了二十世纪五十年代，发展到这样的程度：谁学习好，业务精，就是走白专道路。到了二十世纪六十年代，谁学习好，得到老师表扬，谁就是资产阶级培养的修正主义的"黑苗子"。

关于红专关系，当时的说法，红是政治，专是业务。政治应该挂帅，要统率业务。举例是：一个飞行员会开飞机，是业务，是专。开飞机的方向，是政治，是红。如果他把飞机开到敌占区去，那么他的飞行技术再好，又有什么用呢？如果技术不好，虽然方向正确，飞机掉了下来，那也不好。但是，由于红，有强烈的政治责任感，有深厚的阶级感情，会认真钻研技术，提高水平，使业务精益求精。这就叫政治挂帅，也叫以红带专。因此，当时的说法，只要有红就行，就是可用之人，专可以在以后继续提高。这是当时的普遍观念，没有人认为不对。而在实际中，业务好的、学习好的，何曾是政治上不好，甚至反动的？他们普遍受到打击。按这种方针培养，只能造就一批庸才。许多事与愿违的事情，这恐怕也是很有代表性的一件。专门以德选拔人才，容易招致庸人，有特殊才能的人才往往不能满足道德要求的某一方面而被排斥，更何况选人者本身就是庸才，如何能选奇才？

海外有些学者针对这种现象，认为中国有"反智"的倾向。这是把本来有合理性的思想引向极端以后所产生的偏颇。从中国历史上看，无论是理论还是实践，"反智"都不是主流。除了《老子》，没有人提倡愚民。在特殊时代，有个别人的说法，可以被理解为"反智"。聪明一直是中国人普遍追求的、长期崇尚的。像《红楼梦》中的王熙凤，"聪明反被聪明误"的人毕竟只是极少数。而《三国演义》中作为聪明化身的诸葛亮则是许多人所崇拜的形象，因此，在中国人文景观中与诸葛亮有关的特别多。诸葛亮到过的地方都有古迹，甚至有华丽的庙宇。所谓"反智"，只是海外一些人抓住个别言论，大做文章，并非在全面考察中国历史中真正对中国传统文化的概括和总结。"反智"现象，不是普遍的，没有代表性。

2.2　唯才是举

历代思想家虽然都主张重德轻才，而许多立功创业的政治家却实行唯才是举的用人方针，不论道德如何，一概量才取用。

例如，春秋时代，齐国内乱。管仲和召忽辅助公子纠，管仲还曾经射中政敌公子小白的带钩。后来，公子纠失败被杀，召忽自杀殉难。管仲没有殉难，却投降了政敌公子小白，并尽心竭力辅助他治理齐国，称霸诸侯。小白就是著名的齐桓公。按一般儒生的说法，管仲"背主事仇"，是有才无德的典型小人，应该受到道义上的谴责。但是，儒家的创始者孔子虽然认为管仲"器小"，"不知俭，不知礼"（《论语·八佾》），道德上有一些不算小的毛病，对于他的历史功绩却是充分肯定的。他说："桓公九合诸侯，不以兵车，管仲之力也，如其仁！如其仁！"又说："管仲相桓公，霸诸侯，一匡天下，民到于今受其赐。微管仲，吾其被发左衽矣。岂若匹夫匹妇之为谅也，自经于沟渎而莫之知也？"（《论语·宪问》）孔子这话的大意是：齐桓公多次召集各诸侯国的盟会，不用武力，这都是管仲的力量啊！这就算是他的仁德吧！这就算是他的仁德吧！又说：管仲辅佐齐桓公，使齐国在诸侯中称霸，并使天下走上正道，老百姓到了今天还享受着他给的好处。如果没有管仲，恐怕我们现在也还要披着头发，衣襟向左开了（意思是落后、愚昧）。难道他也要像一般老百姓那样守小信，在小山沟里自杀也没有人知道吗？管仲帮助齐桓公不用武力而是用信义来纠合诸侯，匡正天下，表现出仁德。他虽然没有一般人那样守信殉主，却为社会作出重大的历史性贡献，后代人民都还能享受他所创造的某些社会文明的好处。造福后代，造福万民，当然就是历史伟人。后儒无视孔子的评价，当与中央集权制的不断加强有关。

又如，刘邦在楚汉战争中，主要依靠萧何、张良、韩信、陈平。陈平"偷金盗嫂"，是个小偷加流氓的人物，名声很不好。投到刘邦门下不久，又有人反映，他贪污受贿。刘邦找他当面质问，他也供认不讳。该怎么办？一般说要撤职查办，更谈不上任用。但是，历史事实是，刘邦经过了解，事出有因，并不责怪，还给予赏赐。后来又拨给四万金，作为他的活动经费，用于离间楚霸王的君臣关系。后来，陈平用奇谋帮助刘邦取得天下。刘邦死后，陈平又平息了诸吕之乱，巩固了汉室江山。司马迁称陈平是少有的"善始善终"的"贤相"（《史记·陈丞相世家》）。按一些儒家重德轻才的标准，陈平是小偷加流氓，又是贪污受贿的犯人，无论有多大才能，也不能任用。怎么能是"贤相"？

　　有一个颇有争议的人物，那就是曾子的学生吴起。他是正统的儒门弟子，在鲁国为将。齐国进攻鲁国，鲁君想让吴起为将军。吴起的妻子是齐国的姑娘，有人因此怀疑吴起担任与齐国打仗的将军是否合适。吴起为了解除鲁人的疑虑，就回家杀了妻子，表明与齐国没有瓜葛。鲁君任他为将，打败齐军。吴起虽然打了胜仗，鲁人对于他的杀妻还是不满意，认为他太残忍了。吴起又杀了诽谤自己的三十多人，然后向母亲告别，说如果不当卿相，决不回来。后来，母亲死了，他还没当什么卿相，所以，真的没有回家送葬。鲁国人因此对他更加反感，鲁君尊重民意辞了吴起。杀妻求将，母死不归，吴起有了这种不仁不孝的坏名声，就无法在儒学盛行的鲁国待下去。吴起就从鲁国出来，投奔魏国。魏文侯用他为将。吴起与士兵中地位最低的人同吃同住，行军时不骑马，亲自背着粮食，与士兵一起跋涉。士兵有病疮，他用口吸吮浓血。魏文侯死后，魏武侯继位。魏武侯乘舟漂于西河，到中游，他对吴起说："这么险峻的山河，是魏国的宝贝呀！"吴起说："（国宝）在德不在险。"过去君王都有许多险

227

峻的山河，到头来，也都亡国灭身。如果国君不修德政，"舟中之人尽为敌国也"。言外之意，无德，众叛亲离，山河再险又有什么用呢？吴起有杀妻求将，母死不归的经历，也有与士兵同甘共苦的表现，还有劝魏武侯重德治的言行。可以说吴起是一个集不仁不孝与大仁大忠于一身的特殊人物。按司马光的说法，仍然是有才无德的小人，不可用。但他在鲁国破齐军，在魏守西河，秦兵不敢东向，楚国用吴起为相，实行政治改革，精简官员，富国强兵，"南平百越，北并陈蔡，却三晋，西伐秦"（《史记·孙子吴起列传》）。事实证明，他是著名的军事家、政治家和改革家，是难得的人才。因小节弃大才，不是良匠。吴起是有德之人，还是无德之人？开始不清楚，终其一生，全面考察，盖棺论定，应该属于可用的贤人。

另有一个人也是有争议的。东汉时代的胡广，字伯始。他平时和蔼可亲，对任何人都客客气气，不敢讲真话，从来不对任何人提批评意见。当时流行两句顺口溜："万事不理问伯始，天下中庸有胡公。"（《后汉书·胡广传》）他不理政事，不提意见，不主持公道。这两句话就是批评他"无忠直之风"。这种表现，现在叫"自由主义"，古代称为"乡原（愿）"。孔子说："乡原，德之贼也。"（《论语·阳货》）不主持公道的乡愿是破坏道德的行为。当然属于缺德的范围。胡广活了八十二岁，在三十余年的仕宦生涯中，历事六帝，"一履司空，再作司徒，三登太尉，又为太傅"，位在三公，是当时最高级的官。他推荐的人多是天下名士。他熟悉人情世故，了解朝廷制度，"虽无忠直之风，屡有补阙之益"。他作为一位老臣，虽然不能锋芒毕露地斗争，却经常能在协调关系方面起平衡的作用，这是专制制度下所需要的人物角色。这种人任职时间较长，一般被称为"不倒翁"。所谓"容容多后福"，也是指这种人。胡广逝世，确实也是帝业的一大损失。大小官员参加葬礼的有数百人。范晔称："汉兴以来，人臣之盛，未尝有也。"（《后汉书·胡广传》）后来，汉灵帝还想念胡广的"旧德"，叫人绘画胡广的像，并令蔡邕作颂来赞扬胡广的功德。盖棺论定，胡广也是有德的贤才。

东汉末年，曹操为了广收人才，多次提出"唯才是举"的口号。有德有才的人要，无德有才的人也要，甚至不仁不孝而有治国用兵之术的人都要。司马光说他"知人善察，难眩以伪，识拔奇才，不拘微贱，随能任使，皆获其用"（《资治通鉴》卷六十九）。在这里，司马光也肯定曹操知人善任，大胆任用无德有才的各类人才。

曹操"唯才是举"，除了他个人素质之外，还有客观形势的需要。英雄人物要创业，要改革，要开拓新局面，都需要一大批能人。曹操广揽人才，是为了在当时混乱局势中扫平群雄，开辟太平天下。他后来称雄四方，有雄兵百万，战将千员，谋士成群，挟天子而令诸侯。曹操的儿子曹丕建立了魏朝，终至于以魏代汉，结束了四百年的汉朝。事实证明，曹操"唯才是举"的用人方针是成功的。

重德轻才和唯才是举，正相反，哪一个对呢？或者两个都对？

2.3　无求备于一人

　　这是《论语·微子》上记载周公对鲁公说的一句话，意思是不能要求一个人具备一切优点，没有任何缺点。上面讲"德才兼备"，这里又讲"无求备"，不是矛盾了吗？

　　"水至清则无鱼，人至察则无徒。"（《大戴礼记·子张问入官》）对人观察太仔细，优缺点了解太详细，大家都怕他，离开他，他的朋友、弟子就很少了。要做大事业的人，没有人不行，人少了也不行。因此，无求备于一人，是一切领导者都应该掌握的传统人才观。

　　社会有治与乱不同的时期，自然要选用不同的人才。在治世，天下安定，政府有很高的威望，各级官员就需要树立良好的形象，给百姓展示好的榜样。这时就比较重视德。没有才能，只要能按上级指示办事，就不会有大错。社会秩序就能维持下去。治世重德轻才是很自然的。在乱世，德不能解决问题，只有能力，才能解决社会动乱，开辟太平世界。因此，刘邦可以而且应该用陈平、韩信这些人。四皓（东园公、角里先生、绮里季、夏黄公）虽然道德高尚，却无法使战争取得胜利。汉武帝为了抵御匈奴，选用卫青、霍去病为将。经费不足，就用善于理财的桑弘羊为大夫。曹操为了逐鹿中原，急需各种人才，因此三下求贤诏，连不仁不孝的，只要有治国用兵之术的，都要录用。唐太宗兵入玄武门，杀兄弟，逼父亲，做了当时伦理上不允许的事，如果当不好皇帝，那就成了罪大恶极的罪人，遭千古骂名。为了治理好国家，他也用了一批贤能之士。魏徵与管仲相似，他先事建成，建成被杀后，他又尽忠于唐太宗。唐太宗与齐桓公一样，任用仇人，为成功立业服务。一些道学家批评魏徵："不死建成之难，而从太宗，可谓害于义矣。后虽有功，何足赎哉？"（朱熹《四书集注·论语·宪问》注引程子言）但是，唐太宗是英主，魏徵是贤相，这是中国历史上没有争议的定论。

如果求全责备，那么，管仲、吴起、陈平、魏徵这些人就不能被录用，而胡广也会被免职，那么，这些人的本事就没有用武之地，汉唐盛世也就难以出现。无视才能，只注重道德，必然会吹毛求疵，否定了许多人才。魏源认为："专以德取人，必致取乡愿。"（《默觚·治篇十》）专门以德取人，不能得到有才能的人，也不能得到道德高尚的人，只能得到"乡愿"的人。特别是在乱世用人之际，太讲究生活小节，必定会失掉贤人。求全责备，一方面失去贤人奇才；另一方面招来两面派、阴谋家。其严重性不言自明。

这里有一个典型的比较：周勃和灌婴等人向刘邦告状，说陈平不能任用，刘邦责问推荐陈平的魏无知，魏无知说："我推荐的是能力，您责问的是品行。现在有守信的尾生，孝顺的孝己，对战争的胜负没有作用，您能用他们吗？现在楚汉对抗，我推荐有奇谋的人才，只要看他的计谋是否有利于国家，至于他是否盗嫂受金，又有什么关系呢？"（《史记·陈丞相世家》）刘邦正在用人之际，对于个人小节，就不计较，对陈平不但没有处分，还给予厚赏，并加重用。其结果，充分发挥了陈平的作用，在逐鹿中原的决战中，出奇谋，立大功。同样也是周勃和灌婴等人在汉文帝时故伎重演，围攻"洛阳小子"贾谊，汉文帝虽然十分欣赏贾谊，仍然贬贾谊为长沙王太傅，终致贾谊英年早逝。周勃和灌婴代表政府中的一批庸俗之人，而陈平和贾谊都是奇才，他们的命运不同，与时代的治乱不同和国君个人素质的差异都有一定关系。汉景帝杀晁错，也说明晁错是奇才，而汉景帝是庸主听信了俗人的俗论，所以酿成悲剧。非常人才能创非常业绩，能立非常功劳。

关于人才的问题，总原则是德才兼备，在不同时期，所需要的人才有所偏重。创业立功，改革创新，需要智能之士，对于个人的品德就不必苛求；在守成时期，侧重德行，代表政府形象，利于社会稳定，移风易俗，对于智能则没有过高要求。领导人用人、选人，要用其长处，避其短处，为实现自己的目标来选用适当人才，应无固定的标准。因此，重德轻才，唯才是举，不拘一格降人才，对于适当的条件，各自不同的需要，都是对的。有一个相同的基本原则，那就是"无求备于一人"。

2.4 德才须分析

从理论上探讨是必要的，但是，只有理论探讨，一旦联系实际，又可能出现麻烦，令人深感糊涂。所谓德才关系，德有高低之别，才有大小之异。一讲德，好像就是圣人。世界上哪有那么多圣人呀？

应该说基本诚实，有爱心，就算有了起码的道德，有了做人的基本条件。不能以历史上的圣贤形象为标准来衡量现实中的人。关于智力问题，也不能绝对理解。缺才的人，只是才少一点，能力低一些，并不是白痴。孔子的学生高柴被认为是愚蠢的，但他也没有跳井自杀，实际上他也是一个贤人。孔子三千弟子中有七十二贤人，其中就包括高柴，如果不算他，那么贤人就只有七十一个了。也就是说，不论德还是才，都不是绝对的，一样的。德有许多不同的方面，有的人廉洁，有的人勇敢，有的人充满仁爱之心，有的人坚守信义，一诺千金。廉洁的人未必勇敢，勇敢的人未必有太多的爱心，也不一定会坚守信义。很少有人什么德都是完全具备的。才能也是这样，有的人善于运筹帷幄，有的人能够冲锋陷阵，有的人擅于土木建筑，有的人专会鸡鸣狗盗，凡有一技之长的，都属于有才能的人。同样善于战争的，也还有水平高低的问题。例如，刘邦能够带领十万军队，韩信带兵则多多益善。有的人如吾丘寿王，在朝廷出谋划策，深得汉武帝的赞赏，而到地方上任地方官却对治安问题无能为力，不能建业立功。古代这种情况甚多，不足为奇。因此，在人才问题上非常重要的是知人善任。不知人才的特点，一件事办好了，就以为他可以做好一切事情；一件办糟了，就以为他不行，什么事情也办不好。这是一种严重的偏见。

良匠无弃材。从严格的意义上说，每个人都是一个人才，只要使用得当，他们都可以发挥特殊的作用。使用不当，多么杰出的人才也会浪费掉。韩信是大将之才，在西楚霸王项羽那里只不过是执戟小卒。历史上立大功的名臣、名将，多半是亡国之臣，败军之将。

为什么在这里会立大功，在那里却不能立功呢？有很多原因，用人是否适当可能就是最主要的原因。对于上面提到的管仲，孔子说他不知俭，不懂礼，有僭越行为。似乎在德方面有大毛病。但是，孔子又说他为人民立下很大功劳，泽及后世，许他为"仁"，这应该是德高望重的仁人。又如陈平，似乎品德不行，但是，他又是德高之人。帮刘邦打天下，又为扫除吕氏之党做出突出贡献，司马迁说他是"善始善终"的贤相。吴起是不仁不孝的，而他在魏国、楚国，都有善政，特别提到为政以德的思想，完全符合儒家的政治原则。

总之，德与才都要在具体社会环境中加以具体分析，没有死的标准。有的人总喜欢别人提供现成的方法，希望自己不必动脑筋，就可以方便搬用。世界上没有任何现成的方法，如果有，也是不能用的。谁怕下功夫，谁就找不到真理。谁想图省力方便，谁就会滑到唯心主义那里去。这是前人的经验总结，我们应该认真记取。

2.5 亲近来远

如何看待人才，不是为了别的，主要就是为了引进真正的人才，来发展事业。如何吸引人才和聘请人才？现在有所谓高薪聘请。但是，有的单位出了高薪，却吸引不来人才，原因在哪里？中国古人怎么吸引人才呢？他们确实有一些做法是成功的，也是可以供今人借鉴的。

古书有这样的记载：

　　燕昭王问于郭隗曰："寡人地狭人寡，齐人削取八城，匈奴驱驰楼烦之下。以孤之不肖，得承宗庙，恐危社稷，存之有道乎?"郭隗曰："有。然恐王之不能用也。"昭王避席，愿请闻之。郭隗曰："帝者之臣，其名臣也，其实师也；王者之臣，其名臣也，其实友也；霸者之臣，其名臣也，其实宾也；危国之臣，其名臣也，其实虏也。今王将东面，目指气使以求臣，则厮役之材至矣；南面听朝，不失揖让之礼以求臣，则人臣之材至矣；西面等礼相亢，下之以色，不乘势以求臣，则朋友之材至矣；北面拘指逡巡而退以求臣，则师傅之材至矣。如此则上可以王，下可以霸，唯王择焉。"燕王曰："寡人愿学而无师。"郭隗曰："王诚欲兴道，隗请为天下之士开路。"于是燕王常置郭隗上坐，南面居三年。苏子闻之，从周归燕；邹衍闻之，从齐归燕；乐毅闻之，从赵归燕；屈景闻之，从楚归燕。四子毕至，果以弱燕并强齐。夫燕，齐非均权敌战之国也。所以然者，四子之力也。诗曰："济济多士，文王以宁。"此之谓也。（《说苑·君道》）

　　上面这一段话的重点在讲君臣关系，君对臣采取的不同态度，就会招来不同等级的臣。君对臣的态度越尊重，臣对君越尽心尽力。在另一地方记载，郭隗先讲千金买马骨的典故，说是有一个国君派人出去买千里马，经过三年的调查才知道某地有匹千里马，使者立即带上千金赶去，到那地方时，千里马已经死了。这时就用五百金买千里马的头骨回去。第二年有三四千里马从外地跑来投奔。燕昭王就把郭隗当作千里马骨供起来，像尊敬老师那样对待，后来，一些人才就从各地投奔燕国，燕国马上强大起来，先是收复被齐国强占去的地盘，又进攻齐国，占了除莒以外的所有地方。从实力看，燕国无法与齐国相比，为什么能打这么大的胜仗呢？就是因为燕国吸引了这么一些人才。古诗中说："济济多士，文王以宁。"文王吸引了很多人才，所以他很安宁。就是说明人才对于政权的重要性的这个道理。人才重要，吸引人才的办法很多，重要的有两种方针：一是亲近来远，二是舍近求远。以上这个例子就是亲近来远。燕昭王对于自己身边的郭隗特别尊重，特别"亲"，待遇特别优厚，起个示范作用。这种"礼贤"的精神，传播出去，就产生了很大的震动影响，对各种人才都产生了极大的吸引力。把远方的人才都吸引过来。这就使本来较弱的燕国一下子超过齐国，报了仇，还几乎灭了齐国。

亲近来远，是正确的吸引人才的方针。但是，有的人以为只要亲近就行了，不重视来远，甚至还采取搞小团体、小圈子的办法，为少数人谋利益，怕别人沾了他们小集团的利益，搞关门主义、排外主义。这种用人方针，虽然亲近，却不能来远。有时虽然也能办成几件小事，就沾沾自喜，绝对办不成大事。任何事业也不可能有大的发展。这就像《庄子·秋水》中"鸱得腐鼠"的寓言。他说："鸱得腐鼠，鹓雏过之，仰而视之曰：'吓！'今子欲以子之梁相而吓我邪？"惠子当着梁国相，庄子要去见他。有的人告诉惠施："庄子来是要取代你的梁国相位。"惠施害怕，在国中搜查庄子三天三夜。没有查到庄子，庄子却到了他的官府。对他说："南方有一种鸟叫鹓雏，你知道吗？它从南海飞往北海，一路上，不是梧桐不停留，不是竹实不吃，不是甘泉不饮。"就是说，鹓雏是非常高贵的动物，对自己的物质需要特别挑剔。但是，鸱这种鸟(乌鸦)喜欢吃老鼠，得到腐烂的死老鼠，如同宝贝一般，还怕被其他鸟抢走。鹓雏从上空飞过，鸱抬头呼叫："吓!"庄子在这里把相位比作死老鼠，把惠施比作鸱，而把自己比作鹓雏。最后庄子说："现在你想保住梁国的相位而轰我吗?"《水浒》中，梁山上的白衣秀士王伦也是小肚鸡肠的小心眼者，成不了大事。

另一种方针是舍近求远。这种领导看不起自己身边的人，认为他们都有这样那样的错误和缺点，水平都不如自己，不能重用。总是伸长脖子向外张望，希望从遥远的彼岸寻找到神通广大的人才。所谓"远处的和尚会念经"，就是对这种心理的描绘。实际上，远处的和尚未必会念经，远处的人才未必都是有大本事的。人才不分远近，任人唯贤，才是正确的。

总之，选择人才总要从德才两方面加以考察，达到基本要求，又符合本单位的需要，就可以录用。不能要求人没有任何缺点。人非圣贤，岂能无过？另外，如何引进人才，特别是如何吸引人才，则是非常重要的。有的人讲"筑巢引凤"，这个"巢"不一定都是硬件，有时软件更重要。即使有高楼大厦，如果没有轻松、和谐、朝气蓬勃、充满希望的社会环境，人才可能也会望楼兴叹。"巢"虽然非常美丽，周围站着一些猛禽凶兽，凤也未必敢来。高薪聘请和尊重人才，都是重要的，只有高薪聘请，可能引来贪财的骗子，已经有这类教训。有的引进后没有充分利用，也是只图造影响，并无真正实效。

2.6 有过之臣是否可以复用

有过之臣是否可以复用的问题，西汉时代的萧望之认为，有过之臣，免官以后，再加复用，将会受到诋毁。刘向上书皇帝，提出不同的看法："尝有过之臣不宜复用，是大不然。"有过错误的官员不宜复用，这是很不对的。他列举过去许多名臣，都是有错误被处治过，后来重新任用，为国家，为人民，为社会立了大功。"季布有罪，至于夷灭，后赦以为将军，高后、孝文之间卒为名臣。孝武帝时，倪宽有重罪系，按道侯韩说谏曰：'前吾丘寿王死，陛下至今恨之；今杀宽，后将复大恨矣！'上感其言，遂贳宽，复用之，位至御史大夫，御史大夫未有及宽者也。又董仲舒坐私为灾异书，主父偃取奏之，下吏，罪至不道，幸蒙不诛，复为太中大夫，胶西相，以老病免归。汉有所欲兴，常有诏问。仲舒为世儒宗，定议有益天下。孝宣皇帝时，夏侯胜坐诽谤系狱三年，免为庶人。宣帝复用胜，至长信少府，太子太傅，名敢直言，天下美之。若乃群臣，多此比类，难一二记。有过之臣，无负国家，有益天下，此四臣者，足以观矣。"（《汉书·楚元王传附刘向传》）刘向在这里一口气列出一批名人，都曾经犯过错误或罪过，后来立功，为社会，为朝廷，做过好事，成为名臣。下面详细介绍这些人的情况：

季布，《汉书》卷三十七有传。他曾是项羽的部将，多次逼刘邦于窘困。项羽灭亡后，刘邦悬赏通缉季布，谁藏匿季布，罪三族。后经人劝说，刘邦赦了季布，并召来，拜郎中。季布在惠帝时为中郎将，在文帝时为河东守，对政治都有所贡献。季布在民间还有很高的信任度，所谓"一诺千金"，就是出于他的典故。季布犯了夷三族的大罪，任用以后还能作出相当的贡献，成为当时的名臣。

倪宽，《汉书》卷五十八有传。从欧阳生学习《尚书》，又向孔安国学习。后得张汤赏识与推荐，任为中大夫，又迁左内史。他处理政务，"卑体下士，务在于得人心"。他主张开渠灌溉，发展生产，收租宽假，后来因为收租少，不能完成上交任务，应该免职治罪。百姓听说后，大家牛车，小家挑担，连续不断将粮食运来，超额完成上交任务。当时，按道侯韩说出来保倪宽，向汉武帝进谏说："以前杀了吾丘寿王，陛下至今悔恨。现在如果再杀了倪宽，以后会更加后悔呀！"汉武帝听了感动，赦免了倪宽。又任用他，直至任了御史大夫。"宽为御史大夫，以称意任职"（《汉书·倪宽传》），是汉武帝最满意的，最称职的，也就是最好的御使大夫。刘向认为所有当御史大夫的都没有倪宽那么好。

董仲舒，《汉书》卷五十六有传。董仲舒在家里研究灾异问题，写成草稿，还没有上奏，主父偃窃取上奏，汉武帝召集诸儒传阅，董仲舒的弟子吕步舒不知是老师的书，说是大愚。董仲舒下吏，当死，幸蒙不诛。以后，复为太中大夫，又当了胶西相，以老病免归。朝廷议论大事，经常派人去向董仲舒请教。董仲舒为世儒宗，他议定的说法，对当时社会有很大贡献，有益天下。他所提倡的独尊儒术，大一统论，对于奠定中华民族的精神，对于增强民族凝聚力，都有重大贡献。司马迁说他是唯一明于《春秋》的大经师，刘向说他"有王佐之材，虽伊吕亡以加，管晏之属，伯者之佐，殆不及也"。将董仲舒与商朝的伊尹、周朝的吕望并列，认为管仲、晏婴都比不上他。如果当时就诛杀，那将是多么大的损失！

夏侯胜，《汉书》卷七十五有传。汉宣帝上台，下诏书，要褒扬汉武帝的功绩，夏侯胜反对，认为汉武帝有很多错误，因此，被认为"非议诏书，毁先帝"，下狱。免为庶人三年。四年关东地震，宣帝大赦，又任夏侯胜为谏议大夫，当了太子太傅，成为敢于直言的名臣，天下人都赞美他的品德。九十岁死于官位上。因为教过太子，太子为他素服五日，以报师恩。

刘向的结论是："有过之臣，无负国家，有益天下，此四臣者，足以观矣。"犯过错误的臣子，经常是对国家无害处，对社会有好处的。这种人重新任用，是完全应该的。更何况有的并非臣子的过错，而是冤假错案！只要当政者真正执政为民，不图私利，不是感情用事，就应该及时纠正错误，加以平反，重新任用。

汉代许多名臣名相都曾经有过倒霉的时候，刘向在这里只举四臣为例。还有更加突出的，例如萧何，是开国功臣，刘邦当汉王时就任丞相，刘邦得天下以后，认为"何功最盛，先封为酂侯，食邑八千户"（《汉书·萧何传》）。萧何任首任相国。鄂千秋认为萧何立了"万世之功"，刘邦"乃益封何二千户"，又增加两千户，还有特权："令何第一，赐带剑履上殿，入朝不趋。"（同上）这样一位功极人臣的萧何也曾免职为庶人，"下何廷尉，械系之"。后经人劝说，才赦免出狱。又如周勃，开国之时，随刘邦转战天下，立战功甚多。在诛诸吕保刘氏江山的行动中，又立大功。曾任太尉、右丞相，邑万户，位极人臣。他也遇到过麻烦，先免相就国，后有人上书告他想造反，被逮捕下狱。出狱后，他深感狱吏的利害。只有曹参和陈平能善始善终，成为贤相。当然，萧何与周勃只是一时下狱，吃点苦头，很快就出狱，继续享受荣华富贵，终其一生。倒霉只是小插曲，增加了人生的特殊感受，多了一点麻辣味。而另一些人就没有那么幸运了，越国的文种和秦国的白起、蒙恬，汉朝的韩信、彭越，以及后代许多敢谏之臣，多蒙冤而死。

班固在《汉书·公孙弘传》的最后说："凡为丞相御史六岁，年八十，终丞相位。其后李蔡、严青翟、赵周、石庆、公孙贺、刘屈氂继踵为丞相。自蔡至庆，丞相府客馆丘虚而已，至贺、屈氂时坏以为马厩车库奴婢室矣。唯庆以敦谨，复终相位，其余尽伏诛云。"这里共有七位丞相，只有公孙弘和石庆两位终丞相位，其他五位都伏诛。一个读书人进入仕途，经过千辛万苦，历尽风云变幻，才有极少数人能达到丞相的位置上。这个居于一人之下万人之上的百官之首，伏诛者却占了七分之五的多数。这些人都是该伏诛的吗？古人有"伴君如伴虎"的说法，不是一句空话！

中国历史上冤杀有思想的知识分子是很普遍的现象。只有宋朝政府比较尊重知识，尊重知识分子，各代皇帝没有杀过士大夫。因此，宋代出现了一大批思想名家，如宋初三先生（石介、孙复、胡瑗）、北宋五子（周敦颐、邵雍、张载、程颢、程颐）、三苏（苏洵、苏轼、苏辙）、王安石父子以及许多学派，许多人物。人头不像韭菜，割了还长。杀错了，想纠正也难。所以砍头的事要非常慎重。

特别对于各级官员与知识分子，放着不会乱天下，他们即使发表了当政者不愿意听的意见，还是像刘向所说的那样"无负国家，有益天下"，过一段时间又可以任用。因为有了严重教训，往往会更加努力，将功补过。这经常是没有犯过大错误的人所不具备的优点。

第十一课 和与同

1. "和"与"同"

《论语·子路》记载,孔子说:"君子和而不同,小人同而不和。""和"与"同"有什么差异?包含什么意义?《国语·郑语》载:"和实生物,同则不继。"不同性质的东西在一起,才会产生新事物,相同的东西就不会产生新事物。《左传》昭公二十年载齐国晏婴的说法十分详细明白:

> 齐侯问晏婴:"和与同异乎?"晏婴曰:"异,和如羹焉,水火,醯盐梅以烹鱼肉,焌之以薪,宰夫和之,齐之以味,济其不及,以泄其过,君子食之,以平其心。君臣亦然,君所谓可,而有否焉,臣献其否,以成其可;君所谓否,而有可焉,臣献其可,以去其否,是以政平而不干,民无争心。……若以水与水,谁能食之?若琴瑟之专一,谁能听之?同之不可也如是。"

"和"是指不同成分的合理配合,例如汤,油盐酱醋,鱼肉菜蔬,用水火加工,做出可口的汤,大家都爱喝,这叫"和"。一种汤,如果只有一个味，或者只有水加水，或者只有咸味加咸味，这个汤就没法喝，因为它是"同"。音乐也是这样，有很多种乐器，音调有高低缓急，长短刚柔，清浊大小，相互配合，奏出美妙的音乐，大家都爱听，这叫"和"。如果只有一个乐器，只发出一个音调的声音，那是单调的声音，就很难听，不仅是不悦耳，而且是有害健康的、令人讨厌的噪音。这叫"同"。在政治生活中，国君说什么，大家也都说什么；国君反对什么，大家也都反对什么。君臣意见都是完全一致的，这就是"同"，也就像乏味的汤、单调的音，实在不好。国君提出一种想法，大家议论，有的从这方面提出反对意见，有的从另一方面提出质疑，使国君的想法更加完善周全，这就是"和"。这样制订出来的政策，就像可口的高汤、悦耳的雅乐那样，受到欢迎。

　　孔子讲话，常用"君子"和"小人"对举，讲君子如何如何，就是他赞成的、倡导的内容。讲小人如何如何，就是他反对的、批评的内容。上述孔子的话就表明孔子主张"和而不同"，反对"同而不和"。和，就是和谐相处；同，就是同流合污。不论在一个团体中的人际关系，还是在世界中的国际关系，都应该是和谐相处，而不应该同流合污。在人与自然的关系上，人们也开始认识到需要保持一种和谐的关系。过去，人类不断地向大自然开发，发展到了现代，人类开发能力有了惊人的发展，开发速度极快，造成了资源的浪费和生态的严重破坏，甚至威胁人类的生存。为了保存人类，当然有必要改变过去的观念，重新审视人类的行为，注意保护环境，使人类与所生活的自然环境也能维持一种相对的平衡，有可以持续发展的保证。

2. 人际关系

人际关系包括家庭内部和社会的关系。家庭内部各成员之间的关系，如夫妻、父子母女、兄弟姐妹等。这些关系建立于仁义基础之上，夫仁妻义，父慈子孝，兄爱弟悌。在家庭中，有尊卑差别，但发表不同的意见是允许的。这些关系也有矛盾的时候，是需要协调的。协调得好，成为一团和气，大家都能心情舒畅，同心协力，发展事业，发财致富，培养子女健康成长。这就是所谓"家和万事兴"。家庭中每个成员都是一个角色，每一个角色都有自己的分工、责任、权利和义务。所有角色互相配合，组成团结协作的整体。就像一辆汽车，有车轮、方向盘、发动机等许多部件构成才能正常行驶、性能良好。如果各部件关系不协调，就会出现毛病，就需要维修，调整关系，使之恢复正常。同时各部件缺一不可，只有车轮，没有方向盘不行；方向盘有一大堆，却没有车轮，也根本无法运行。总之，一个家庭就像一辆汽车，只有各部件分工协调，理顺关系，才能正常工作。

在社会上，人际关系就复杂得多了。如何处理好各种社会关系，是一辈子也学不完的学问。孔子提出"和而不同"，是一条重要原则。

同，就是与别人完全相同，意见与上级完全相同，上级说什么，自己也说什么；别人做什么，自己也做什么，没有自己的特殊见解、特别性格，没有独立性。实际上，每个有思想的人都不可能与别人的意见完全相同，只是不说出自己的看法，表面上伪装成与别人相同，隐瞒自己的观点，企图讨好别人，为自己的立足或某种利益而采取的不正确的态度。有的则是懒于思考，随大流。因此，孔子说："小人同而不和。"相反，君子是"和而不同"的。

坚持"和"的原则，需要认真做到以下三个方面：

首先，要独立思考，敢于说出自己的见解，有自己的特性、个性，不隐瞒自己的观点，胸怀坦荡。

其次，要允许别人有自己的个性和见解，尊重别人的意见，不搞"顺我者昌，逆我者亡"的霸道行为，与别人以人格平等的方式共存。

最后，人人都有不同的看法，平心静气地摆事实、讲道理，进行认真地讨论、辩论，取长补短，相互启发，逐渐取得共识。一时不能取得共识的情况下，采取求同存异的办法处理矛盾，协调关系。这就是"和"。

和，是不同的意见，经过协调，达成一致。这种一致是采纳了各种意见中的合理成分，因此，它是比较全面、更加合理的，是一个人无法达到的。只要大家都有君子之风，都能坚持和而不同，那么，人们就可以在和谐的社会环境中生活，又能通过自强不息的努力，在公平竞争中得以发展，而社会也会由于不断地选择最佳方案，取得较大进步。

中国封建时代，有所谓"三纲五常"。"三纲"指君为臣纲、父为子纲、夫为妻纲，纲是为主的意思。"五常"指仁、义、礼、智、信五种经常实行的道德。仁者爱人，指对人有爱心、同情心，有博爱思想。义者宜也，即办事适宜，无可厚非。礼，指礼仪、礼貌、礼节，至今也还都需要，只是各个时期都要对旧礼进行改革，不能取消。智，指分辨是非的思维能力。信，指讲信用、信誉，即西方所谓可信度。对于"五常"，现代人认为是可以批判继承的。对于"三纲"，现代许多人认为那是封建专制时代的产物，是过时了的货色，只能批判，不能继承。特别是君臣关系，应该彻底抛弃。现代的总统，投票选举，民主产生，不是继承的。有一句说明古代君臣关系的话："君叫臣死，臣不死，臣为不忠。"这实际上是后来把"君为臣纲"绝对化了。最初，儒家所讲的君臣关系是对应的，孔子说："君使臣以礼，臣事君以忠。"(《论语·八佾》)君对臣要有礼貌、要尊重；臣对君要尽心尽力，要忠诚。这种关系是对应的，是相互的，是双向的。孔子对此作了正面论述，至于反面，君对臣无礼、不尊重，臣应该、可以怎么办？孔子没有说，战国时代的孟子说了，他说："君之视臣如手足，则臣视君如腹心；君之视臣如犬马，则臣视君如国人；君之视臣如土芥，则臣视君如寇仇。"(《孟子·离娄下》)君对臣好，臣对君也好；君对臣不好，臣何必对君好呢？他还说："说大人则藐之，勿视其巍巍然。"(《孟子·尽心下》)跟大人物说话时，要藐视他，别看他那很威严的样子。他认为民为贵，君为轻，君不能为民服务，可以把他换掉，罪行严重的国君，可以杀掉，这不是"弑君"，而是"诛一夫"，即杀掉没有人拥护的国君。孟子这一系列论述，表达了这种思想：国君不是绝对的权威，君臣在人格上是平等的，都是为民服务的，只是社会分工不同。谁不为民服务，还要残害人民，就没有资格当国君。这虽然不是由人民投票选举的，人民在不同的时代用不同的方式(不是西方那种投票选举的制度)来选择自己的国君。人民是历史的真正主人，得民心者得天下。我们从几千年历史的变迁来看，"天子"像走马灯一样，"你方唱罢我登场"、"皇帝轮流做，明年到我家"，只有人民才是永恒的。秦末农民起义，人民抛弃秦王朝，选择了陈胜，后来又选择了项羽，最后选择了刘邦。民心所向与人才流向是一致的。

总之，绝对君权，不是儒家所提倡的，除了个别朝代以外，君臣关系都是以互相尊重为基础，协调到和谐状态为理想。治国方针有路线问题，因而有派别斗争，情况十分复杂，而儒家提倡仁义，在人际关系中追求"和"，则是立身之本，也是处世态度。

3. 国际关系

人际关系"和为贵"原则，也可以用于国与国之间的关系。

《左传》襄公四年记载晋侯与魏绛的对话，魏绛认为与西方戎族和平相处有五大好处：第一，戎族游牧生活，不重视土地而重视货物，晋国可以用货物换他们的土地，各得所需，在经济上有互补作用，对双方都有好处；第二，两国和平，边境安定，人民可以安心生产，粮食能够丰收，边民可以安居乐业；第三，与戎族和好，晋国无后顾之忧，增加了在中原竞争的实力；第四，与戎族和平相处，减少兵力，少用武器，减轻军事方面的负担；第五，和平环境可以使本地人安心生活，还能吸引远方的人来这里定居。魏绛所讲的国与国之间的和平共处的五大好处，至今仍有意义。

现代，国际关系更为复杂，但是，"和而不同"仍然是一项重要原则。"和而不同"是尊重各国领土和主权，是平等互利的保证，其原则有三方面重要的内容：一是独立自主，凡事各国都有自己的价值观和自己的分析研究，有自己的独到见解，为了本国的利益，也可以尽可能地考虑到各方面的利益，尊重对方的愿望，提出自己的见解，不随声附和，也不屈服武力威胁，以独立的身份参加国际讨论，而不是作为大国的随从出席会议。二是尊重各国的自主权，不能要求任何国家服从自己的意志，承认所有国家，不论大国，还是小国，都有发言权，都允许坚持或保留自己的主张。三是在平等的基础上，讨论大家共同关心的问题，求同存异，协商解决各种冲突和争端、处理政治问题。反对用武力胁迫弱国服从强国，当强国用武力侵犯本国时，应当奋起反击，以战争消灭战争。本国强大的时候，不称霸，不欺负小国弱国。对于其他国家的争端，要主持公道。

中国当代政府提出和平共处五项基本原则，即：第一，互相尊重主权和领土完整；第二，互不侵犯；第三，互不干涉内政；第四，平等互利；第五，和平共处。中国政府于 1954 年在与印度、缅甸政

府签订两国关系的原则时提出这五项原则，后来，中国政府把它作
为处理各国关系的普遍原则。周恩来总理于 1955 年在印度尼西亚的
万隆举行的亚非会议上提出"求大同存小异"，对于处理国际争端，
提供了非常有意义的方法。中国现代政府处理与周边邻国的关系，
继承了我国古代"和而不同"的优秀传统。"和而不同"与"求同存异"
两者都有一个"同"。这两个"同"有什么不同呢？前者指完全的同，
后者指部分的同，因为还有异。和，只是强调独立性，并非与别人
毫无共同之处。和，表明与别人相比，有同有异。在充分讨论以后，
解决不了所有的问题，只能用"求同存异"的办法，把共同的内容统
一起来，不同的意见暂时各自保留。"和而不同"的同，是指与别人
完全相同，没有异，因此没有存异的问题。

4. 人与自然

儒家讲"和而不同"，主要讲人际关系，国际关系。道家则把这
种原则运用于人与自然的关系。因此，人与自然的和谐，也是中国
的优秀传统。

《老子》认为人们的矛盾在于以自己为中心，不顾别人。如说：
"民之饥，以其上食税之多，是以饥；民之难治，以其上之有为，是

以难治；民之轻死，以其上求生之厚，是以轻死。"(《老子》·七十五章)其上，就是当权执政者、上层统治者。人民生活困难，都是上层统治者造成的。"天之道，损有余而补不足。"(《老子》·七十七章)水向下流，就是"损有余而补不足"。人道相反，"损不足以奉有余"。当官的本来很富，穷人还要把自己省吃俭用的一些钱买礼品送给当官的，使穷的更穷，富的更富。这就是不合理的"人道"。《老子》认为应该向"天道"学习。因为"天道"的特点是"自然"，是"损有余而补不足"。当权执政者以自己为中心，剥削、压迫平民百姓；人类以自己为中心，随便奴役、摧残万物，这都是人道的不合理。天道以人与万物平等，都是自然的。

《庄子》更明确地提出"齐物论"，认为"万物与我为一"。战国时代，百家争鸣。各家都以自己的观点作为判断是非的标准，自己的观点都是对的，不符合自己观点的都是错的，自是而相非。再向前推进一步，人类有共识，人类以自己的观点或利益作为是非的标准，去衡量万物，所谓"人是万物的尺度"。《庄子》认为这也是一种偏见，"以道观之"，万物都是平等的，人只是万物中的一种，人的是非不能代替万物的是非。他举例说：人躺在潮湿的地方睡觉，会得腰疼或半身不遂病，泥鳅也是这样吗？人在树枝上睡觉会恐惧颤抖，猿猴会这样吗？人、泥鳅、猿猴，三者谁知道真正舒适的睡觉地方呢？人爱吃牛羊肉，鹿喜欢吃草，猫头鹰吃老鼠，究竟谁知道美味呢？毛嫱、丽姬，是人们公认的美女，但是，鱼见她们，潜入水底；鸟见她们，高飞远避；鹿见她们，迅速逃走。哪一个更懂得漂亮呢？既然万物不是上天为了供人类享用而产生的，而是与人类一样由自

然而派生的，它们就应该有平等的地位，就不应互相残杀，而应该
建立和谐的关系，友好相处，共同发展。

　　张载认为人民都是我们的同胞兄弟，万物都是我们亲密的朋友，
因此，在亲亲、仁民的同时，还要爱物。没有爱心，就不可能和平
共处。《孟子·尽心上》讲"亲亲"、"仁民"、"爱物"，这是三个爱的
层次。亲属的关系是亲爱，对民众要仁爱，对万物要爱惜。对于亲
属，也有远近亲疏的差别。这是儒家爱有差等的思想。推己及人，
推人及物，由近及远，这是儒家泛爱的思想。这也反映了关于人与
自然应该和谐的认识，这也是儒家传统思想对于保护自然环境的一
个贡献。

　　人与自然的和谐，中国古人采取了许多具体措施。归纳起来，
主要有两条：一曰取之有制，二曰取之以时。

　　取之有制，从大自然索取生活用品要适度，够吃够用，就可以
了，不要浪费。抓鱼时，不要竭泽而渔，应该保留一部分鱼继续成
长、繁殖。捕鱼时，网眼要大一点，只捕大鱼，让小鱼逃走，这样
才能保证以后还有鱼可捕。现在叫"可持续发展"。在人民中提倡节
俭，就是保护生态资源，保护自然环境的最有效办法。在人民中提
倡节俭是比较容易的，但对于有权有势的统治者，劝他们减少欲望，
却是很难的事情。他们的衣、食、住、行，都很讲究，而且有严重
的浪费现象，例如为了吃熊掌，就得杀一只熊。晋灵公为了急于吃
熊掌，还因此杀了厨师。周武王宣布殷纣王的罪状有两条：一是"暴
殄天物"，二是"害虐烝民"。万物和众民都是天生的，都要保护。浪
费天地所生的财物和损害众民，都是不可饶恕的罪行。向人民索取

过多，叫聚敛。聚敛是间接地破坏自然资源。聚敛一直是儒家抨击的行为。孟子提出"取于民有制"（《孟子·滕文公上》），收赋税不应超过总收入的十分之一。制是制度，也有节制的意思，不能随便滥收。这既是保民的重要措施，也是保护自然的重要措施。

取之以时，似乎更加重要。这是保护自然资源的重要措施。春天是万物生长繁殖的季节，中国古人规定这个时期不能打怀孕的野兽，不能打正在为小雏觅食的飞鸟，不能捕怀有很多鱼籽（卵）的雌鱼，也不允许到山林中砍伐刚从冬眠中复苏的树木。打猎不采取包围的办法，好让年轻力壮的野兽有路可逃，只打老弱病残的野兽。以上这些措施被作为"王制"，必须认真奉行（见《礼记·王制》）。孟子说："食之以时，用之以礼，财不可胜用也。"（《孟子·尽心上》）对人民征收物品，要注意季节和数量，那么，财富就不会枯竭。对自然界索取财物如果也能注意季节和数量，那么，自然界就能提供源源不断的财富。

取之以时，还有一方面未被人们注意。取物选定时日，可以发挥更大的效用，由此可以节省物品。例如，《周礼》上记载：做弓的工匠"取六材必以其时"，选做弓的材料，必须选择最佳的采取时间。做弓需要六种材料，各种材料都有最佳的采取时间，再由工匠将它们合理配合成弓，就是良弓，性能优良，结实耐用。这样就可以少做弓，也就少取做弓的材料。例如弓体所用木材，不能用夏天砍的树，要用冬天的最好。如此等等。例如摘西瓜，及时摘的西瓜，好吃，营养高。过早不熟，过晚熟过了，都不好，不能吃，这就造成严重的浪费。在这里，技术很重要。从表面看不出西瓜的生熟，那就无法确定摘瓜的时间。弓匠如果缺乏高明的技术，很好的材料也可能被加工成废品、次品，也是严重的浪费。实际上，选材料本身就需要很高的技术和丰富的经验。总之，取物以时，不能忽视技术和经验。

在道教典籍中也有很多关于保护环境的内容。《云笈七签》卷三十九有《老君说一百八十戒》，其中有保护环境的二十多戒，如第四戒不得杀伤一切物命，第十四戒不得烧田野山林，第十八戒不得妄伐树木，第十九戒不得妄摘花草，第三十六戒不得以毒药投渊池江海中，第五十三戒不得竭水泽，第九十七戒不得妄上树探巢破卵，第一百戒不得以秽污之物投井中。这些都是简单明白、通俗易懂的，便于在民众中宣传、普及。因此，道教的这些说法主要在下层民众中传播。《诗经·邶风·谷风》："采葑采菲，无以下体。"葑菲是古代蔓菁类植物，叶和根茎都可以食用。大概当时还是野生的菜类。采它的叶子食用，不要连根拔掉，保留根茎，以便再长。现在，在甘肃，采甘草作中药，过度采集，使这种重要药材资源枯竭，还会破坏水土保持。应借鉴古代的说法，采取措施，保护药源。几千年来，中国就有与自然和谐相处的传统。当人们破坏传统的同时，也就破坏了人与自然的和谐。这是文革"破四旧"留下的后遗症，需要继续纠正。

5. 和谐与竞争

我们讲了人与人、国与国、人与自然的和谐。现在是市场经济，是竞争的时代，和谐是否过时了？和谐与竞争是一种什么关系？

竞争，有各种路线和方针，自然也有各种不同的方法。人与自然的和谐，当然也有斗争，这里也是一种竞争。我们主要讲人类社会中的竞争。从总体上讲，主要有两种路线，一是与别人竞争，一是与自己竞争。与别人竞争，又分两种情况，一是以正当的方式，合法的手段，胜过别人，发展自己；二是以不正当的方式，非法的手段，置别人于死地，自己得以大发展。前者为正当竞争，后者为不正当竞争。与别人竞争的这两种情况，都是以"优胜劣汰"为思想原则的。在一条街上有两家饭店，他们都希望对方倒闭，自己独占市场。中国古代认为这种思路是"以邻为壑"，为了自己的利益去坑害别人。一些人认为，挤垮别人，发展自己，就是市场经济的竞争。因此，欧洲人到美洲去，挤垮了当地的印第安人，自己发了大财。

中国人也讲竞争，主要是与自己竞争。《老子》曰："胜人者有力，自胜者强。"（《老子》，三十三章）竞争中胜了别人，说明力量大。能够胜自己，才称得上强大。胜过自己，就是能克制自己的毛病。

孔子讲"学者为己"(《论语·宪问》),学习是为了提高自己的思想水平和文化素质。《周易·乾卦·象言》讲:"天行健,君子以自强不息。"古人认为天运行非常迅速,一日旋转一周天,实际上是地球自转一周。说君子也要像天那样"自强不息"。这句话成为历代有志之士的自勉名言。自强不息,应有如下两个方面:

一是自力更生。《韩诗外传》卷八载,战国时代的魏文侯问狐卷子:"父亲很有本事,可以依靠吗?"回答:"不可以。"又问:"儿子很有本事,可以依靠吗?"回答:"也不行。"再问:"兄弟有本事,能依靠吗?"回答自然是否定的。"臣子很有本事,能依靠吗?"也不行。为什么?狐卷子说:"父亲有本事也超不过尧,尧的儿子丹朱犯了罪,被流放了。儿子有本事也超不过舜,舜的父亲被抓来拘禁。兄弟有本事不会超过周公,周公的兄弟管叔却被杀了头。臣贤不过汤、武,夏桀、商纣都是亡国之君。"那么,应该靠谁呢?狐卷子说:"君欲治,从身始。人何可恃乎?"国君要想治理好国家,要从自身做起,要靠自己,别人怎么靠得住呢?一个人跟一个国家一样,经济上不能独立,也就没有自主权,就要被别人牵着鼻子走。因此,自力更生是自强不息的第一要义。

二是独立思考。人云亦云,随波逐流,不是独立思考。你说朝东,我偏向西,你说白,我偏说黑,与众不同,标新立异,也不是独立思考。唯书唯上,书上写的,领导说的,都是正确的,与此不同的,都是错误的,虽然也思考了,似乎也是"独立"的,但还不是独立思考,因为他的思想早已有了别人设定的框框。如果不能摆脱这种外来的框框,没有改变观念,思想就得不到解放,虽然也在"独立"思考，却思考不出新思想。马克思主义作为指导思想的就是辩证唯物主义，核心就是实事求是，就是从实际出发。这种思想指导，不会妨碍独立思考，因此，毛泽东才能提出农村包围城市的革命路线，邓小平才会提出"一国两制"的构想。总之，独立思考，就是靠自己的头脑从实际出发想问题，拿主意，判断是非曲直，分辨善恶美丑，决定进退，选择去取。不主张独立思考，整天喊着创新，如何能有创新成果出来？创新不是喊出来的，而是独立思考想出来的。

　　自强不息，自力更生，并不排除别人的帮助，也不拒绝与别人合作。自强自立，才能更好地与别人合作。如果自己什么本事也没有，谁愿意与他合作呢？一个好汉三个帮。正因为本身是一个自强不息的好汉，才会有三人或更多的人来帮。又由于很多人来帮，自己才能成就一番事业。私心太重，不善于合作，只靠个人奋斗，难以成就一番事业。因此，自强不息还要与厚德载物结合。《周易·坤卦·象言》："地势坤，君子以厚德载物。"大地承载着万物，有五岳之重，江河之长，任劳负重，毫无怨言。君子也要效法这种情怀，大肚能容，宽厚道德。自强不息，是竞争的中国模式；厚德载物，是和谐的中国风格。自强不息是对自己的激励，以此精神参与竞争；厚德载物是对别人的态度，以此道德创造和谐。两者结合，一方面完善自己的精神境界；另一方面建设和谐的社会环境。这样才能创造美好的人生。和而不同，应该是中国传统思想的精华对于世界新世纪的重大贡献。

6. 审议"优胜劣汰"

中西方在人际关系问题上的看法很不相同，可以说有根本上的差异。中国讲和而不同，西方讲优胜劣汰。

西方人讲"优胜劣汰"，认为自然界把好的、优质的物种保留下来，淘汰那些劣质的、不能适应自然界变化的物种。万物在那里竞争，由天即自然界来选择，所谓"物竞天择"。这个理论原本是对自然现象的描述，人类就是自然界长期严格选择的结果。

但是，现在对于"优胜劣汰"有两个误区：

一是"天择变成人择"。科学进步，人的作用大了，人有了选择权，在一些范围内，人择取代了天择。例如种庄稼，可以选择优良品种，养鸡养猪也选择优良品种。这样大大提高了产量，为人类创造了很多财富。所谓优良品种，都是以人的需要为标准。人想吃肉，长肉多而且快的，就是优良品种。什么叫益鸟，就是对人类有益的鸟。什么叫益虫，就是对人类有益的虫。对人类有害的鸟和虫，都是害鸟、害虫。由于人类的选择，当然就淘汰了一部分生物。福建原来有一种地瓜，叫"台湾秋"，红皮红心，皮上有一条条隆起，像筋脉，特别甜，应该是好品质的。由于产量低，在追求产量的时代，被淘汰了。现在生活水平提高了，要享受质量高的食品，却找不着它了。人类还要改良物种，选择了改良的物种，新种被保留下来了，它的母本和父本都被淘汰了。人类活动的范围不断扩大，改造自然的力度加强，破坏了很多自然环境，使很多生物失去生存条件，物种以每年几十种的速度灭绝。人口不断增加，科学不断发展，改造自然的能力不断提高，几百年或者一千年以后，几十万种的生物也就差不多淘汰光了。也许那时还剩下少量的物种，例如会下蛋的鸡、能挤出奶的奶牛、伴人玩的宠物和为了吃肉而养的猪羊以及一些鱼类、贝壳类。那时的人类是否太孤单了。也许动物园里还养一些其他观赏动物，例如二十只斗不过一头水牛的变态狮子，三只咬不死一头病牛的没有野性的老虎。被人类留下来下蛋的鸡也只能扒在那里吃食、下蛋，再也站不起来，变成与自然界的鸡完全不同的、只能生产蛋的生物机器。奶牛也只能悬在空中吃食、挤奶，再也不会走路，成了制造牛奶的生物机器，人们看到它们，无法想象自然界能够跑的牛。丰富多彩的自然界一旦变得如此单调，人类生活的兴趣也就索然无味了。这当然是很不好的情境。更严重的是，千万年形成的生态平衡可能被破坏，甚至可能破坏了人类生存的基础，使人类变成地球上的新世纪的恐龙，将在地球上灭绝。

二是在人类社会中搞"优胜劣汰"即所谓社会达尔文主义。据最新的科学研究成果，人类的基因百分之九十九以上是相同的，差异非常小。从人类发展史也可以看到非常明显的事实，一个国家，一个民族，在某一时期可能很发达、很进步，过一段时间，又走向没落。美国现在是最强盛的国家，但在二百多年前，美国还是英国的

殖民地。英国曾经是日不落的国家，但当中国处于盛唐时代，它却
是很不起眼的小国、弱国。中国五千年前有黄帝时代，创造了许多
物质文明。在此之前，古埃及、古希腊、古罗马和苏美尔都已经有
了青铜和石器并存的奴隶制时代，古巴比伦在公元前二千年就能够
解含三个未知数的方程式。许多民族都在不同的历史时期辉煌过，
也都衰败过。哪个民族是优等民族呢？不能只看一时的情况。同样
道理，一个家族，有时富强，成为豪族名门；有时又衰败，成为破
落户。事实与科学研究结果是一致的，人的内在本质差别不大。但
是，一些西方人以为自己是优等民族，例如，希特勒认为自己是优
等的，犹太人是劣等民族。第二次世界大战期间，希特勒屠杀了上
千万犹太人，就是这一理论的恶果。犹太人还没有杀完，希特勒就
完蛋了。如果没有斯大林领导的苏联顶住纳粹的进攻，如果没有苏
联红军攻入柏林，历史也将重写。如果纳粹杀完犹太人，当然还要
杀其他"劣等民族"，最后只剩下一个民族。这个民族中的个体也还
有优劣之分，自然还要继续杀下去，最后当然只能剩下极少数的一
些人。剩下的人越来越单纯，也越来越无能。这些人会在一般的自
然灾害面前无能为力，最终使人类彻底灭亡。所以，"优胜劣汰"，
先淘汰了别人，最后也会淘汰了自己。总之，西方的"优胜劣汰"，
为生产的发展和科学的进步做出过贡献，重视其贡献而忽视其弊端，
已经给自然界生态平衡造成严重破坏，也给世界的安定带来严重的
威胁。恐怖主义的问题，最后的根子也在这里。

　　人类应该说有一定的共性，以前只讲阶级性，不讲共性，是不
太全面的。人类是非常复杂的，对于个体来说，水平有高低，能力

有大小，但是，每个人都有他的长处，都有生存的权利，别人没有淘汰他的理由，也就是说没有不让他生活的理由。例如在体育比赛中，可以通过竞争，比赛，选拔跑步冠军，足球冠军，被淘汰的人可以继续努力，争取下一届比赛当冠军。如果自己确实不行，没有信心，可以另找出路，不一定要在一棵树上吊死。只要找到适合自己的位子，就可以谋生，就可以发展，就可以做出与自己付出相应的成绩来。所谓"天无绝人之路"。智力有高低，体力有大小，人各有长处，不要在一座独木桥上挤。让围棋棋圣聂卫平打排球，不是郎平的对手，在排球场上被淘汰，是很正常的。但不能杀了他，因为在围棋比赛中，他可以得冠军，当棋圣。郎平要在围棋赛中必定不是聂卫平的对手，在围棋赛中被淘汰的郎平可以在排球赛中发挥自己的特长。其他人大多类此，寻找合适的位子，树立信心，经过努力，都有成功的希望。在一种竞争中被淘汰，就自杀，那是错误的。考不上大学，可以当农民，当工人，也可以干一番轰轰烈烈的事业。考不上博士，就更不必悲观了。对于似乎什么作用都没有的人，养活他们，也是人道主义的体现，对其他人也是一种精神教育。

总之，人生在这个世上，就不应该被抛弃。但是，优胜劣汰理论用于社会领域以后，产生了强盗逻辑，弱肉强食，使弱者经常挨打，受剥削，受欺负，受贫困，受歧视。占世界人口的少数人，消费了世界财富的大部分，这是多么的不平等！多么的不公平！他们何曾都比别人本事大，智力高，贡献大？

不平则鸣，弱者就要反抗。哪里有压迫，哪里就有反抗。以邻为壑的人，必然祸及自身。损人利己的人，最后必将损害自己。"优胜劣汰"传统培养出来的霸权主义，给天下带来诸多不安定因素，也制造了大量的恐怖现象。不让天下安定的人，自己也绝对安宁不了。马克思说得好，不解放全人类，就不能解放自己。因此，无产阶级的口号是：解放全人类！现在世界上发达国家的政治家有几个有这种胸怀呢？一心想着如何统治别人，一心想着如何用武力压服别人，其结果都是压而不服，然后恼羞成怒，公然发动战争。霸权主义是恐怖的根源，不消灭霸权主义，要消灭恐怖，难矣！

第十二课　治与乱

中国传统政治哲学，将社会存在的状态分为两种：一是治；一是乱。所谓治世，就是社会政局稳定，人民生活幸福，社会风气文明。所谓乱世，就是政局不稳，战争不断，人民流离失所，贪官当政，强盗遍地。中国古代思想家特别重视如何治理天下的问题，力求治而不乱，探讨治的条件与乱的原因。一般人都认为是强者胜弱者，因此，富国强兵成了许多人的追求。我从中国历史上看到过去对"强者胜"的说法有所评论，究竟有没有道理，提出来让大家评议。以下按我的思路来罗列古代的说法，不按历史顺序来讲，这样也许更清楚一些。

1. 治国之道，唯力不足

治理国家，需要有两个方面：德与力。因此，王充说："治国之道，所养有二：一曰养德；二曰养力。养德者，养名高之人，以示能敬贤；养力者，养气力之士，以明能用兵。此所谓文武张设，德力具足者也。事或可以德怀，或可以力摧。外以德自立，内以力自备。慕德者不战而服，犯德者畏兵而却。徐偃王修行仁义，陆地朝者三十二国，强楚闻之，举兵而灭之。此有德守、无力备者也。夫德不可独任以治国，力不可直任以御敌也。韩子之术不养德，偃王之操不任力，二者偏驳，各有不足。偃王有无力之祸，知韩子必有无德之患。"（《论衡·非韩篇》）王充讲的养，似乎表面化了一点。实际上，养德，是一个多方面综合的整体性的政治。养德，应该包含在所有的方针政策之中，应该包括对待人民，对待官员，对待外国，对待政敌等诸多方面，主要是对人民有好处的、合理的、正义的内容。如果只养几个有道德的人，名气大的人，没有给广大人民带来好处，那么，恐怕也难维持统治。养力自然也不是只是养几个力气大的武士，而应该包括所有的军事力量，经济实力。古代讲耕战，一方面，鼓励参加为国家的战争；另一方面，鼓励发展生产，发展经济。这样才能富国强兵。

王充的说法，要扩大起来理解，理解为发展实力与实施德治两个方面。这两方面是缺一不可的。只有德治，没有实力，就会像徐偃王那样，被强大的楚国所消灭。只有实力，不讲德治，就会像韩非所支持的秦国那样，虽然能够一时战胜山东六国，却很快就被广大人民所推翻。从这个理论的角度讲，缺少德，只有力的强大不一定就能胜利，即使一时胜利，也不能保住胜利的成果。"强者胜"在一定条件下可以成立，并不是绝对的。有时强者会失败。韩非法家理论"必有无德之患"，从秦王朝的灭亡，得到证实。关于这一点，桓范在《政要论·臣不易》（《群书治要》卷四十七）中也有更明确的论述："夫治国之本有二：刑也，德也。二者相须而行，相待而成矣。

天以阴阳成岁，人以刑德成治。故虽圣人为政，不能偏用也。故任德多用刑少者，五帝也；刑德相半者，三王也；杖刑多，任德少者，五霸也；纯用刑，强而亡者，秦也。"我以为应该补上"纯用德，弱而亡者，徐偃王也"。说明治国"偏用"刑德必亡的道理。秦朝"强而亡"是最典型的、否定"强而胜"的例子。

2. 乱世无义，争于气力

"强者胜"在一定的条件下成立。这是什么条件呢？乱世！孟子讲"春秋无义战"，既然大家都没有道德，那么，谁强谁就能胜利。战国时代，诸侯纷争，韩非认为那是"争于气力"的时代，也是无义战的时代，当然也是"弱者亡，强者胜"的时代。所以，韩非子和李斯都特别重视实力的发展，不怎么重视仁义道德的问题。荀子认为，忽视道德就是失去根本，即使暂时胜利，也不会长久。秦始皇就是靠实力取得胜利，李斯以为事实证实了他的观点，时过不久，秦就灭亡了，李斯也当了殉葬者，只可惜他未能见到秦亡，还带着强秦不可战胜的观念离开人世。如果他是有远见卓识的思想家，一定会想到秦朝很快就要灭亡。不过他局限于法家理论，看不到推翻秦王朝的势力就在百姓中间，看不到秦王朝的灭亡原因就在于缺乏道德、只有军事实力上。因此，他至死也不能领悟他的老师荀子的以德为本的精神实质。

汉代的思想家将秦朝兴亡作为历史的经验教训来总结，作为后世的旁观者自然要看得比较清楚一些。陆贾认为秦亡的原因"乃举措暴众，而用刑太极故也"（《新语·无为》），举措"暴"（急）而且"众"（多），用刑又太残酷。官逼民反。他认为："万世不乱，仁义之所治也。"（《新语·道基》）这就肯定了秦王朝不重视仁义道德，才导致速亡。贾谊在《过秦论》中讲："仁义不施，攻守之势异也。"也是讲秦王朝不行德政，不施仁义，是亡国的最主要原因。秦王朝的经济实力与军事实力都是强者，没有人会怀疑。陈胜、吴广以及手下的几百名手无寸铁的徒役，是弱者，也是显而易见的。在强弱悬殊的情况下，陈胜吴广揭竿而起，居然将强秦推翻。这是非常明显的事实，"然而陈涉瓮牖绳枢之子，氓隶之人，而迁徙之徒，才能不及中庸，非有仲尼、墨翟之贤，陶朱、猗顿之富，蹑足行伍之间，而崛起阡陌之中，率罢散之卒，将数百之众，转而攻秦。斩木为兵，揭竿为旗，天下云集响应，赢粮而景从，山东豪俊遂并起而亡秦族矣。"弱者起兵，得到广大人民的拥护，最后取得胜利。正如吴起所说：如果不行德政，众叛亲离，舟中的人都是敌国，自己还能靠山河的险峻来保证安全吗？说明强者未必胜。对于秦王朝的灭亡，如果能结合以前的更加丰富的历史资料来研究，自然会得出更加深刻的教训，从理论上进行深入研究，也会得出更有普遍意义的结论来。这一方面的工作，由淮南王手下的一批理论家作出了很有意义的总结。详见后文。

3. 齐顷公转危为安

春秋时代，齐桓公称霸一时。齐桓公死后，齐国大乱，霸业已不复存在。但是，四十多年后，齐顷公当政，仍然以霸主的余尊，国土广大和地理优势，骄奢依然，傲视诸侯。齐顷公不愿意与诸侯平等相会，即位九年，诸侯聚会，他都不参加。《春秋经》鲁宣公十二年(前597年)："晋人、宋人、卫人、曹人同盟于清丘。"齐顷公没有参加。《左传》鲁宣公十七年(前592年)："晋侯使郤克征会于齐。齐顷公帷妇人使观之。郤子登，妇人笑于房。献子(即郤克)怒，出而誓曰：'所不此报，无能涉河。'"晋国派郤克召请齐国参加，齐顷公让妇人从帷幕后观看，妇人看见郤克跛子登台阶不便，在房间里嬉笑，郤克认为受到极大侮辱，发誓要报复。六月，在断道地方聚会，鲁侯、晋侯、卫侯、曹伯、邾子赴会同盟。齐顷公自己不去，只派四名大夫出席。齐顷公得罪了诸侯，怠慢了使者，为以后的困境埋下隐患。

《春秋经》鲁成公二年(前589年)："春，齐侯伐我北鄙。夏四月，丙戌，卫孙良夫帅师，及齐师战于新筑，卫师败绩。"齐顷公自己率兵出征，入侵鲁国北郊，取得胜利。回头又与卫国开战，打败卫国，占领了卫地新筑。春夏两场战争，半年之间取得两次胜利，冲昏了头脑，骄傲自满，不可一世。不久，晋国、鲁国、卫国、曹国四国联合围攻齐国，在鞍那个地方，打了一仗，齐国大败。俘虏了齐顷公，杀了逢丑父。

齐顷公为什么会落得"大辱身，几亡国，为天下笑"呢？董仲舒作了教训总结："其端乃从恬鲁胜卫起。伐鲁，鲁不敢出，击卫，大败之。因得气而无敌国以兴患也。故曰：得志有喜，不可不戒，此其效也。"（《春秋繁露·竹林》）齐顷公就是因为一些小胜利，就冲昏头脑，这是导致大祸的重要原因。

有了这一次深刻教训以后，"顷公恐惧，不听声乐，不饮酒食肉，内爱百姓，问疾吊丧；外敬诸侯，从会与盟，卒终其身，家国安宁"。董仲舒从齐顷公胜败骄逊的变化，得出结论："是福之本生于忧，而祸起于喜也。"（《春秋繁露·竹林》）老子所讲的祸福相倚，孟子讲的"生于忧患，死于安乐"，基本思想都是一致的。

4. 秦亡教训， 历史总结

《淮南鸿烈·氾论训》上的一段话，正是这一方面的理论总结，在两千多年前能有这种认识，不能不使人惊叹不已！今录于下：

国之所以存者，道德也；家之所以亡者，理塞也。尧无百户之郭，舜无置锥之地，以有天下。禹无十人之众，汤无七里之分，以王诸侯。文王处岐周之间也，地方不过百里，而立为天子者，有王道也；夏桀、殷纣之盛也，人迹所至，舟车所通，莫不为郡县，然而身死人手而为天下笑者，有亡形也。……今谓强者胜，则度地计众；富者利，则量粟称金。若此则千乘之君无霸王者，而万乘之国无破亡者矣。存亡之迹若此，其易知也，愚夫蠢妇皆能论之。赵襄子以晋阳之城霸，智伯以三晋之地擒，闵王以大齐亡，田单以即墨有功，故国之亡也，虽大不足恃；道之行也，虽小不可轻。由此观之，存在得道而不在于大也；亡在失道而不在于小也。《诗》云："乃眷西顾，此唯与宅。"言去殷而迁于周也。故乱国之君，务广其地而不务仁义，务高其位而不务道德，是释其所以存而造其所以亡也。故桀囚于焦门而不能自非其所行，而悔不杀汤于夏台。纣居于宣室而不反其过，而悔不诛文王于羑里。二君处强大势位，修仁义之道，汤、武救罪之不给，何谋之敢当？若上乱三光之明，下失万民之心，虽微汤、武，孰弗能夺也？今不审其在己者而反备之于人，天下非一汤、武也，杀一人则必有继之者也。且汤、武之所以处小弱而能王者，以其有道也。桀、纣之所以处强大而见夺者，以其无道也。今不行人之所以王者而反益己之所以夺，是趋亡之道也。

国所以存在，靠的是道德。家所以灭亡，原因就是无理。尧没有一百户的城郭，舜没有插锥那么小的地方，却得到天下。禹没有十个人的群众，汤没有七里的地面，成为诸侯拥护的王者。周文王只有百里的地盘，后来能立为天子，是由于有王道。夏桀、殷纣最兴盛时，人迹所到之处，车船所通的地方，没有不属于他们管辖的范围。但是，他们自身却死在别人的手里，被天下人所取笑，因为有亡国的表现。现在说"强者胜"，就测量土地的大小，统计人数的多少。说富的好，就量粮食的数量，称金的重量。如果这样，那么，千乘的君主就没有称霸的，万乘的诸侯就没有败亡的。如果存亡规律就是这样简单，那就太容易知道了，连愚蠢的普通人也都能说清楚。赵襄子靠晋阳城称霸诸侯，智伯有三倍晋阳城的地方却当了俘虏。闵王有齐国那么大的地方败亡，而田单却靠齐国的一个小小的即墨收复整个齐国，立了大功。所以说，国要亡，即使很大也靠不住；实行王道政治，即使很小也不可轻视。由此看来，国的存在由于得道，不因为大；国的灭亡由于失道，不因为小。《诗》上说：经常向西边张望，只因为周文王住在那里。这就是说大家都想离开殷纣王而去投奔周文王。这就是人心所向。所以亡国的君主，努力扩大自己的地盘而不实行仁义，积极提高自己的地位而不关注道德。这是放弃存在的做法，走向灭亡的道路。所以桀被囚于焦门的时候，还不反省自己的错误行为，却后悔没有将汤杀死于夏台。纣居于宣室，不检讨自己的过错，却后悔没有将周文王杀死于羑里。这两位君主处于强大地位的时候，如果修行仁义道德，那么，汤、武克服自己的错误都来不及，哪有时间去考虑谋反的事。如果上违背天道，下失去民心，即使没有汤、武，谁不能夺他们的权？现在不好好检查自己的问题，却后悔防备别人不够。天下不是只有一个汤、武，杀了他们必定还有继承者。而且汤、武处于弱势，能够当上王，是由于行道。桀、纣处于强大而被夺了政权，是由于无道。现在不学习人家实现王道的成功办法，却想强化自己被夺权的失败做法，这是趋向更快灭亡的道路。

历史上有许多强大者失败，都不会吸取失败的教训，不知道失败的原因在于自己的失误，却将失败的原因归结为客观因素。不是自己无能，而是敌人太厉害了。西楚霸王项羽失败时，认为不是战之过，而是天命。扩大来看，古今中外，所有强者失败，都缺乏正确的认识，都缺少反省意识，都像夏桀、商纣那样，后悔没有将对手在萌芽状态时扼杀掉。实际上，他们不是没有扼杀掉新生的反对者，而是扼杀了很多，冒出了更多的反对者。扼杀一个，就激起几十个。杀得越多，反对者也就越多，他们失败也就越快。这些失败者就是不了解其中的辩证法道理，根本也无法正确吸取教训。贾谊在《新书·先醒》中说"先醒"就是先觉悟，提前认识到事情的盛衰兴亡的道理。"故未治者知所以治，未乱也知所以乱，未安也知所以安，未危也知所以危，故昭然先初速悟乎所以存亡矣。故曰先醒。辟犹俱醉而独先发也。"就像都是醉了的人，有的人先醒过来。同时还有"后醒者"和"不醒者"。那个"不醒者"，就是彻底的失败者。放眼中国历史，夏桀、殷纣、秦皇以及后代的许多末代皇帝，都是不醒者。贾谊认为先醒、后醒、不醒，除了人主，也包括卿大夫和布衣之士。也就是说，所有的人都存在是否知道的问题，即醒与不醒、先醒与后醒的问题。

5. 正义必胜与"胜者为王"

有一句话很流行："胜者为王，败者为寇。"希特勒也曾经说过类似的话。他认为只要胜利了，就不会有人追究他的背信弃义。这个说法，也正是"强者胜"的观念表达。他们还是迷信实力，认为只要胜利了，人民就会歌颂他们，他们也就成为英雄，可以名标青史，流芳百世。滥杀无辜，残酷暴行，失去民心，他们如何能胜利？人民是不可战胜的，与人民在一起，才是胜利的保证。反人民，与人民为敌，当然要失败。在乱世的时候，无正义可言，人民也无法表达自己的愿望，实力成为决定胜负的主要因素。但是，乱世过后，社会总要变成有序的，到这时候，道德就非常重要了。能够保持社会有序、稳定，就要靠德治、仁政、王道。这三者说法不同，实际上就是一个东西：以德治国。什么叫以德治国？德者，得也。能够让最广大人民得到实际上的好处，这种政治就是王道，德治。所谓"胜者为王"，实际上这是将因果关系弄颠倒了。只有实行王道的才能取得最后胜利，胜利以后，才能当王。

这里还有一个问题需要研究，那就是什么是王道？或者有人问，难道陈胜实行的就是王道？他也没有取得最后的胜利呀？王道政治就是有利于最广大的人民。王道也是相对而言的，秦王朝暴行使人民无法再忍耐下去，陈胜首先起来反对，就是替人民除暴，属于正义的。因此，他们得到广大人民的拥护。项羽与刘邦比较，刘邦更得民心，得到更多的拥护，因此能够战胜项羽。虽然看起来楚汉战争中，起作用的好像都是那些谋士与武将，而实际上人民的拥护则是更为根本的。公平、宽松、仁爱，对人民有吸引力，对谋士与武将也一样有吸引力。曹操有雄兵百万，猛将千员，谋士如云，也是打着为民除暴的旗子。曹氏之所以能够建立魏朝，也是推行德政的结果。魏朝与东汉末期的政治相比，有明显的进步。孟子说："仁言不如仁声之入人深也。善政不如善教之得民也。善政，民畏之；善教，民爱之。善政得民财；善教得民心。"(《孟子·尽心上》)政指法令政策。教指伦理教化。善政不如善教。教化又分两种：身教与言教。言教不如身教。用语言进行教化不如自己做出符合道德的行动。其身正，不令而行。综合起来就是两句话：善政不如善教，言教不如身教。归结为一个字：德。自己遵循德，比什么都强，是所有政治的根本。因此，《大学》说："自天子以至于庶人，一是皆以修身为本。"这个本如果乱了，还想做好事情，治理好天下，根本是不可能的。

在自然界，也不完全是强者胜。老虎吃羊，强者胜，很容易理解。但也有许多不能用强者胜来解释的。例如恐龙是强者，已经灭绝了。而蚂蚁、蜻蜓、蜜蜂不是强者，至今存在。当然，老虎对于人类来说，还是弱者。羊有人类保护，免于灭绝。而老虎主要受到人类的威胁。要不是人类，老虎怎么会灭绝。恐龙时代，还没有人类，而且恐龙比老虎好像还要厉害，却灭绝了。还有，老鼠对于人类不能算强者，而且也不受人类喜欢和保护，"老鼠过街，人人喊打"。打了几十年，打了几百年，至今也没有能够把老鼠灭绝，而且世界上，好像老鼠的个数未必比人类少。此外，人类是最强者，人类所讨厌的小动物还有如苍蝇、蚊子、蟑螂，也都活跃于许多人类聚居的地方，近几十年还看不到消灭它们的希望。这些弱者为什么这么难淘汰？那些强者却为什么那样脆弱？

人类现在是最强者，傲视所有生物，大有"唯我独尊"的派头。人类历史上多次发生战争，每一次战争都要死很多人。两次世界大战，直接在战争中死亡和间接死于战争的人类要用亿来计算，什么动物内部残杀大概都达不到这种程度。人类现在更强了，有了许多大规模杀伤性武器，要再打起世界大战来，可能会把人类彻底消灭。许多动物濒临灭绝，值得人们担心，最值得担心的，我以为还是人类自己。

科学发达、经济富裕的国家总想将自己的意见和价值观强加于其他国家和人民，搞霸权主义。弱者被迫无奈，采取各种方式进行反抗。强者又以反恐怖主义为借口，肆意侵犯别国主权，凭借自己的军事实力，滥杀无辜。这样闹下去，人类是否要成为当代的恐龙？我以为这是最值得担心的。现代科学对恐龙的灭绝的猜想讲了许多意见，都无法令人满意，就是现代科学家总是从外部条件的变化来找原因，缺乏的是从恐龙内部寻找原因。这样的问题往往不是自然科学所能解释的，因为现代科学占主流的是西方的外因论。人类打一场核武器战争，同归于尽，灭绝了。若干亿年以后，一些生物研究人类灭绝的原因，从自然科学方面研究，肯定得不出什么有价值的结论。

局部研究，到处可见"强者胜"，但是，如果能够从宏观上考察，综观人类历史和自然界，强者胜，都是暂时的。强者灭绝也是普遍的现象。所谓"物极必反"，就是一条由中国古人总结出来的规律。

第十三课　民本与任贤

1. 以民为本

人民在社会历史上是一种什么角色，它与天神、上帝是一种什么关系？在中国商代以前的统治者认为天神、上帝是在统治者之上，而人民在统治者之下。推翻商朝统治，建立周朝统治的新统治者才提出人民与天神紧密联系，是一样重要的，体现了十分开明的政治态度。这也说明人民在社会上的地位有所提高，作用开始壮大，日益成为历史发展的决定力量。以民为本的思想就是在这样的历史条件下逐渐产生、形成的。我们下面就分几个阶段简述这个过程。

1.1 民为神主

三千年前的西周时代，新的统治者开始重视民的地位。他们将民与天相联系，提出"天视自我民视，天听自我民听"（《孟子·万章上》引《泰誓》语）。天看到的，就是人民看到的；天听到的，就是人民听到的。大概有些统治者背着上天，在人民面前作威作福。这些话就是对这些人的警告。他们又说："民之所欲，天必从之。"（《左传》昭公元年引《泰誓》语）人民有什么愿望、要求，天会努力使它得到实现。对于统治者来说，这些事情做得如何，就决定了自己的地位是否巩固。因此，他们又从理论上概括："皇天无亲，唯德是辅。"（《左传》僖公五年引《周书》语）德，指使人民得到好处。天没有亲人，它只辅助能给人民带来好处的有德者。他们把民抬到与天并列的崇高地位，说明他们是极端重视人民的作用的。因此，敬天保民成为他们的政治纲领。

春秋时代，敬神与保民作为社会风气同时流行。有的统治者重视神，祭神特别隆重，从人民那里刮来很多财富，准备祭品，作为敬神的物质条件。同时，他们每有大小事都向神请示，非常相信神，凡事都按神的意志办。另外一些思想家把民放在比神还重要的位置上，要求统治者先把人民的事情办好了，然后再去向神表示敬意和感谢。例如，季梁说，治国之道就是"忠于民而信于神"。忠于民，就是高高在上的统治者要经常想着如何才对人民有好处，就是"上思利民"。他又说："夫民，神之主也。"在古代，蜡烛的芯，叫做主。民为神主，大意是说：神的情绪随着人民的意愿而产生变化。人民高兴，神也高兴。人民不高兴，神也会不高兴的。所以，圣王先办完人民的事情，然后才花一点时间去敬神。"民和而神降之福"（《左传》桓公六年），人民安居乐业了，神才会降福，统治者办事才会成功。"民不和，神不享"（《左传》僖公五年），人民生活不好，神就不会享受统治者给它的祭品，当然也不会给他们降福。

无论是将民与天并列，还是主张民为神主，都说明西周以后开明的思想家已经有了重民的思想。当时普遍的观念还是天与神有崇高的地位，风俗是畏天敬神的。天、神的地位都在最高统治者天子之上，如果民与天、神并列，那么，很显然，民的地位应该也在天子之上。这是很容易推导出来的。但是，这种思想到战国时代才由儒学大师、儒家亚圣孟子概括出来。他说："民为贵，社稷次之，君为轻。"（《孟子·尽心下》）人民最尊贵，国家是其次，国君排在最后。这就是著名的"民贵君轻"思想。

人民是历史的决定力量，是国家的基础和根本。古代称为"本"。国以民为本，我们称它为"民本思想"。中国古代民本思想影响深远。在伪《古文尚书·五子之歌》中就有"民为邦本，本固邦宁"的说法。民是国家的根本，根本稳固了，国家才能安宁。所谓"国以民为本"，"为国者以民为基"，"民者，国之根也"，都是一个意思：人民是国家的根本。《荀子·大略》中说："天之生民，非为君也；天之立君，以为民也。"上天为了人民而立君，所以，君即统治者要为人民兴利除害，为人民办好事。这是应该有的君民关系。如果统治者让天下人为自己服务，那么，他就违反了上天的意志，就要受到惩罚，甚至家破人亡，身败名裂。

1.2　民为国本

　　从西周到战国时代，民本思想就比较流行。秦统一中国以后，建立中央集权的封建专制制度，民的地位有所下降。秦朝速亡，使西汉思想家对民本思想有了新的认识。战国时，关东六国实力相当强大，文臣武将那么多，却被一个秦国所并吞。如此强大的秦国，却被名不见经传的陈胜、吴广所领导的几百人的农民起义推翻。可见，民的力量是何等的大！写了《过秦论》的西汉政治思想家贾谊对于民本思想有深切的体会和详细的论述。他在《新书·大政上》中说："闻之于政也，民无不为本也。国以为本，君以为本，吏以为本。故国以民为安危，君以民为威侮，吏以民为贵贱。此之谓民无不为本也。"听说从事政治，没有不以人民为根本的。国家、国君、官吏都要以民为根本。国家因为人民而有安定与危险的差别，国君由于人民而有威望与侮辱的不同，官吏根据人民的态度而有贵贱之分。这就是说，人民是国家安危、国君威侮、官吏贵贱的根本。

　　重民、民本与民主还不一样。中国传统思想中也有民主思想的因素。中国传统的民主思想因素与西方也不一样，也有自己的特色。主要表现为两个方面：一是人民是社会历史的真正主人，以孟子的"得民心者得天下"说法为典型代表；二是统治者处理大事时重视人民的意见。贾谊说："夫民者，至贱而不可简也，至愚而不可欺也。

故自古至于今，与民为仇者，有迟有速，而民必胜之。"(《新书·大政上》)人民虽然在社会上地位低贱，却不可歧视；虽然愚昧，却不可以欺骗。所以，自古至今，所有与民为敌的人迟早都要失败。人民是海水，统治者是小舟，"水则载舟，水则覆舟"。水是海的主人，而舟是客人，舟要依靠水，舟一旦失去水，自己也就失去了存在的价值。

1.3 吏为民役

民本思想认为，民是根本。人民虽然是根本，还都要在统治者的统治之下。其重要性也只有载舟的作用。孟子"民贵君轻"的思想，是有特殊意义的，肯定了人民在社会历史上的决定作用。直接提出人民是主人，官吏要像仆役那样为人民做事，是唐代的柳宗元。柳宗元在《送薛存义之任序》中说：

凡吏于土者，若知其职乎？盖民之役，非以役民而已也。凡民之食于土者，出其十一佣乎吏，使司平于我也。今受其直怠其事者，天下皆然。岂唯怠之，又从而盗之。向使佣一夫于家，受若直，怠若事，又盗若货器，则必甚怒而黜罚之矣。以今天下多类此，而民莫敢肆其怒与黜罚，何哉？势不同也。势

　　不同而理同，如吾民何？有达于理者，得不恐而畏乎？①

　　这一大段话特别有价值，所以全文引录。大意是：凡是在地方当官的，你知道自己的职责吗？是人民的仆役，不是奴役人民的。凡是在某个地方生活的人，都要拿出自己收获的十分之一财富雇佣官吏，让他们负责，为人民公平地处理一些事情。而现在天下的官吏都是拿了俸禄（薪水）又不为人民办事的。何止不做事，还贪污受贿，盘剥人民的财物。假如你雇一个仆役在家，他拿了你给的工钱，不给你干活，还要偷你家的钱物，那么，你必定大怒，要惩罚他，或者把他赶走。现在天下官吏多数就像这样的仆役，人民却不敢发怒，也不能惩罚或罢免他们，为什么？形势不同。但是，形势不同，道理却是相同的。应该怎么样对待人民呢？明白这个道理的人能不害怕吗？

　　在柳宗元的这一段话中，以主人比喻人民，以仆役比喻官吏。人民与官吏的关系是主仆关系。类似现代的说法：干部是人民的公仆。他所说的"势"，现在可以理解为缺乏民主制度的封建社会的形势。这个"势"一旦变成民主制度的势，那就"理同势也同"了，人民真正当家作主了。柳宗元"吏为民役"的思想是非常深刻的，非常光辉的，对后代也有深远的影响。

---

　　①　《柳宗元集》第 2 册，616 页，北京，中华书局，1979。

1.4　谋及庶人

中国古代有些统治者是重视民意的。重视民意首要的措施是让人民说话。邵穆公说："夫民虑之于心而宣之于口，成而行之，胡可壅也？"(《国语·周语》)人民把心里想的说出来，如果是正确的，就应该实行，怎么可以堵塞言路呢？郑国相子产也有一番高论。子产实行政治改革，有一些人就在乡校议论这些新政策，有时还评论执政者。有的人就向子产汇报这种情况，并建议取缔乡校，理由是怕他们的议论影响政府的威信。子产说："夫人朝夕退而游焉，以议政之善否，其所善者，吾则行之；其所恶者，吾则改之。是吾师也，若之何毁之？"(《左传》襄公三十一年)群众早晚休息的时候到乡校去，借此机会议论政治的问题。他们认为是好的，我们就实行；他们所反对的，我们就改正。这是我们的老师，为什么要取缔它呢？很明显，子产是要让人民说活的，他听取这些群众的意见，作为制定政策的重要参考。所以认为乡校是自己的老师，应该保留，不应该取缔。两千年以后的明朝末期，黄宗羲主张学校是议政的场所，可能受到子产的启发。古代请群众议政，原是很普遍的传统。例如，《尚书·商书·盘庚上》有"王命众悉至于庭"(国王命令群众都到宫廷来议论大事)的说法。说明殷商时代，统治者在迁都之前召集群众讨论过，最后按群众的讨论结果定了新都。《尚书·洪范》有"谋及庶人"

（与百姓商量）的话。庶人就是平民百姓，就是普通群众。据《周礼》记载，古代征求群众意见已经有专门的机构或专职人员，小司寇就是这种专职人员。

中国古代有这样的一种制度：内朝是国王与百官商议事情的地方，外朝是小司寇向万民征询意见的地方。同时规定，凡是国家大事都要征询万民的意见。什么是国家大事呢？一是国家受到武力侵犯，处于危急的时候；二是国都要迁移的时候；三是要确立新国君的时候。这就是战争、迁都和立嗣三件大事，都要征询群众的意见。

我们现在可以从《左传》中看到这些制度在春秋时期的实行情况。例如，定公八年载：卫侯要背叛晋国，就与国人商量。国人就是本国的平民。卫侯派王孙贾去征询。经过商量，最后决定叛晋。这是国家外交上的大事，也就是战争与结盟的大事。另一处记载是哀公元年的事：吴国入侵楚国，吴国派使者来召陈怀公。陈国是小国，夹在吴楚两个大国之间，吴楚相争，两边都不好得罪，陈怀公很为难，就向国人征求意见。所谓"国人"，可能是比庶人地位高一点的，或者可以称为没有当政的贵族。国人意见分歧很大，有的说不能去，去了就表明支持吴国侵略楚国，我们就得罪了楚国；有的说应该去，否则，就得罪了吴国，等吴国灭了楚国以后，会来找我们算账的。讨论很激烈，莫衷一是。怎么办呢？陈怀公说："欲与楚者右，欲与吴者左。"（《左传》哀公元年）支持楚国的站在右边，支持吴国的站在左边。陈怀公数一下人数，就知道支持哪一国的人多。这是两千多年前的"站队"问题，也是最早的左派和右派的划分。点人数，也应该是一种最早的投票方式。后来演变成在碗里放豆，再到举手，最后用无记名投票。这次站队的结果，支持楚国的占多数，因此，陈怀公决定与楚国结盟，不支持吴国的侵略行动。这是与国人商议战盟大事的记载。

《左传》僖公十五年记载：晋惠公当了秦国的俘虏，让瑕吕饴甥对国人说："我战败当了俘虏，侮辱了国家社稷，即使能够回国，也不能再当国君了，希望由长子圉当国君。"瑕吕饴甥向国人传达了这个意见以后，大家都哭了。这是关于立新君的大事向国人征询意见的记载。

《盘庚》所记的是关于迁都的大事而向群众征询意见。

从以上可以看到，中国古代有关三大事向群众征询意见，是有传统的。

根据票数的多少来决定大事，不尽合理。中国古代的思想家对此也有过分析。他们不是简单地根据多数来决定大事，而是理智地审察群众的意见，经过分析，作出抉择。例如《左传》成公六年所载晋栾书的一件事。楚军进犯郑国，晋栾书带兵去救援郑国。郑国得救了。这时，晋军要不要跟在蔡国的楚军交战呢？栾书拿不定主意。赵同、赵括等人主张向楚军开战，一决雌雄。知庄子、范文子和韩献子不同意，认为救郑的任务已经完成，应该班师。如果到蔡国与楚军开战，胜了没有多少意义，如果失败，那就是大耻辱。栾书决定撤兵回国。这时主战者对栾书说："圣人与众同欲，是以济事。子盍从众？子为大政，将酌于民者也。子之佐十一人，其不欲战者，三人而已。欲战者可谓众矣。《商书》曰：'三人占，从二人'，众故也。"多数派说：圣人与群众思想同一，所以能办成事。你何不服从多数呢？你掌握大权，应该考虑民众的意见。你的辅助者十一人，其中不愿意战的，只有三人而已。愿意战的人可以说很多。《商书》上说："三人占卜，随二人的。"就因为二人是多数（例如三占卜，一人说凶，二人说吉，那就相信是吉）。栾书说："善钧从众，夫善，众之主也。三卿为主，可谓众矣，从之，不亦可乎？"栾书提出：两种都是善的意见，可以从众。善是群众所依附的中心。三位贤卿的意见，虽属少数，也不是个别的意见。听从他们的意见，不也是可以的吗？在这里，贤士的意见应当较有分量。不能简单地看多数。在战争中，许多军人打红了眼，只图痛快、解气，主张战是很自然的。有战略眼光的贤士就比较冷静，理智地分析形势，做出战与和的选择。《水浒》中的李逵什么时候都想打仗，由他带兵打仗，只图杀个痛快，必将误事。在第二次国共合作时，也有很多军人想不通，做了很多工作，才解决的。而当时明白国共合作必要性的人只是很少的一部分人，由于他们的主张是正确的，是善的，终于得到多数人的认可和支持。这就是"善，众之主"的意思。

现在有一些所谓的"明星"像雨后春笋一样，由电视台成批地制造出来。没有电视台时就没有这么多的明星。为什么？电视台给很多人提供露面的机会。实际上经常露面的未必都是高水平的。现在中学生有一批"追星族"，到大学就不追星了。为什么？减少了盲目性。如果让追星族选总统，可能会选歌星、影星。

对于群众意见，要加以分析。对于多数人的意见，特别是古代，科技落后，通信不发达，人民群众还比较愚昧，盲目性还比较大，选举出来的人不一定都是贤能之人。中国古代思想家对此认识比较深刻。例如上述郑国相子产重视听取群众意见，不同意取缔乡校。但他也不是盲目听从群众的意见的，他在郑国从政一年，进行一些改革。开始，群众反对，子产不怕，坚信自己的主张会给人民带来好处，就坚持贯彻改革措施。后来，群众看到实际好处，也就支持改革了。这也是"善，为民之主"的意思。群众是向善的，在群众还暂时不理解的时候，不要轻易放弃自己的正确主张。

孔子说："众恶之，必察焉；众好之，必察焉。"大家都说他不好，我也要自己考察一下；大家都说他好，我也要考察一下。这才是实事求是的态度。古代讲"众口铄金"，大家都说话，连真金都会受到破坏，更何况其他东西。所以孔子不肯相信从群众那里听来的，总要自己加以认真考察。所谓"百闻不如一见"，讲的也是这个道理。毛泽东在革命战争中提出要走群众路线，不要做群众的尾巴。这是对待群众意见的正确态度，也是继承了中国传统的辩证法思想。

简单地说，真理不一定在多数人手里，往往在少数人手里。特别是科学创造，总是少数人发现真理，不可能几亿人同时发现什么真理。因此可以肯定的是，在自然科学领域，新的发现总是少数人做出来的。但是，在社会政治领域实行投票选举，对不对呢？在社会领域主要是价值观的问题，投票占多数，说明这是多数人的意愿。这与自然科学是不一样的。因此，我们认为在社会政治领域采取投票选举的办法是对的。至于自然科学，例如讨论人类基因的问题，就不能用投票的方式决定对错。

总之，中国古代思想家提出"国以民为本"，肯定了人民在社会历史发展中的决定作用。"民贵君轻"思想，肯定了群众比任何个人都伟大。"吏为民役",肯定了纳税者人民理应是社会的真正主人。
"谋及庶人",说明中国古代早就有了民主的思想,只是这些思想没
有形成像西方那样的一种制度。

　　现在我们看到,世界各国的民主制度也是各有特色的。有议会
制,有杜马制,有人民代表制。中国采取的是人民代表制度,这是
符合中国现在国情的。西方国家的民主制度未必符合中国现在的国
情。许多制度是在实践发展中逐渐形成的,不是哪一个人的主观创
造,过去有些人也曾经搬来过外国的制度,也有过自己的主观创造,
但,都没有成功,都因为不适合中国当时的国情。能够成功的制度,
就因为它适合中国的国情。这也是一种社会实践对于制度的检验。

2. 任贤之力

　　历史是发展的,前进的。推动历史发展的动力是谁的力量? 历
史前进的动力是什么? 古今中外都有不同的看法。

　　有的说是历史的发展变化都是偶然的,没有什么规律可循,往
往有一种偶然事件改变了整个历史的进程。有的说历史发展是必然
的,有规律性的。马克思主义认为历史发展是由生产力这个因素决
定的。西方还有英雄史观,认为是英雄决定历史的进程。

中国对于历史的发展理论也有过许多研究，提出过各种理论。中国早期有天命史观、圣人史观。后来，人们从历史事实中探讨，认为贤人与任用贤人的当政者起着关键的作用，于是有了更加具体的讨论。

2.1　贤者之力

司马迁在《史记·太史公自序》中说："士贤能而不用，有国者之耻。"有道德有能力的人才，得不到任用，是当政者的耻辱。要实现对社会的公正管理，就必须任贤使能。要达到富国强兵，就必须任贤使能。要创立大的功业，就必须任贤使能。

齐桓公听从鲍叔的建议，不记射钩之仇，任用管仲为相，九合诸侯，一匡天下，终于成为春秋时代第一位霸主。齐桓公与管仲，究竟谁的作用更大些？历史上有不同的说法。晋平公问叔向："昔齐桓公九合诸侯，一匡天下，不识其君之力乎，其臣之力乎？"叔向的观点是："管仲善制割，隰朋善削缝，宾胥无善纯缘，桓公知衣而已，亦其臣之力也。"用裁缝为比喻，管仲善于剪裁，隰朋善于缝纫，宾胥无善于锁边，齐桓公就知道穿衣而已，裁缝当然都是臣的力量。

师旷有不同看法，他认为："臣请譬之以五味。管仲善断割之，隰朋善煎熬之，宾胥无善齐和之。羹以熟矣，奉而进之，而君不入，谁能强之？亦君之力也。"（《新序·杂事》）用饮食作比喻，管仲善于刀功，隰朋善于烹调，宾胥无善于调和，做好菜送进去，国君如果不吃，谁又能勉强他呢？看来国君起着关键的作用，是"君之力"。

有一种说法："将谓桓公仁义乎？杀兄而立，非仁义也；将谓桓公恭俭乎？与妇人同舆驰于邑中，非恭俭也；将谓桓公清洁乎？闺门之内无可嫁者，非清洁也。此三者亡国失君之行也，然而桓公兼有之，以得管仲、隰朋，九合诸侯，一匡天下，毕朝周室，为五霸长，以其得贤佐也。失管仲、隰朋，任竖刁、易牙，身死不葬，虫流出户。一人之身，荣辱俱施者，何者？其所任异也。"（《说苑·尊贤》）齐桓公有亡国的表现，没有亡国，就是因为他用了贤人。

同样这个齐桓公，没有管仲以后，任用别人，国内大乱，自己死后不能及时埋葬。这都说明贤佐的作用，也就是管仲对齐国的作用。因此，孔子说："桓公九合诸侯，不以兵车，管仲之力也！如其仁！如其仁！"又说："管仲相桓公，霸诸侯，一匡天下，民到于今受其赐。微管仲，吾其被发左衽矣。"（《论语·宪问篇》）这里讲的齐桓公九合诸侯，一匡天下，造福后代，没有使用兵车即武力，都是管仲的力量。应当说，管仲确实出了很大的力气，起了很大的作用。按孔子的说法，管仲即贤人的作用，才使齐桓公能够称霸诸侯。

2.2　荐贤之力

但是，同一位孔子，在另一处，却认为推荐管仲的鲍叔比管仲更加贤。子贡问大臣。子曰："齐有鲍叔，郑有子皮。"子贡曰："否。齐有管仲，郑有东里子产。"孔子曰："然。吾闻鲍叔之荐管仲也，子皮之荐子产也，未闻管仲、子产有所荐也。"子贡曰："然则，荐贤贤于贤。"(子)曰："知贤，智也；推贤，仁也；引贤，义也。有此三者，又何加焉?"(《韩诗外传》卷七第二十四章)孔子认为推荐贤人的人比贤人更加贤。鲍叔推荐管仲，而管仲没有推荐别人。推荐的力量更加伟大。理由是：知贤，是一种智慧；推荐贤人，是仁爱的表现；引进贤人，是一种大义。有仁义智这三种品德，还有什么比这更伟大的? 按这种说法，鲍叔比管仲更伟大，也更有力量。"虽有贤者而无以接之，贤者奚由尽忠哉? 骥不自至千里者，待伯乐而后至也。"(《说苑·尊贤》)贤者没有人推荐，也就没有尽忠的路子。因此，推荐的作用不可忽视。子贡所谓"荐贤贤于贤"，肯定推荐的作用更伟大，更重要。

关于千里马的说法，韩愈在《杂说》之四中开头就说："世有伯乐，然后有千里马。千里马常有，而伯乐不常有，故虽有名马，只辱于奴隶人之手，骈死于槽枥之间，不以千里称也。"千里马比喻贤者，伯乐则是推荐贤者的人，即荐贤者。韩愈认为"伯乐不常有"比常有的千里马自然更难得，更可贵。这还是荐贤者高于贤者的思想。有名马，没有伯乐的推荐，名马只能屈服于奴隶之手，成批地死于平常生活的环境中。

2.3　倡贤之力

《韩诗外传》卷二第四章记载着这样一个故事：

> 楚庄王听朝罢晏。樊姬下堂而迎之，曰："何罢之晏也，得无饥倦乎？"庄王曰："今日听忠贤之言，不知饥倦也。"樊姬曰："王之所谓忠贤者，诸侯之客与？国中之士与？"庄王曰："则沈令尹也。"樊姬掩口而笑。王曰："姬之所笑者何等也？"姬曰："……今沈令尹相楚数年矣，未尝见进贤而退不肖也，又焉得为忠贤乎？"庄王旦朝，以樊姬之言告沈令尹，令尹避席而进孙叔敖。叔敖治楚三年，而楚国霸。楚史援笔而书之于策曰："楚之霸，樊姬之力也。"《诗》曰："百尔所思，不如我所之。"樊姬之谓也。

刘向《新序·杂事》所载略异，樊姬与楚庄王、孙叔敖是一样的，是谁推荐孙叔敖？二说不同。《韩诗外传》说是"沈令尹"，《新序》说是"虞丘子"。可能另有所本。转载如下：

> （樊姬）曰："……今虞丘子为相数十年，未尝进一贤。知而不进，是不忠也；不知，是不智也。安得为贤？"明日朝，王以樊姬之言告虞丘。子，虞丘子稽首曰："如樊姬之言。"于是辞位而进孙叔敖。孙叔敖相楚，庄王卒以霸。樊姬与有力焉。

司马迁在《史记·楚世家》中，关于楚庄王的资料，有"三年不鸣，鸣将惊人"，有伐陈、攻郑、围宋的壮举，没有提到樊姬、孙叔敖、沈令尹的事。在《循吏列传》中第一名就是孙叔敖，"虞丘相进之于楚庄王，以自代也"。所用的资料与《新序》同。并对孙叔敖的政绩作了简略的介绍，又在《滑稽列传》中讲到优孟与孙叔敖之子的关系。都没有提到樊姬。《新序》所载，当另有所据。

沈令尹辅佐楚王几年了，没见他推荐贤人，怎么能算是贤人呢？樊姬向楚庄王倡导要推荐贤人，对楚庄王有了启发，后来沈令尹（虞丘子）推荐了孙叔敖，楚国称霸于诸侯。楚史认为楚国能够称霸是樊姬之力，并郑重地写入史册。这也就是强调倡导推荐贤人的作用。

2.4　任贤之力

贤人没有人推荐不行，推荐不被采纳、任用也不行。任用者起着关键的作用。

鲍叔推荐了管仲，因为管仲是齐桓公的政治敌人，曾经箭射带钩，差点要了他的命，此仇未报，还能用他治国吗？能用政敌，本身就是很了不起的气魄。齐桓公让管仲治国，管仲说："贱不能临贵。"人微言轻，地位低的人管不了地位高的人。齐桓公就任命管仲为"上卿"。但是，国家并没有治理好。齐桓公责问管仲："为什么没有治理好？"管仲说："贫不能使富。"贫穷的人指挥不动富裕的人。齐桓公将一年从市场上收来的租税全部交给管仲。管仲还是没有把齐国治理好。齐桓公又问究竟为什么。管仲说："疏不能制亲。"疏远的人制约不了亲近的人。管仲管不了齐桓公亲近的人。齐桓公把管仲立为"仲父"(《说苑·尊贤》)。结果，齐国治理好了，全国大安，于是就称霸天下。齐桓公问管仲："何如而害霸?"怎么做会妨碍称霸?管仲说："不知贤，害霸；知而不用，害霸；用而不任，害霸；任而不信，害霸；信而复使小人参之，害霸。"(《说苑·尊贤》)在用人中，首先是知贤，知而能用，用而能任，任而能信，信而能专，才能充分发挥贤者的才华，使他成功立业，名垂千古。在这个问题上，孔子也承认"管仲之贤，不得此三权者，亦不能使其君南面而霸矣。"(同上)

　　孔子所谓"三权"，就是法家所谓"势"。慎到说："尧为匹夫不能治三人，而桀为天子能乱天下，吾以此知势位之足恃，而贤智之不足慕也。"(《韩非子·难势》引)尧是圣人，没有势位，不能够管理三个人。管仲即使是圣人，没有势位，也只能管理三个人。因此，管仲如果没有齐桓公知贤善任，也将埋没了自己的才华。管仲一而再，再而三地提出要权，提出几乎是别人不敢想象的要求，齐桓公能一再答应他的要求，才使他得以成功。如果齐桓公不是那样信任他，只要有一点动摇，都将前功尽弃。像管仲这样，伸手要官，再伸手要钱，还要名誉地位，如果在现在，管官的人会怎么想? 也许会认为他是十分贪婪的名利之徒，不能给予满足。但是，贤人伸手要条件，是为了干事业，而不是为了自己的个人享受。当政者如果不能分别这两种完全不同的情况，就可能对贤人伸手产生怀疑。

　　古人说"疑人不用"，用则无功。这里我们还应该了解乐羊攻中山的事。魏文侯派乐羊带兵攻打中山，围攻三年终于攻下中山。胜利凯旋，乐羊很高兴，想向魏文侯请功，魏文侯赏给他两箱子书，里面全是群臣和宾客反对乐羊攻中山的内容。乐羊看了以后很感慨地对魏文侯说："中山之举也，非臣之力，君之功也。"（《说苑·复恩》）同一内容，在《新序·杂事》中，乐羊说的是"此非臣之功也，主君之力也"。仗是将军乐羊打的，但是，没有魏文侯的信任和支持，乐羊早就被撤职了，还怎么会打胜仗？这里又可以说是任贤者之力。

巧媳妇难为无米之炊。要贤人建功立业，就要为他创造必要的条件。齐桓公不给管仲"三权"，管仲即使有天大的本事，也立不了大功。因此，齐桓公称霸诸侯，既是管仲的出力，又是齐桓公的善任，是君臣协同合作的结果。与此相反，有些君王做不好一件事，就认为是臣下的过失，总埋怨下属无德无能，不能像管仲那样创功立业，却没有反省自己，究竟为下属创造了什么条件？能不能像齐桓公对待管仲那样对待自己的下属？要马儿跑得好，又要马儿不吃草，那是办不成大事的。

管仲提出三权，都是非常必要的。高官厚禄虽然不能给人以真理，但是，百姓仰慕高官厚禄者，所以，官大禄厚者说话的影响力就大。相反，官小禄薄者，人微言轻，说话没有人听，即使是真理，也会被人忽视。我们从现在的追星族也可以体会到这种情况。有很多有知识的人包括教师，由于社会地位低，工资少，原来崇拜教师的学生，现在也不怎么看得起自己的老师了。而有些文化素质比较低的演员，由于经常在电视上露面，收入又十分可观，吸引了一大批青年学生，特别是中学生，形成了一个特殊的群体——追星族。

有些明星唱歌，一台晚会唱几首，就可以收入几万元，甚至几十万元，这是其他职业的人都达不到的。因此，以前崇拜的作家、科学家、政治家也都退居明星之后。

管仲官大禄厚以后，还不能治理好齐国，原因何在？齐桓公的三亲六故仗着与齐桓公的亲近关系，不把管仲放在眼里。所谓"公章碗口大，不如熟人一句话。"管仲的政令在实施过程中，受到严重的抵制、破坏、干扰。俗话说："疏不间亲。"齐桓公尊管仲为"仲父"以后，齐桓公所有的亲戚、朋友、故旧对管仲都要敬畏三分，齐桓公的亲友的所有优越感在管仲那里，全都丧失了。齐桓公给管仲"三权"，实际上是将自己的绝对权威授予了管仲。没有高度信任，绝对不会这么做的。

东汉哲学家王充说："桓公九合诸侯，一匡天下，管仲之力。管仲有力，桓公能举之，可谓壮强矣。吴不能用子胥，楚不能用屈原，二子力重，两主不能举也。举物不胜，委地而去可也，时或恚怒，斧斫破败，此则子胥、屈原所取害也。"（《论衡·效力》）同样道理，"韩信去楚入汉，项羽不能安，高祖能持之也。能用其善，能安其身，则能量其力，能别其功矣。"（同上）按王充的说法，管仲有力，齐桓公也有力。哪一个力气更大呢？王充认为，齐桓公之力比管仲之力更大。同样道理，刘邦的力量也比韩信大。相比之下，吴王不能用子胥，楚王不能用屈原，力量都比较小。王充认为孔子是"山中巨木"，道大难行，周流天下，无所留止。人不能用也。同样道理，魏徵有力量，唐太宗也有力量，唐太宗能用魏徵，说明他的力量也比魏徵大。

　　我们可以设想，现在的领导者当自己的下属提出像管仲那样的要求时，自己能不能像齐桓公那样答应并满足这些要求？当自己的下属也像魏徵那样当面批评自己，特别是在自己觉得做了很多好事以后，周围又是一片歌颂的声音时，下属当众提出一系列批评意见，自己能像李世民那样虚心接受批评，并认真改正吗？楚汉战争，为什么汉能胜楚？项羽能胜人不能胜己，而刘邦能胜己。刘邦能战胜项羽，也说明刘邦之力大于项羽之力。从此我们可以体会，作为创业的国君，这种内在的力量是多么的强大，又是多么的重要。老子讲"胜己者强"，是很深刻的。

2.5　人民之力

　　在历史的长河中，从个别的典型的事例来看，贤人、荐贤、任贤的作用都是很明显的。倡导任贤、荐贤，少数情况下也起了明显的作用。班固在《汉书·古今人表》中将古代人物分为九等：上上、上中、上下、中上、中中、中下、下上、下中、下下。上上是圣人，上中是仁人，上下是智人，下下是愚人。从中上到下中都是"可与为善，可与为恶"的中人。尧舜就是圣人，桀纣就是下愚。"齐桓公，管仲相之则霸，竖貂辅之则乱，可与为善，可与为恶，是谓中人。"这几个人如何排列呢？管仲排在上中，属于仁人。推荐管仲的鲍叔牙排在上下，属于智人。齐桓公排在中中，比管仲低三个等级。寺人貂和易牙则排在齐桓公再下两等的下上。从历史上的作用与影响来看，班固的排法自有其道理。

如果从长远的全局的情况来看，问题就可能更复杂一些。所谓复杂，就是真正起大作用的力量是隐藏在后面，是不容易被发现的最为巨大的力量，那就是人民的力量。对于这种力量的认识，有一个漫长的过程。起先，人们看不到人民的力量，认为社会的发展，历史的变迁以及统治者的更替，都是少数杰出人物决定的，特别是帝王将相的诏书与征战。而帝王将相的兴衰成败又是由天命决定的，这又是一种人类无法把握的神秘力量。西周统治者发现了人民的作用，他们认为人民与天命是一致的，"天视自我民视，天听自我民听"（《孟子·万章上》引《泰誓》语），"民之所欲，天必从之"（《左传》昭公元年引《泰誓》语）。这样一来，由天命决定一切就过渡到由人民决定一切。尽管在周初已经提出这种非常进步、开明、深刻的政治见解，而在三千年的中国历史中，仍然以少数人起决定作用的观点占主流。而明君贤相就是这少数人物中的佼佼者。

周初的统治者强调"德"。德者得也。什么叫德？人民得到就会高兴的那个东西就是德。"皇天无亲，唯德是辅"（《左传》僖公五年引《周书》文），皇天只辅助能给人民办好事的人。给人民办好事，就会得到人民的支持和拥护，就会得民心。战国时代儒家代表孟子明确提出"得民心者得天下"的论断。汉初贾谊总结归纳出系统的民本思想。

群众心理是值得关注的。在春秋时代，周天子在当时人的心目中仍然有很高的威望，而齐桓公要率诸侯朝周天子，这就比较得人心，再加上齐国的实力，讲诚信，救援小国，所以能够九合诸侯，一匡天下，成五霸之首。管仲也是在这种意义上努力，做出贡献，成为历史上的名相。

对于人民的力量，容易被抽象化，甚至被某些人当作独裁专制的工具和借口。因此，还有一些理论问题，需要继续研究。到底人民的力量表现在什么地方？如何表现？历史学家、政治家、哲学家如何看待人民的力量？在自己的行为中如何尊重人民的力量？这些都是需要继续研究的课题。

人民的力量，从历史上看，例如秦朝如此强大，却被陈胜、吴广领导的农民起义所推翻。因为秦朝苛政和赵高之类佞臣胡作非为，使民不聊生。又实行焚书坑儒，破坏文明。从物质与精神两方面强烈地与人民对抗，才激起反抗。在抗日战争中，日本军国主义军事实力比中国强得多，中国人民为了保卫自己领土和国家主权，与日本侵略者进行殊死搏斗，终于战胜入侵者，取得抗日战争的伟大胜利。许多人有一个观念：不当亡国奴。为什么有这种观念？这是过去思想家提出来的，又经过长期培育，逐渐形成的。

各国有不同的思想家提出不同的观念，培育出不同的民族精神，形成不同的民族文化，对后来的社会心理有很大的影响。得民心，就是要得具体的社会心理。因此，从历史进程来看，不同历史时期会有不同的社会心理，这与科技发展、社会文明、生产力的进步程度有关系。从世界范围来看，不同地区和不同民族，不同的文化背景，也会严重影响到社会心理。这种社会心理是历代思想家努力创造的结果，是精英文化的思想结晶。所谓民族魂，就是历代思想家劳动成果的积淀。现在保存下来的典籍，保留着他们的思想成果，正是这些成果，影响并塑造了各民族的传统文化与传统思想。在这种意义上，所谓民心，就是社会心理。

社会心理又是历代思想家影响下形成的，是历代精英思想的积淀。那么，思想家对历史发展的作用不可谓不巨大。思想家是精英分子，他们的思想是从人民思想中概括出来的思想精华，是代表人民利益的，是代表进步文化的，因此得以流传下来，数千年而不衰。这些思想能够掌握群众，鼓舞群众，引导群众，产生巨大的物质力量。人民群众是精英思想的物质基础，精英思想是人民群众的精神力量。

哲学的内容是人类精神的反思，哲学研究就是要反思即研究这些精英思想。精英思想代表时代精神，哲学是时代精神的精华。哲学的进步表明社会进步的程度，哲学怎么能不研究精英思想？

第十四课 礼与法

中国古代治理天下有两种模式：礼治与法治。

1. 礼与礼治

礼最初可能产生于祭祀。在祭祀的时候，有各种仪式，参加祭祀的人员根据社会地位的不同，处在不同的位置上，做不同的动作。大家都按规定严格实行，祭祀就会顺利进行，井井有条。整个社会也是这样，每一个人都有自己的社会角色与地位，严格而适当地根据"名分"来处理，社会就不会乱。君有君的样子，臣有臣的样子，父有父的样子，子有子的样子，那就安定了，有序了。"不在其位，不谋其政"，"君子思不出其位"（《论语·宪问》），各司其职，不敢僭越，没有越轨行为。否则，大家都越俎代庖，这就是平常说的"乱套"。

礼治是用一种合理制度来治理社会，这种合理制度建立在等级制上。承认人在社会上是有不同的角色与地位，有一定的"名分"。不同的名分就有不同的权利与义务，同时可以根据规定获得合理的报酬。高官便有厚禄，权力大不能无限制占有社会财富。社会底层也应该有生存的权利，有生活所需的最低资料。在这种意义上，荀子认为礼是协调人际关系的重要制度，先王"制礼义以分之，以养人之欲，给人之求，使欲必不穷乎物，物必不屈于欲，两者相持而长，是礼之所起也"(《荀子·礼论》)。制订礼义来分配社会财富，赡养人的欲望，供给人的需求，使人的欲望与社会财富保持一种平衡状态。这是礼产生的原因。有礼义，富贵人家可以安享尊荣，其他人也可以享受与自己地位相应的生活。这是富贵与贫贱"两得"。如果没有礼义，或者一些富贵人家不遵守礼义，贪婪无限，多吃多占，那么就有很多人陷于贫困，乃至饥寒交迫，无法生存。这样社会就不安定，而富贵人家也不得安享富贵，这就是"两丧"。

儒家讲三道：天道、地道与人道。人道最终就体现在礼上，因此，荀子说："礼者，人道之极也。"(《荀子·礼论》)遵循不遵循礼，重视不重视礼，是文明不文明的表现。"礼者，断长续短，损有余，益不足，达爱敬之文，而滋成行义之美者也。"(同上)高兴过头，容易乐极生悲；悲哀过度，也会损害健康。礼规定喜怒哀乐的程度，损有余而益不足，进行调节。用各种物质、颜色、形状、花纹、音乐、多少来表示贵贱的分别，表达感情的悲喜。

提倡礼治的儒家认为只要各安其责，各守其职，天下就安定了。但是，如果一个官员不称职，做不好他所负责的那一方面的职责，怎么办呢？应该由上级撤换他，派合适的人选去接替他。这样就有一个问题：什么样的人适合这一职务？于是提出知人善任。知人善任，是中国政治哲学中的重要一项。儒家经常讲尊贤使能，尊重贤人，任用有能力的人。孟子讲："尊贤使能，俊杰在位。"(《孟子·公孙丑上》)荀子说："贤能不待次而举。""欲立功名，则莫若尚贤使能矣。"(《荀子·王制》)尚贤与尊贤相当。司马迁说："士贤能而不用，有国者之耻。"(《史记·太史公自序》)贤能是治国所必须，有贤能之才而不用，说明当政者昏迷，缺乏执政能力。或者听信奸臣谗言，迫害忠良之臣。楚王不用屈原，吴王不用伍员，是历史上典型的例子。礼治，体现为人治，人治以人为主，用人不当，必将致乱败事，甚至国破家亡。

社会风气比较好，就称为"礼仪之邦"。提倡礼仪，就是要移风易俗。礼对社会的调节作用是非常明显的，因此，要建构和谐社会，必须提倡文明礼仪。礼的合理性是应该肯定的，但是，过去儒家提倡的礼过于复杂烦琐，"儒家博而寡要，劳而少功，是以其事难尽从；然其序君臣父子之礼，列夫妇长幼之别，不可易也"(《史记·太史公自序》)。前说儒家的礼太多，效益不高，难以完全照办；后说基本的礼还是不能改变的。

儒家的礼在历史上曾经多次改革，不断适应新的时代。礼的细节多有改变，而礼关于分别尊卑贵贱的基本精神至今不变。我们现在讲平等，在投票时每人一票，这是平等的。遵循法律，也是平等的。但是，在政治生活与社会生活中，差异却是绝对的。社会地位不一样，社会角色也不一样，怎么能在一切方面都平等呢？只要承认差异，就有礼的存在空间。礼是对尊者的崇敬，也是对卑者的尊重，同时也是对强者的抑制，对弱者的保护。

在中国历史上，礼对于建立和睦家庭、和谐社会都起过了不起的作用。五四时代，为了掀起革命，必须打破平衡，批判封建礼教是很自然的。因为封建礼教的作用就是稳定封建社会。

2. 法与法治

　　中国古代的社会制度是由礼来维系的。对于违背礼制者，实行惩罚，叫"刑"。后来需要惩罚的行为日益增加，"刑"的内容也不断增加。当政者为了实行自己的目标，下一些命令，对违背命令者，要进行惩罚，于是惩罚的条例也就增加了。孔子说："五刑之属三千，而罪莫大于不孝。"邢昺注："五刑谓墨、劓、剕、宫、大辟也。条有三千，而罪之大者，莫过不孝。"（《孝经·五刑章》）三千种罪行要受到五种刑罚的惩治，其中最大的罪行是不孝。儒家讲的法，可能比较烦琐，而法家讲的法，可能比较简洁明快。介绍几个法家人物法治的业绩，就会明白什么是法家及其法治。

　　如前所引，《左传》襄公三十年，子产在郑国执政，实行改革，"从政一年，舆人诵之曰：'取我衣冠而褚之，取我田畴而伍之，孰杀子产，吾其与之。'及三年，又诵之曰：'我有子弟，子产诲之；我有田畴，子产殖之。子产而死，谁其嗣之。'"子产开始实行改革一年，群众强烈反对。道理很简单，任何改革都是打破传统的生活模式，群众不习惯，所以反对。改革三年后，群众看到改革带来的好处，表示支持改革，还怕子产死后，改革成果不能保证。对于法家的改革，群众先反对后支持，这是普遍现象。

如前所引，《左传》襄公三十一年，"郑人游于乡校，以论执政。然明谓子产曰：'毁乡校，何如？'子产曰：'何为？夫人朝夕退而游焉，以议执政之善否。其所善者，吾则行之；其所恶者，吾则改之：是吾师也。若之何毁之？我闻忠善以损怨，不闻作威以防怨。岂不遽止？然犹防川，大决所犯，伤人必多，吾不克救也；不如小决使道，不如吾闻而药之也'……仲尼闻是语也，曰：'以是观之，人谓子产不仁，吾不信也。'"子产不毁乡校，表达了三个思想：第一，容许群众议政，愿意听群众的批评，以民为师。第二，对待批评有两种态度：一是改正自己的错误，真心实意做善事，来减少群众的埋怨；二是滥用职权来防止别人怨恨。子产采取前者。第三，积怨太多，一旦爆发，犹如洪水，伤人一定很多，救不过来，不如小怨及时发泄出来，听到后，就及时纠正。孔子从子产的话中，体会到子产是仁爱之人。大概此前，孔子也听到过社会舆论对子产的批评，正在疑惑之际。

《左传》襄公三十一年，"子皮欲使尹何为邑。子产曰：'少，未知可否。'子皮曰：'愿，吾爱之，不吾叛也。使夫往而学焉，夫亦愈知治矣。'子产曰：'不可。人之爱人，求利之也。今吾子爱人则以政，犹未能操刀而使割也，其伤实多。子之爱人，伤之而已，其谁敢求爱于子？子于郑国，栋也。栋折榱崩，侨将厌焉，敢不尽言？子有美锦，不使人学制焉。大官大邑，身之所庇也，而使学者制焉。

其为美锦，不亦多乎？侨闻学而后人政，未闻以政学者也。若果行此，必有所害。譬如田猎，射御贯，则能获禽。若未尝登车射御，则败绩厌覆是惧，何暇思获？'……子产是以能为郑国。"子皮是郑国的栋梁，位高权重，求子产给他的儿子安排一个很小的位子——邑，相当于乡长。子产断然拒绝"不可"，理由有三：其一，爱人要使对方得到好处，让他当官，是对他的伤害；其二，你是郑国的栋梁，你如果折断，我也受到牵连，所以诚心诚意地劝告；其三，各级官员都是保护身家性命的，比美锦宝贵得多，美锦不让别人学着制裁，怎么能让没有学会当官的人在那里学习当官呢？子产动之以情，晓以大义，说服了子皮。说明他为了国家的利益，不徇私情。

《左传》昭公四年载："郑子产作丘赋，国人谤之，曰：'其父死于路，己为虿尾，以令于国，国将若之何？'子宽以告。子产曰：'何害？苟利社稷，死生以之。且吾闻为善者不改其度，故能有济也。民不可逞，度不可改。《诗》曰：礼义不愆，何恤于人言？吾不迁矣。'"子产规定丘赋，增加税收，国人反对。子产说："害怕什么？只要对国家社稷有利，自己生死置之度外。而且我听说，做好事不改变法则，所以才能成功，民众的意见不可得逞，法度不可改变。《诗》上说：'礼义没有错误，何必怕人议论？'我就不改了。"这表明子产对自己的改革有信心，也说明他敢于坚持真理，为了国家的利益，不怕牺牲。

《左传》昭公二十年，"郑子产有疾，谓子大叔曰：'我死，子必为政。唯有德者能以宽服民，其次莫若猛。夫火烈，民望而畏之，故鲜死焉；水懦弱，民狎而玩之，则多死焉。故宽难。'疾数月而卒。

大叔为政，不忍猛而宽，郑国多盗，取人于萑苻之泽。大叔悔之，曰：'吾早从夫子，不及此。'兴徒兵以攻萑苻之盗，尽杀之，盗少止。仲尼曰：'善哉！政宽则民慢，慢则纠之以猛。猛则民残，残则施之以宽。宽以济猛，猛以济宽，政是以和。'……及子产卒，仲尼闻之，出涕曰：'古之遗爱也。'"子产有病，对子大叔说："我死后，你一定执政。只有道德家能以宽松的办法安定人民，除此之外，不如实行猛烈的办法。火猛烈，人民望而畏惧，所以很少人死于火；水柔弱，人民接近戏弄，那就很多人死于水。因此说，实行宽松的政治更难。"几个月后，子产死了，大叔当政，不忍心实行猛烈的政治，实行了宽松的政治。郑国出现了很多盗贼，在萑苻泽抢劫。大叔后悔了，说："我如果早听子产的话，不会到这个程度。"就派兵攻打萑苻泽中的盗贼，全部杀掉，盗贼才逐渐减少以至消灭。孔子听说以后有一番议论："好呀！政治宽松，人民就会散漫，散漫就要用猛烈来纠正。政治猛烈了，人民就会受残害，受残害就要施行宽松政治。用宽松调剂猛烈，用猛烈调剂宽松，这样政治就和谐了。"后来子产死了，孔子听说后，哭着说："子产有古人爱的遗风。"这说明，子产提倡猛烈政治，不是残酷，而是对人民深深的爱。

从子产的实行法治来看，可以归纳出几点思想：一是爱国；二是爱民；三是献身；四是不徇私情；五是倾听群众意见。也可以从中看出，孔子对子产这样的法家并不反对，而且是相当支持和赞赏的。因此，在春秋时代，儒家与法家并不处于对立状态。

战国时代的商鞅也是法家的代表人物。他的言行思想，体现了法家思想，他的变法理论与实践也是法治的典型。

商鞅姓公孙，故也称公孙鞅。他是卫国公子，也称卫鞅。到秦国，秦孝公封他于商，所以叫商鞅。他初见秦孝公时，先讲帝道、王道，秦孝公都不接受。最后，商鞅以霸道说秦孝公，秦孝公听入了迷，"语数日不厌"（《史记·商君列传》），谈了几天，还不肯罢休。后来秦孝公就让商鞅主持变法。在朝廷上，商鞅与其他官员辩论变法的问题，商鞅提出的理论要点如下：

第一，"疑行无名，疑事无功。"讲的是信。一方面君要信臣；另一方面要取信于民。

第二，"有高人之行者，固见非于世；有独知之虑者，必见敖于民。愚者暗于成事，知者见于未萌。民不可与虑始而可与乐成。论至德者不和于俗，成大功者不谋于众。是以圣人苟可以强国，不法其故；苟可以利民，不循其礼。"这里讲的"高人之行"，"独知之虑"，"论至德"，"成大功"，目的都在于强国和利民这两个基本点上。又是与世俗民众的意愿相违背的。在这一点上，表明历代改革家的思想特点和现实处境。

第三，"常人安于故俗，学者溺于所闻。以此两者居官守法可也，非所与论于法之外也。三代不同礼而王，五伯不同法而霸。智者作法，愚者制焉；贤者更礼，不肖者拘焉。"一般人安于传统世俗，无法参与讨论创新问题。三代五伯都是要对传统的礼法作适当的改革的。贤者、智者创新礼法，其他人只能遵循礼法。变法者，就是社会制度创新者。

第四，"治世不一道，便国不法古。故汤、武不循古而王，夏、殷不易礼而亡。反古者不可非，而循礼者不足多。"遵循传统未必都对，违背古制的也不一定错，从历史经验来看，改变礼法有成功者，遵循礼法也有亡国者。

商鞅在行政中，典型事例也体现法家思想与法治内容。

第一，移木取信，目的就在于取信于民。

第二，太子犯法，商鞅说："法之不行，自上犯之。"惩治了太子的师傅。

第三，变法一年，议论批评的很多，十年以后，移风易俗，秦民大悦，那些批评的人又开始赞扬了。商鞅认为"此皆乱化之民也"，都将他们迁到边远地区去，后来就没有人敢议论政治了。这是政治不许议论的开始，也是集权专制的滥觞。

第四，"商君相秦十年，宗室贵戚多怨望者。"法家变法是利民的，凡利民的，都会使权势者受到抑制。所以人民高兴的同时，权势者就有怨望。最后，秦灭商君之家。司马迁说他"天资刻薄"、"少恩"(以上资料均见《史记·商君列传》)，《商君书》的内容与他的行事相类似。

另有吴起、韩非、王安石、张居正等一批改革家，都可以看到类似情况。他们的基本思想是一致的。一是爱国爱民。二是从实际出发改变传统的制度。三是执法严格，不徇私情。四是力排众议，勇于创新。五是坚持公正，不怕牺牲。在历史上，许多清官风格都与法家比较一致。孔子对管仲与子产的赞扬，后代儒家赞扬历代清官，也包含这些内容。宋儒开始反对霸道，批评管仲与魏徵，异于先秦儒家的精神，强调心性修养，不以事功为意。这也许正是思想发展的突出表现。

3. 法与礼的关系

　　法与礼的关系是非常复杂的，既有相互抵触的关系，也有互补的关系。儒家强调礼义的教化作用，认为只有用礼义才能维系社会关系，使人际关系和谐，社会安定，人民安居乐业。为了推行礼义，需要爱心，那就是仁。如果当官的，都是爱民如子，大家都奉献一点爱心，社会就会成为充满阳光的人间天堂。法家认为服从法令，社会才会安定。荀子讲："令行禁止，王者之事毕矣。"(《荀子·王制》)韩非子认为："民固服于势，寡能怀于义。"(《韩非子·五蠹》)孔子讲仁义，跟随他的只有七十人，而鲁哀公是下等的君主，因为他掌握权势，鲁国人民不敢不听从他的。他又举例说：一个不才之子，父母愤怒，他不改；乡亲批评，他不动心；师长教导，他也不变。三者都无法改变他的坏作风。政府派出官兵捉拿邻村罪犯，他害怕了，改变了他的坏作风。这说明靠礼义教育不解决问题，而用法律制裁，他就怕了，改变了自己的坏毛病。还有一个鲁国人，参加打仗，三战三北(逃)，孔子问他什么原因，他说："吾有老父，身死莫之养也。"孔子夸奖他是孝子，推荐他升官。韩非子说："以是观之，夫父之孝子，君之背臣也。……仲尼赏而鲁民易降北。"(同上)在韩

315

非子心中，法是为君王服务的，儒家讲的孝是为私人服务的，公私矛盾，表明法与礼（包括孝等）的矛盾。以下的话表达了这种公私的对立："然则为匹夫计者，莫如修行义而习文学。行义修则见信，见信则受事；文学习则为明师，为明师则显荣：此匹夫之美也。然则无功而受事，无爵而显荣，为有政如此，则国必乱，主必危矣。故不相容之事，不两立也。"（《韩非子·五蠹》）修行义，习文学，是伦理道德与文学修养所必需的，有利于提高人民的文化素质。文化对于社会稳定的作用也是巨大的。而韩非子看不到文化、道德这类的作用，是他局限于当时战乱局势，看不到和平时期所需要的文化建设。

韩非子看到两者对立的一面，实际上两者还有可以互补的一面。这以司马迁的说法为代表。他说："夫礼禁未然之前，法施已然之后；法之所为用者易见，而礼之所为禁者难知。"（《史记·太史公自序》）司马迁认为，礼义重要，而《春秋》一书就是专门讲礼义的，"《春秋》者，礼义之大宗也。"不论君臣父子都必须懂得礼义，因此不可不知《春秋》。他说："故有国者不可以不知《春秋》，前有谗而弗见，后有贼而不知。为人臣者不可以不知《春秋》，守经事而不知其宜，遭变事而不知其权。为人君父而不通于《春秋》之义者，必蒙首恶之名；为人臣子而不通于《春秋》之义者，必陷篡弑之诛，死罪之名。其实皆以为善，为之不知其义，被之空言而不敢辞。夫不通礼义之旨，至于君不君，臣不臣，父不父，子不子。夫君不君则犯，臣不臣则诛，父不父则无道，子不子则不孝。此四行者，天下之大过也。"（同上）有国者，就是指统治者。当政者，如果不看《春秋》，面前有人为了谋取利益，进谗言，却不会分辨，就会上当受骗。背后有人搞阴谋诡计也不知，自己的权力变成别人谋私的工具。作为臣，不学习《春秋》，坚持原则不知道适用范围，遇突变事件不会灵活处理。当政者不理解《春秋》的原则，必定蒙受首恶的罪名。当臣子不理解《春秋》的原则，必定会陷于篡夺、弑君的指责，或者有死罪的罪名。实际上，他们都想做好事，只是不知道按《春秋》的原则做，蒙受罪责却不敢推托。因此，不理解《春秋》礼义的意旨，会严重到君不像君，臣不像臣，父不像父，子不像子。如果君不像君，就违犯礼义；臣不像臣，则犯了杀头罪；父不像父，就是无道；子不像子，就是不孝。这四个都是大罪名。不学习《春秋》，不懂《春秋》大义，想做好事，却蒙受大罪名，真有点冤枉。这种说法，司马迁可能是从董仲舒那里获得的。

《左传》宣公二年："赵穿攻灵公于桃园。"赵穿是赵盾的"从父昆弟子"即堂弟的儿子，也就是侄儿。赵盾逃走，未出晋国界，听说已经弑灵公，就返回。太史书曰"赵盾弑其君"，以示于朝。史家写着"赵盾弑其君"，让朝廷上的官员看。赵盾说自己没有弑君。太史说："子为正卿，亡不越竟（境），反不讨贼。非子而谁？"史家说你是正卿，你逃亡没有走出晋国国界，也就是说你正卿还在国内。出现弑君大事，你有责任。再说，你回到朝廷，也不讨伐弑君的贼。不是你弑君还会是谁？赵盾只好承认。孔子说："董狐，古之良史也，书法不隐；赵宣子，古之良大夫也，为法受恶。惜也，越竟乃免。"《公羊传》宣公二年也记载："晋赵盾弑其君夷獳。"《公羊传》宣公六年："亲弑君者赵穿也。亲弑君者赵穿，则曷为加之赵盾？不讨贼也。""赵穿缘民众不说，起弑灵公，然后迎赵盾而入，与之立于朝。"因为晋灵公是暴君，赵穿攻他是符合民意的，赵盾自然不能讨伐他。董仲舒说："《春秋》之道，视人所惑，为立说以大明之。今赵盾贤，而不遂于理，皆见其善，莫知其罪，故因其所贤，而加之大恶，系之重责，使人湛思，而自省悟以反道。曰：吁！君臣之大义，父子之道，乃至乎此，此所由恶薄而责之厚也。他国不讨贼者，诸斗筲之民，何足数哉！弗系人数而已，此所由恶厚而责薄也。"（《春秋繁露·玉杯》）这一段的大意是：赵盾的错误很小，却要加上大罪，这是春秋的笔法。赵盾贤，不知道他有什么错误。只有小错，也要大加指责，是为了让别人知道这一行为是违背大原则的。如果别的国家出现这类事，可能就不这样处理。这叫"恶厚而责薄"。

司马迁从这里可以体会到，作为人臣不认真研读《春秋》不行，"为人臣子而不通于《春秋》之义者，必陷篡弑之诛，死罪之名"《史记·太史公自序》。"其实皆以为善，为之不知其义，被之空言而不敢辞"。裴骃《集解》引张晏曰："赵盾不知讨贼，而不敢辞其罪也。"从事政治工作，要学会处理各种关系，不是只凭好心做善事就可以的。正如孟子说的"徒善不足以为政"，就包含这样的道理。

总之，真正想做好官，为社会做点好事，为人民谋些利益，就要懂一些法律，也懂一些礼义，否则，好事有可能做坏了，谋利益的结果也可能劳民伤财，适得其反。

第十五课 小康与大同

《礼记·礼运》记载：

昔者仲尼与于蜡宾，事毕，出游于观上，喟然而叹。仲尼之叹，盖叹鲁也。言偃在侧，曰："君子何叹？"孔子曰："大道之行也，与三代之英，丘未之逮也，而有志焉。大道之行也，天下为公，选贤与（举）能，讲信修睦。故人不独亲其亲，不独子其子，使老有所终，壮有所用，幼有所长，矜、寡、孤、独、废、疾者皆得所养。男有分，女有归。货恶其弃于地也，不必藏于己；力恶其不出于身也，不必为己。是故谋闭而不兴，盗窃乱贼而不作，故外户而不闭。是谓大同。今大道既隐，天下为家，各亲其亲，各子其子，货力为己，大人世及以为礼，城郭沟池以为固，礼义以为纪。以正君臣，以笃父子，以睦兄弟，以和夫妇，以设制度，以立田里，以贤勇知，以功为己。故谋用是作，而兵由此起。禹、汤、文、武、成王、周公，由此其选也。此六君子者，未有不谨于礼者也，以著其义，以考其信，著有过，刑仁讲让，示民有常。如有不由此者，在势者去，众以为殃。是谓小康。"

这是一段最早记载孔子论小康与大同的资料。鲁国祭祀宗庙，叫蜡。孔子作为嘉宾参预祭祀活动。活动结束，孔子出去到"观"上游览。观，郑玄注："观，阙也。"阙指城楼。按《左传》宣公十二年，楚王领兵与郑国战，又战胜晋军，有人建议"收晋尸，以为京观。臣闻克敌，必示子孙，以无忘武功"。郑玄注："积尸封土其上，谓之京观。"这里讲的京观，就是坟堆，堆土如山，再立碑作为纪念性的建筑。孔子登高望远，感慨系之，于是叹息一番。孔子弟子言偃就是子游，在旁提问，孔子才说了这一番话。这里先描绘了"天下为公"的大同理想，再说"天下为家"的小康社会。认为从禹、汤到周初三代是天下为家的小康时代。小康时代以礼义治天下。那么中周以后呢？连小康也不是，是礼崩乐坏的乱世。这里将社会理想分为两个阶段：小康与大同。小康是初级阶段，大同是最高理想。小康是家天下，以礼义来治理；大同是公天下，没有礼义制度，各种社会成员都能过幸福生活。

1. 礼义为纪的小康社会

任何关注社会问题的思想家都会以不同的形式提出自己的社会理想。中国在春秋战国时代出现的思想家都是以救世的面目出来宣传自己的社会理想，老子道家提出小国寡民的社会理想，儒家提出大同世界的理想，墨家提出机遇平等的兼爱理想，法家提出以法治国在法律面前人人平等的社会理想。道家的理想没有在社会上实现，只是少数不得志的文人隐居山林的精神依托。墨家与法家的思想都被儒学所吸收，成为秦汉以后中国古代统治者的指导思想的组成部分。墨家的兼爱思想一方面被侠客奉为宗旨，成为闯荡天下、打抱不平、劫富济贫的理论根据；另一方面也被儒学所吸收，成为大同理想的重要因素。法家思想被秦汉以后的统治者所采纳，成为打击豪强、为民做主的清官所奉行的法则。

各种社会理想中儒家的大同理想对后代影响最大，也是有较多合理性的社会理想。根据什么说它有较多的合理性呢？古今中外，都有许多理想。最高的理想应该使社会全体成员都能共享社会成果，都能过上幸福的生活，其中包括失去劳动能力又没有依靠的人们，这是社会的弱势群体。只要有一部分人不能幸福地生活，那么这个社会就不是最高的理想。因此，我认为世界上最高的理想应该是相通的，都是要使世界上每一个成员都过上幸福的生活，差别只在于通过不同的方法、不同的道路达到这个理想。有的是科学的，有的是不科学的，有的是现实的，有的是不现实即空想的，有的是相对的捷径，有的则是相对的弯路。正所谓殊途同归。

古往今来，全世界各国思想家都提出过许多理想，但都没有完全得到实现。为什么？开始从理论上设想都非常美好，真正实现时，就会发现存在很多过去没有预料的问题，并非最理想的。同时，最高理想只是在遥远天边的幻影，它吸引人们不断向前追求，引导社会不断发展、前进。人类只能不断接近最高理想，但永远不能实现最高理想。如果它是可以被实现的，那么它一旦被实现后，社会就不能发展了，就停止了，生活没有了追求，也就没有了幸福。理想在追求的过程中才有无限的幸福。实现以后，却可能使人失望。

　　三千年来，中国人民都在追求理想，现在还在追求，因此，中国社会在不断进步，人民也在幸福之中。现在视为最高的理想一旦实现，人类还会提出更高的理想，继续奋斗、追求。现在我们所讲的小康社会，不是家天下，而是作了新的解释，就是将社会主义的初级阶段称作"小康社会"。这个初级阶段，是保证全体人民达到温饱水平，物质生活与精神生活得到基本满足。最高理想要经过几十代才能实现，引导人们走向合理，只能部分地、分阶段地实现。时代不同，最高理想也在不断提高。儒家讲的大同理想是最高理想，也是如此。

2. 天下为公的大同理想

　　所谓大道，就是儒家讲的仁道或王道。天下为公，这是很复杂的问题。可以有这样一种解释：全天下的人都为了社会公共事业作贡献。出于整体的利益的考虑，什么都出以公心，那么就会选择贤人推举有能力的人去做适当的工作。人与人之间都要讲信用，大家都要维护和睦的正常的社会秩序。所以每个人不仅与自己的亲戚亲近，也不仅疼爱自己的子女，与社会所有成员都非常亲热。使社会每一个老人都能享受幸福的晚年生活，寿终正寝。使所有壮年人能够充分发挥他们的才华，实现他们的价值。每个小孩都有良好的学习环境，得到教育培养，健康成长。矜、寡、孤、独、废疾者，这是一个无依无靠的群体，是社会上最困难、最悲惨的一部分人。大同社会对于这样一批人也要给予赡养，不使他们受冻挨饿。男有分，女有归。分指名分，即职业或职位。归指归宿，妇女有婆家，有丈夫，有美满的家庭生活。货指生产品，反对抛弃于地，就是反对浪费。不必藏于己，说明不是私有制社会。力指出力的事，就怕不是自身去做，不是为了增加自己的财富。这种说法，说明当时的劳动已经成为每个劳动者的第一需要，大家抢着为社会创造更多的财富。既然大家都为社会创造财富，什么阴谋也不用了，盗窃乱贼也就全都没有了，住宅的外面的大门也不用关了。这就是大同社会理想。这种社会难以实现，但它指引着人们走向开明、进步。它给人类指出了前进的方向。

马克思主义提出共产主义社会理想，其中有生产资料公有制，生活用品按需分配，劳动成为人们的第一需要，解放全人类。马克思主义所描绘的共产主义社会与儒家的大同理想很相似。差别在于：儒家没有说明这种理想的大同世界是怎样实现的，而马克思主义提出共产主义社会的实现要经过无产阶级专政的社会主义阶段。大力发展生产力，使物质财富极端丰富，人们的思想觉悟极大提高，逐渐消灭工业与农业、城市与乡村、体力劳动与脑力劳动三大差别。从而建立无阶级、无剥削、无战争的三无世界。这个世界与儒家所讲的大同世界极其相似。马克思与孔子相隔千年，相距万里，提出的最高理想却是极其相似的。正所谓"人同此心，心同此理"。

3. 聚和堂试验

　　明代何心隐在他的家乡江西永丰县进行过一次试验。他把本宗族的人联合成一个共同体，他捐出一大笔钱，在聚和堂旁边建一个学堂，聘请名师来教导全族的青少年。这个学堂颇有特色。所有学生都住在学堂内，过着平等的集体生活，没有贫富差别，一起学习，一起吃住，这样做的目的是为了减少学生的私心杂念。家里有事，可以请假，但有许多具体规定。每家除了给孩子送饭外，不能送果品和玩具，并劝家长不要让孩子接触女人，也不要鼓励孩子过分打扮，更不能用美味佳肴来满足孩子的口腹欲望。何心隐还设想在十年后，学生不论贫富，衣食都在学堂内，供应同样的饭菜，不由家长送给。冠礼(古代男子到二十岁要举行的仪式，说明已经成年)和婚礼也都在学堂内举行同样隆重的仪式。外族的青年愿意来参加，均表示欢迎，并且一视同仁，互相帮助。

　　何心隐除了办学校外，在经济诸方面也进行合作。统一计算土地的面积收取税租，由专人负责交送给政府。各个家庭的红白喜事、冠婚嫁娶，都由聚和堂统一帮助筹办，大家都可以省一点心。有些矜寡孤独者生活没有着落，也由聚和堂根据实际情况给予帮助救济。

实行几年后，这个村社会风气特别好，每个人都彬彬有礼，谦逊和蔼，讲究信义，被人称为"一方之三代"。三代指夏、商、周三代，儒家认为那是小康社会。就是说何心隐所实行的聚和堂使这个地方实现了小康社会。虽然还没有达到大同理想，但已经比现实社会好了很多。

聚和堂请专人会计，根据国家规定，计算交纳合理的赋税。这样，当地官员就无从受贿，得不到额外的好处，怀恨在心。嘉靖三十八年(1559)，地方官要收"皇木银两"的杂税，人民反抗，杀伤吴善五等六人，官吏就把罪名加在何心隐的头上，把他逮捕入狱，然后充军贵州。聚和堂群龙无首，也就解体了。一个小官吏作梗，聚和堂就解体了，说明这种组织是非常脆弱的，经不起风浪。在一个小地方可以实行一段时间，不能在全社会实行，而且在小地方实行也不会长久。这种试验类似西方的乌托邦，是空想的社会主义理想。

4. 康有为的《大同书》

近代政治思想家康有为撰写了《大同书》，表述了他的政治理想。《大同书》的内容只有在近代才可能产生，但从书名可以看出，它包含中国古代儒家的大同理想。它也包含佛教的思想，佛教认为人生是苦的，其中包括二苦(内苦与外苦)、八苦(生苦、老苦、病苦、死苦、怨憎会苦、爱别离苦、求不得苦和五取蕴苦。五取蕴苦，包括身体与精神两方面的苦)。还有细分为一百一十种苦。佛教认为人生就是苦，而且这种苦是前世自己作孽的报应，因此每个人都要忍受各种苦，赎完前世的罪过，才有可能脱离苦海，西生乐土。西方基督教讲赎罪，也是这个意思。先讲人生的各种苦，再讲超脱各种苦。这是一般宗教所宣传的。康有为也学这种办法，也是大讲特讲人生的各种苦，然后再讲建立大同世界来消除这些苦。他想通过这种办法来建立有中国特色的宗教——儒教。同时，《大同书》也吸取了西方的新思想、新文化，因此，他的大同理想有了近代的特点，被称为"近世理想国"。我们可以从他的具体内容看到这些特点。

康有为因逃难到了农村，看到民间的种种疾苦，触动很大，感到"盖全世界皆忧患之世而已，普天下人皆忧患之人而已，普天下众生皆戕杀之众生而已"(《大同书·绪言　人有不忍之心》)。然后，他就列出众苦。《大同书》的第一部分是"甲部入世界观众苦"。苦列六章，分别是：人生之苦、天灾之苦、人道之苦、人治之苦、人情之苦、人所尊尚之苦。人生之苦包括投胎之苦、夭折之苦、废疾之苦、蛮野之苦、边地之苦、奴婢之苦等。天灾之苦包括水旱饥荒之苦、蝗虫之苦、火焚之苦、水灾之苦、火山之苦、地震山崩之苦、宫室倾坏之苦、舟船覆沉之苦、汽车碰撞之苦、疫疬之苦等。人道之苦包括鳏寡之苦、孤独之苦、疾病无医之苦、贫穷之苦、贱者之苦等。人治之苦包括弄狱之苦、苛税之苦、兵役之苦等。人情之苦包括愚蠢之苦、仇怨之苦、爱恋之苦、牵累之苦、劳苦之苦、愿欲之苦、压制之苦、阶级之苦等。人所尊尚之苦包括富人之苦、贵者之苦、老寿之苦、帝王之苦、神圣仙佛之苦等。

康有为把人生的所有苦都陈列出来。这里有汽车碰撞之苦、阶级之苦，说明其中有近代的内容。也有迷信的内容，如投胎之苦、神圣仙佛之苦。贫贱者苦，富贵者也苦。古代人们都认为最大的欲望是"贵为天子，富有天下"，康有为认为帝王也有自己的苦。百姓所谓快活如神仙，康有为认为神仙也很苦。世界上没有不苦的人。愚蠢有苦，康有为没有提到聪明之苦。聪明反被聪明误，当然也苦。疫疠疾病有苦，百姓说："有什么都行，不能有病。"健康苦不苦呢？康有为没有说，大概他认为健康还是不苦的。

产生苦的原因是什么？佛教讲的是因果。康有为认为苦的原因在于"界"。他说："总诸苦之根源，皆因九界而已。"九界是：一曰国界；二曰级界；三曰种界；四曰形界；五曰家界；六曰业界；七曰乱界；八曰类界；九曰苦界。所谓级界，就是贵贱的阶级。种界就是种族的界限，白种、黄种、黑种的差别。形界指男女的差别。如要消灭苦，就要先消灭界。他提出"破除九界"的一套理论：去国界，合大地也；去级界，平民族也；去种界，同人类也；去形界，保独立也；去家界，为天民也；去产界，公生业也；去乱界，治太平也；去类界，爱众生也；去苦界，至极乐也。在这里。最典型的要算是去级界(消灭阶级)、去种界(消除种族歧视)和去形界(消灭男女不平等现象，解放妇女)，代表最先进的思想观念。

关于苦、苦的原因以及去苦的办法，康有为都说得非常详细、具体。作为学术著作，当然是有很高水平的。许多人读后都会受到一定的启发。但是，究竟如何实现？实际上并没有切实可行的办法。例如，说"去业界"就是消除工业与农业、商业的差别，用什么办法？康有为并没有说。又如康有为在"去级界"与"去种界"中都说到如何把非洲黑人变成印度黑人，再变成棕人、黄人、白人，似乎世界上的种族歧视是由于皮肤的颜色造成的，只要改变颜色，就分不清种族，也就平等了。实际上同是黄种人，不是有的当皇帝，有的当平民吗？同是白种人，不是有的当贵族，有的当奴隶吗？世界上的人种差别并不是由于皮肤的颜色，而是由于经济、科学、人文学科发展不平衡所致。皮肤颜色与身体的素质、大脑的智力，没有必然的联系。又如"去产界"，他说要实现大同，必须去掉"人之私产"，"凡农工商之业必归之公，举天下之田地皆为公有，人无得私有而私买卖之"。私有制变成公有制，这当然很好，共产主义革命也要做这件事。但是，拥有大片土地和财富的那些人是否愿意？他们如果不愿意怎么办？即使有一个两个愿意，也无济于事。这是困难的问题，没有解决的具体办法，这个理想也就只能是空想。但是，康有为的《大同书》的空想对后代也产生了一定的影响。中国共产党领导人民闹革命，建立人民政府，打土豪，分田地，把地主多余的土地强行拿出来，分给没有土地的贫苦农民，实现耕者有其田。如果没有革命的力量，耕者有其田的愿望就实现不了。靠劝说，地主不会同意让农民分他们的土地。只有少数地主愿意交出土地，其他多数人也不肯交。

资产阶级民主革命家孙中山题"天下为公"，说明他也受到大同理想的深刻影响。中国人受到大同理想的长期影响，在思想深处有与马克思主义的共产主义相通的东西，这就使中国人容易接受共产主义，容易认同共产主义。在这一点上，中国传统思想与马克思主义的融合是比较明显的。